工程经济学

主　编　吴守彦　王怀珠　刘　芳

副主编　刘艳萍　王　威　俞　磊

叶剑标　李鹏飞

参　编　刘　欢　朱方元　郭米娜

哈尔滨工程大学出版社

Harbin Engineering University Press

内容简介

本书主要内容有经济评价的各类要素、资金的时间价值及等值计算、投资方案的比较与选择、项目风险与不确定性分析、设备更新、价值工程、工程项目的可行性研究、工程投资与工程经济学等;系统地介绍了工程项目经济评价的理论与实务,帮助项目投资者做出科学的投资决策,有效地实现投资的赢利目标。它既可作为高校经济类、管理类及工程类专业的教材,也可作为相关管理技术人员的参考书。

图书在版编目（CIP）数据

工程经济学/ 吴守彦，王怀珠，刘芳主编. —哈尔滨：哈尔滨工程大学出版社，2020.6（2024.11重印）

ISBN 978-7-5661-2675-7

Ⅰ.工… Ⅱ.①吴… ②王… ③刘… Ⅲ.工程经济学—高等职业教育—教材 Ⅳ.F062.4

中国版本图书馆CIP数据核字(2020)第093158号

责任编辑 卢尚坤
封面设计 邢宏亮

出版发行 哈尔滨工程大学出版社
地　　址 哈尔滨市南岗区南通大街145号
邮政编码 150001
发行电话 0451-82519328
传　　真 0451-82519699
经　　销 新华书店
印　　刷 明玺印务(廊坊)有限公司
开　　本 787mm×1 092mm　1/16
印　　张 14.75
字　　数 367千字
版　　次 2020年6月第1版
印　　次 2024年11月第3次印刷
定　　价 48.00元

http://www.hrbeupress.com
E-mail:heupress@hrbeu.edu.cn

前言

工程经济学是介于自然科学和社会科学之间的边缘学科，属于应用经济学的一个分支，同时是工程科学与经济科学的交叉学科。工程经济学着重研究工程与经济的相互关系，谋求工程与经济的最佳结合。工程经济学是在总结中国经济建设实践经验，并广泛吸收相关学科和国外理论方法的基础上创立和发展起来的新兴学科。

随着我国改革开放伟大历史进程的不断深入，投资主体和投资渠道日益多元化，银行及信贷机构已基本商业化，外商投资及引进项目大量增加。在这种新形势下，如何优化资源配置以及提高决策水平和投资效益是当前中国经济建设中比较突出的问题。这就要求学生通过学习不仅要精通本行业的专业知识，具有较强的解决实际技术问题的能力；又要有强烈的经济意识和解决实际生产问题的本领，能够进行经济分析和经济决策。为了适应建筑市场的变化，在总结实践教学成果的基础上，借鉴同类教材的编写经验，组织编写了本书。

本书系统地介绍了对工程项目进行经济评价的理论与实务，以帮助项目投资者做出科学的投资决策，有效地实现投资的赢利目标。通过对本书的学习，可使学生掌握工程经济学的基本理论、基本方法和基本技能及其在项目前期决策中的应用，对工程项目经济评价指标和方法、财务分析、不确定性分析与风险分析、设备更新、价值工程等内容有一个系统的把握，进而培养工程经济分析的能力。

本书内容及学时分配建议如下。

内　容	学　时
绪论	2
经济评价要素	8
资金的时间价值及等值计算	10
投资方案的比较与选择	10
项目风险与不确定性分析	6
设备更新	8
价值工程	8
工程项目的可行性研究	8
工程投资与工程经济学	4
总计学时	64

本书每个项目前均设置了知识目标和能力目标，以提示学习重点，点明教学要求；项目中设置了知识案例，以拓宽学习思路；项目后设置了思考与练习，以便于学生总结和巩固所学知识。这样，本书构建了一个“引导—总结—练习”的学习过程。为突出职业教育特点，本书吸收了工程经济研究领域的最新成果，所选案例新颖、丰富，注重经济知识及其分析方法在建筑工程中的运用，内容精练，重点突出，通俗易懂。

本书由宣城职业技术学院吴守彦、山东理工职业学院王怀珠、湖南信息学院刘芳担任主编。河北水利电力学院刘艳萍，宣城职业技术学院王威和俞磊，亳州职业技术学院叶剑标，辽宁建筑职业学院李鹏飞担任副主编。山东理工职业学院刘欢、仙桃职业学院朱方元和北京财贸职业学院郭米娜参与编写。

本书在编写过程中得到了宣城职业技术学院及其兄弟院校的大力支持，在此一并表示感谢。由于编者水平所限，书中的疏漏和不足之处，敬请广大读者批评指正。

编　者

2020 年 2 月

目　录

项目 1 绪 论

知识目标

1. 掌握工程经济学的基本概念。
2. 了解工程经济学研究的原则。
3. 了解工程经济学的特点。

能力目标

1. 明确工程经济学分析人员应具备的知识和能力。
2. 能够根据不同的语言环境分析经济的含义。
3. 掌握工程经济学分析问题的一般步骤。

引例

中华人民共和国成立以来,尤其是改革开放以来,我国经济高速增长。如今,我国无论是经济总量,还是人均水平都有大幅度的提高,且综合国力明显增强,国际地位和影响力显著提高。我国 1952 年 GDP 只有 679 亿元,到 1978 年增加到 3 645 亿元,在改革开放的历史新时期,经济总量迅猛扩张,2008 年达到 300 670 亿元,2008 年的经济总量比 1952 年增加了 441 多倍,2008 年一天创造的财富量就超过了 1952 年一年的总量,2012 年达到 519 322 亿元。据世界银行的统计,2021 年世界各国 GDP 排名,美国第一、中国第二、日本第三、德国第四,中国在世界上的经济地位凸显出来。

我国人均 GDP 在由 1952 年的 119 元上升到 1978 年的 381 元后,2008 年提高到 22 698 元,扣除价格因素,2008 年我国人均 GDP 比 1952 年增长了 32.4 倍,2021 年更是达到 80 976 元。

思考

(1)美国、日本等发达国家比中国富有,其依据就是它们的 GDP 总量比中国大,这种说法正确吗?

(2)一国的人均 GDP 就是一国的人均实际收入,这种说法正确吗?

(3)你了解 GDP 的含义吗?

(4)你知道拉动经济增长的"三驾马车"吗?

评析

(1)这种说法是片面的。GDP 并不是衡量国家综合国力的指标标准,仅是只能反映一个国家的经济增长和经济总量的指标。它本身具有很大的局限性,如它无法反映这一年实际新增的价值,无法衡量经济发展造成的环境代价,无法体现国民收入分配的状况等,所以说一个国家 GDP 高并不能说时这个国家就富有。

(2)人均 GDP 指的是一个国(或地区)经济在核算期内所有常住单位生产的最终产品

的总量除以人口数量后得到的数值,而人均收入指的是居民在支付个人所得税、财产税及其他经常性转移支出后所余下的实际收入。从两者各自的含义来说,人均 GDP 不仅事实上要远大于人均收入,而且 GDP 只能反映经济增长的数量情况,不能反映成本、效益、结构和分配以及生态和环境等情况。

(3)国内生产总值(Gross Domestic Product, GDP)是指在一定时期(一个季度或一年)内,一个国家(或地区)的经济中所生产出的全部最终产品和劳务的价值。GDP 常被公认为衡量国家经济状况的最佳指标。它不但可反映一个国家的经济表现,还可以反映一个国家的国力与财富。

(4)经济学上常把投资、消费、出口比喻为拉动 GDP 增长的“三驾马车”,这是对经济增长原理最生动形象的表述。其中投资是指财政支出,即政府通过一系列的财政预算包括发行国债,对教育、科技、国防、卫生等事业的支出,是辅助性的扩大内需;消费是指内部需求,即本国居民的消费需求,是经济的主要动力;出口是指外部需求,即通过本国企业的产品打入国际市场,参与国际竞争,扩大自己的产品销路。

1.1 了解工程经济学

1.1.1 工程经济学的研究对象

假如某所学校要建一栋教学楼,我们首先就要知道,为什么要建设这项工程?从经济角度分析是否可行?若经济上可行,该如何建设?是建多功能教学楼,还是建普通教学楼?这是我们经常会碰到的问题,我们经常碰到的工程经济问题还有,在资金有限的情况下,该选哪一个方案?是遵从安全而保守的行动准则,还是从事能够带来较大潜在收益的高风险活动?所以工程经济学是运用工程学和经济学有关知识相互交融而形成的工程经济分析原理与方法,对能够完成工程项目预定目标的各种可行技术方案进行技术经济论证、比较、计算和评价,优选出技术上、经济上有利的方案,从而为实现正确的投资决策提供科学依据的一门应用性经济学科。

工程经济学是工程科学与经济科学的交叉学科,是研究工程技术实践活动经济效果的学科,即以工程项目为主体,以技术—经济系统为核心,研究如何有效利用资源和提高经济效益的学科。工程经济学研究各种工程技术方案的经济效益,研究各种技术在使用过程中如何以最小的投入获得预期产出,或者如何以等量的投入获得最大产出,如何用最低的寿命周期成本实现产品、作业以及服务的必要功能。工程经济学的产生是为了从经济角度解决技术方案的选择问题,这也是工程经济学区别于其他经济学的显著标志。

工程经济学从技术的可行性和经济的合理性出发,运用经济理论和定量分析方法,研究工程技术投资和经济效益的关系。工程经济学研究影响经济效果的各种因素对工程项目产生的影响,研究工程项目的经济效果,具体内容包括对工程项目的资金筹集、经济评价、决策优化以及风险和不确定性分析等。

1.1.2 工程经济学的特点

1. 综合性

工程经济学横跨自然科学和社会科学两大类。工程技术的经济问题往往是多目标、多因素的,因此工程经济学研究的内容涉及技术、经济、社会与生态等因素。工程经济学必须以自然规律为基础,但既不同于技术科学研究自然规律本身,又不同于其他经济科学研究经济规律本身,而是以经济科学作为理论指导和方法论。

2. 实用性

工程经济学的研究对象来源于生产建设实际,其分析和研究成果直接用于建设与生产,并通过实践来验证分析结果的正确性。工程技术的经济分析和评价与所处的客观环境关系密切。工程经济学是研究工程技术在某种特定的社会经济环境下应用效果的科学,是把技术问题放在社会的政治、经济与自然环境的大系统中加以综合分析、综合评价的科学。

3. 定量性

工程经济学以定量分析为主,对难以定量的因素也要予以量化估计。定量分析结果可为定性分析提供科学依据。

4. 比较性

工程经济分析通过经济效果的比较,从许多可行的技术方案中选择最优方案或满意的可行方案。工程经济学是对新技术的各种可行方案的未来“差异”进行经济效果分析比较,即工程经济学的着眼点。工程经济学除研究各方案的可行性与合理性之外,还要研究各方案之间的效果差别,把各方案中相等的因素在具体分析中略去,以简化分析和计算。

5. 预测性

工程经济分析是对将来要实现的技术政策、技术措施、技术方案进行事先的分析评价。工程经济学所讨论的经济效果问题几乎都和“未来”有关。着眼于“未来”,也就是对技术政策、技术措施制定后或技术方案被采纳后将要带来的经济效果进行计算、分析与比较。工程经济学关心的不是某方案已经付出了多少代价,它不考虑过去发生的、在今后决策过程中无法控制的、已用去的那一部分费用的多少,而只考虑从现在起为获得同样使用效果的各种机会或方案的经济效果。既然工程经济讨论的是各方案未来的经济效果问题,那就意味着它们会有“不确定性因素”与“随机因素”的预测与估计,这将关系到技术效果评价的结果,因此工程经济学是建立在预测基础上的科学。

1.2 工程、技术与经济

1.2.1 工程

工程是指土木建筑或其他生产、制造部门用比较大而复杂的设备进行的工作,如土木工程、机械工程、交通工程、化学工程、采矿工程、水利工程等。工程经济学中的“工程”涵盖工程和技术两层含义。

一项工程能被人们所接受必须具备两个条件,即技术上可行、经济上合理。

1.2.2 技术

广义的技术是指人类利用和改造自然的手段和方法。它不仅包括劳动者的技艺,还包括取代这些技艺的部分物质手段,因此,技术包括劳动工具、劳动对象等一切劳动的物质手段(硬技术)和体现为工艺、方法、程序、信息、经验、技巧和能力的非物质手段(软技术)。从另一个角度来讲,还可以将技术分为自然技术和社会技术。自然技术是指根据生产时间和自然科学原理发展形成的各种工艺操作方法、技能,相应的生产工具及其他物质装备;社会技术是指组织生产及流通等技术。

技术除了具有应用性外,它的经济目的性也十分明显。对于任何一种技术,在一般情况下,都不能不考虑经济效果的问题。脱离了经济效果的标准,技术将无从判断。此外,技术的先进性表现在两个方面,一方面是能够创造原有技术所不能创造的产品和劳务,如新材料、新能源及宇航技术、海洋技术、微电子技术等;另一方面是能够用更少的人力、物力和时间,创造出更多的产品或劳务。

综上所述,技术是为了实现投资目标的系统的物质形态技术、社会形态技术和组织形态技术等,它不仅包括相应的生产工具和物资设备,还包括生产的工艺过程或作业程序及方法以及在劳动生产方面的经验、知识、能力和技巧。

1.2.3 经济

工程经济学中所说的"经济"属于经济学范畴,可理解为社会生产与再生产过程以及与之相关的政策、制度等方面的总和。通常有以下四方面的含义。

(1)经济是指生产关系,是人类社会发展到一定阶段的社会经济制度,是生产关系的总和,是政治和思想意识等上层建筑建立起来的基础,如市场经济、经济制度。

(2)经济是指社会的经济活动,社会生产与再生产过程,即物质资料的生产、交换、分配、消费的现象和过程,如经济活动、经济增长。

(3)经济是指一个国家的国民经济总体或其中的一个部门,如工业经济、农业经济、运输经济等。

(4)经济还有节约或节省的意思。

工程经济学中的"经济"主要是指在工程建设的寿命周期内为实现投资或获得单位效用而对投入资源的节约。

随着科学技术的进步和经济的发展,人们在生产实际中越来越体会到工程经济的重要性。因为很多重大工程技术的失误不是科学技术的原因,而是由于经济分析的失算。一个优秀的工程师不仅要对他所提出方案的技术可行性负责,还必须对其经济合理性负责,这就要求他掌握工程经济学所探索的客观规律和所体现的思想方法以及经济意识。

1.2.4 工程、技术与经济的关系

工程(技术)和经济是辩证统一的,存在于生产建设过程中。工程(技术)和经济是人类社会进行物质生产活动始终并存的两个方面,两者既相互促进又相互制约。工程(技术)和经济的关系如下。

1. 技术的进步是推动经济发展、提高经济效益的重要条件和手段

技术进步极大地改变了生产中的劳动手段和方式,改善了劳动条件和环境,使人们在广度和深度上更合理地利用自然资源,加速了信息的流通,造就了发达的商品经济体系,推动了社会经济的发展。

2. 发展经济是技术进步的物质基础

技术进步是有前提和条件的,它的发展不能脱离一定的社会经济基础。任何一项技术的产生和发展,都是由社会经济发展的需要而引起的,并在一定的社会经济条件下得以推广和应用。一个国家、行业、企业的技术选择和技术发展,在很大程度上将受其经济实力的制约。

3. 技术与经济必须协调发展

技术与经济之间的关系可能出现两种情况,一种情况是技术进步通常能推动经济的发展,技术与经济是协调一致的;另一种情况是先进的技术方案有时会受到自然、社会条件以及人等因素的制约,不能充分发挥作用和实现最佳经济效果,技术与经济之间存在矛盾。工程经济学的任务就是研究工程技术方案的经济性问题,建立起工程技术方案的先进性与经济的合理性之间的联系桥梁,使两者能够得到协调发展。

4. 经济的发展为技术的进步提出了新的要求和发展方向

社会经济的发展和人类需求的增长,对生产和生活提出了更高的要求。

社会生产实践中技术与经济之间的关系是很复杂的,而且又是多方面的。如何正确认识和处理好技术与经济的关系,以取得最大的社会经济效益,这是社会经济发展中重要的问题,也是投资决策、项目评价所要研究的重要课题。

1.3 工程经济学分析原则

1.3.1 工程经济学研究的方法

工程经济学以工程技术为背景,将经济学、财务学的理论相融合,形成了独特的理论知识体系。学习工程经济学需要具备广泛的理论基础,如需要运用到经济学中关于资源配置、机会成本、经济效益的理论,财务学、会计学中关于资金时间价值、投资分析的理论,数学中的代数方法、概率理论,管理学中的方案比较法、决策理论等。运用工程经济学可以解决工程技术实践中大量出现的技术方案的决策问题。比较常见的工程经济学的研究方法主要有方案比较方法、动态分析方法、定性与定量结合的方法和系统分析方法等四种。

1. 方案比较方法

方案比较方法是贯穿于工程经济分析始终的基本方法。任何一项技术项目,如技术开发项目、工艺改进项目、设备更新项目或技术改造项目,都存在替代方案;企业要实现技术进步的目的,总有不同的技术路径、技术措施;工程项目投资也有不同的生产方案。因此只有通过方案比较与选择,才能找到最好的解决办法,以提高项目决策的科学性。

2. 动态分析方法

工程经济学要运用动态分析方法,主要包括两方面的内容,一是必须考虑工程项目使用

资金的时间价值;二是要考虑工程技术项目本身的发展变化过程,即要考虑到项目发展过程中环境条件的变化。前者是强调评价技术方案的投入资金与产出的收益必须用复利计算,才能真实地反映技术方案的效益价值,因此在经济分析中,投入与产出的动态计算是主要内容,要针对未来市场环境价格的变化预测工程项目的效益和可能面临的风险,从而帮助人们做出科学的工程项目投资决策。

3. 定性与定量结合的方法

工程经济学既要运用定量方法进行工程项目的经济评价、项目不确定性分析、项目财务评价与国民经济评价、设备更新的经济分析等,又要运用定性方法对项目后评价、项目可行性研究中的资源评价、建设规模与产品方案、实施进度、无形效果等非经济效果内容进行分析研究。由此可见,定性分析与定量分析是工程经济学研究不可或缺的两种工具。

4. 系统分析方法

系统分析方法是运用系统理论来研究工程经济学问题的方法。系统理论是研究系统的模式、原则、规模及其功能的科学。系统分析方法应用于工程经济分析中,要求我们首先树立整体观念,即把一个技术项目或工程项目看成一个独立、完整的系统,它由许多子系统组成,各子系统之间既相互独立又相互联系。这同工程项目由许多子项目组成一样,如一项企业技术改造项目中包含若干子项目——生产工艺、机械设备、控制系统、测试检验、车间布置、土建工程等,各子项目有各自的使用功能,所有子项目使用功能的聚合才能成为技术改造后的生产系统。工程经济的整体观促使人们建立全局意识,把各个局部工作、子项目的工作视为实现技术改造项目总目标的手段或过程。其次,要将技术项目、工程项目系统视为一个开放的系统,明白它们与外界社会环境的密切关系。项目的外部社会环境给项目提供技术资源、物质资源、劳动力资源、信息资源等,只有重视项目组织与社会环境之间物质、能量、信息的交换,才能使工程项目系统具有活力,在资源有限的约束条件下更好地实现项目目标。最后,在评价一个技术项目或工程项目时,不但要分析项目本身的投资效益,而且要评价它产生的社会效益,考察它对生态环境的影响,从而实现技术项目与人文社会自然环境的和谐发展。如特大型建设项目对区域和宏观经济影响的评价,就必须采用系统分析方法才能得出科学的结论。

1.3.2 工程经济学项目研究的步骤

工程经济学主要是对项目中各种可行的技术方案进行综合分析、计算、比较和评价,全面衡量其经济效益,以做出最佳选择,为决策提供科学依据。工程经济分析的一般程序如图1.1所示。

1. 确定目标

工程经济分析的目的在于寻求各个方案之间的优势比较,要比较就需要有共同的目标,由需要形成问题,由问题产生目标,然后依目标去寻求最佳方案。

2. 调查研究并收集资料

目标确定后,要对实现目标的需求进行调查研究,分析是否具有实现目标所需的资源、技术、经济和信息等条件。

3. 选择方案

在占有资料的基础上,对比方案尽可能多一些,提供充分的比较对象,以确保优势质量。

4. 把比较方案可比化

将不同数量和质量的指标尽可能转化为统一的可比性指标,满足可比的要求。

5. 建立经济数学模型

经济数学模型是工程经济分析的基础和手段,通过经济数学模型的建立,进一步扩大方案的目标体系和约束条件,为以后的经济分析创造条件。

6. 模型求解

把各种具体资料和数据代入经济数学模型中进行运算,求出各方案主要经济指标的具体数值并进行比较,初步选定方案。

7. 综合分析论证

对不同方案的指标进行分析计算和综合比较,选出最优方案。

8. 与既定目标和评价标准比较

将最后选定的方案与既定的目标和评价标准进行比较,符合的就采纳,不符合的则重新按照以上程序对其他替代方案进行分析。

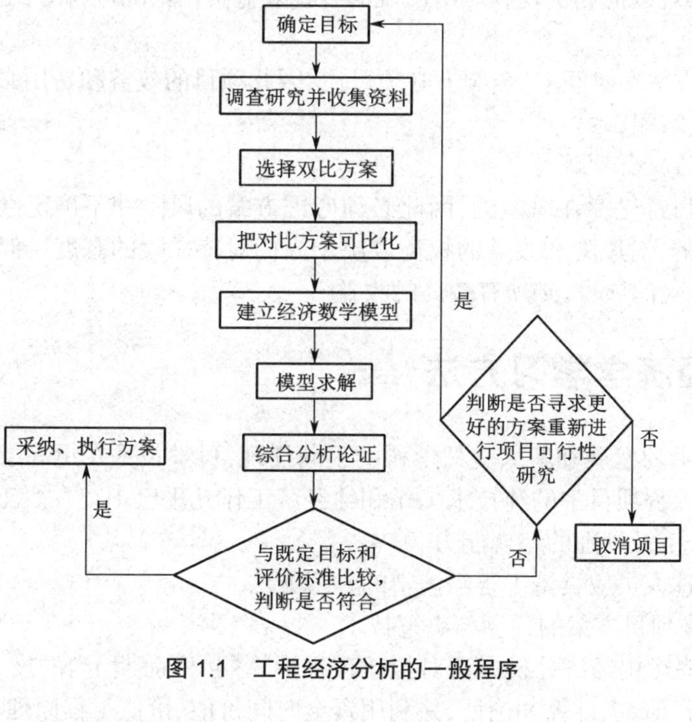

图 1.1　工程经济分析的一般程序

1.3.3　工程经济学研究的原则

1. 资金的时间价值原则

在不同时间付出或得到同样数额的资金在价值上是不等的。也就是说,资金的价值会随时间发生变化。今天可以用来投资的一笔资金,即使不考虑通货膨胀因素,也比将来可获得的同样数额的资金更有价值。因为当前可用的资金能够立即用来投资并带来收益,而将来可获得的资金则无法用于当前投资，也无法获取相应收益。若不考虑资金的时间价值，就无法合理地评价项目的未来收益水平。

2. 现金流量原则

衡量投资收益用的是现金流量而不是会计利润。现金流量反映项目发生的实际现金的流入与流出，而不反映应收、应付款项及折旧、摊销等非现金性质的款项；会计利润是会计账面数字，而非当前可用的现金。

3. 增量分析原则

对不同方案进行评价和比较必须从增量角度进行，即用两个方案与现金流量差来进行分析，得到各种差额评价指标，再与基准指标对比，以确定投资多的方案是否可行。

4. 机会成本原则

企业投资进行项目的建设，只要是资金投入了这个项目，不管这些资金是借来的还是自有的，或者是企业自有的机械、设备、厂房等资源，都要计入成本，这个成本就称为机会成本。沉没成本是与决策无关的成本。

5. 有无对比原则和前后对比原则

"有无对比法"将有这个项目和没有这个项目时的现金流量情况进行对比；"前后对比法"将某一项目实现以前和实现以后所出现的各种效益费用情况进行对比。

6. 可比性原则

进行比较的方案在时间上、金额上必须可比，因此项目的效益和费用必须有相同的货币单位，并在时间上匹配。

7. 风险收益的权衡原则

投资任何项目都是存在风险的，因此必须考虑方案的风险和不确定性。不同项目的风险和收益是不同的，对风险和收益的权衡取决于人们对待风险的态度。但是有一点是可以肯定的，选择高风险的项目，必须有较高的收益。

1.4 工程经济学学习方法

随着科学技术的发展和新兴交叉学科的不断涌现，科学技术在更高层次上走向综合化和整体化。现代工程项目中的纯技术工作和纯经济工作几乎已不存在。工程项目管理人员都应具备技术、经济及管理的综合能力。

工程项目管理人员应具备工程经济学的学习方法。

（1）了解建设项目方案的预测与决策技术。

（2）能够熟练运用经济分析方法对拟建项目计算期（寿命期）内的投入、产出等诸多因素进行调查、分析、研究、计算和论证，并利用资金时间价值、价值工程原理等，进行投资方案的比较与选择，有效控制建设项目投资。

（3）掌握建设项目的不确定性和风险分析方法。

综合案例

娜娜所在的幸福村有一块公共草地，那里四面环山，曾经苍翠拥绕、碧草青青，最适宜奶牛养殖。在几户村民率先养殖奶牛致富之后，其他村民纷纷效仿，全村人都因为养殖奶牛一起过上了幸福生活。可是好景不长,三年后,幸福村的村民们遇到一个难题:公共草地能容纳养殖奶牛的最佳数量为1 000头,但村民们养殖的奶牛已达到1 600头。公共草地上的草料已经不能满足所有奶牛的食物需要。如何解决这个问题呢?娜娜的父亲(幸福村村长)召开村民大会,希望各家各户能减少奶牛数量,使奶牛总量降到1 000头。但村民们谁都不愿意减少自家奶牛的数量,同时又都希望别人能减少奶牛的数量。又过了一年,这块公共草地由于长期的超载放牧而不断地被破坏,草地逐渐退化,可供奶牛食用的草料越来越少,到最后竟然长不出青草,以致幸福村不能再养殖奶牛。

案例分析

这个故事是根据美国学者哈定的《公地的悲剧》改写而成的。公地作为一项资源有许多拥有者,他们中的每一个人都有使用权但没有权利阻止其他人使用,从而造成资源过度使用和枯竭。过度砍伐的森林、过度捕捞的渔业资源及污染严重的河流和空气都是"公地的悲剧"的典型例子。之所以叫悲剧,是因为每个当事人都知道资源将由于过度使用而枯竭,但每个人对阻止事态的继续恶化都感到无能为力。成本或利润价格的传达不适当,会影响个体经济市场的决策机制,从而导致市场紊乱。发生这种市场失灵现象后,一定要加强政府的调控,用宏观调控的力量挽救因市场自由放任所造成的局面。

思考与练习

1. 简述工程、技术和经济的关系。
2. 工程经济学的概念是什么?
3. 工程经济分析的原则有哪些?
4. 简述工程经济学项目研究的步骤。
5. 工程经济学研究的方法有哪些?
6. 工程项目管理人员应掌握的工程经济学学习方法有哪些?

有趣又有用的
经济学知识

项目 2　经济评价要素

知识目标

1. 掌握投资、成本、收入、折旧与利润的相关知识。
2. 熟悉工程项目投资的构成。
3. 熟悉固定资产的分类。

能力目标

1. 掌握工程成本、收入和利润之间的关系。
2. 掌握固定成本、机会成本、沉没成本的含义及区别。
3. 掌握固定资产折旧的计算方法。

引例

刚刚获得 MBA 的王先生,准备自己投资 200 万(当前市场利率 10%)开设一家企业。可他如果受雇于他人,其年薪为 100 万。若自己开公司,预计年销售额为 800 万,所需会计成本为 690 万。

思考

王先生自己开公司比受雇于他人每年多赚多少?

评析

王先生自己开公司比受雇于他人每年不仅没多赚到钱,反而损失了 10 万。因为王先生自己开公司,可以赚 110 万,但放弃开公司而受雇于他人的机会成本是 120 万,其中工资收入 100 万,200 万银行利息收入 20 万。120 万和 110 万相比,可知王先生开公司比受雇于他人每年损失了 10 万。

2.1　工程项目的投资及构成

2.1.1　投资的概念

投资是经济学中的重要概念。广义的投资是指人们的一种有目的的经济行为,即以一定的资源投入某项计划,以获取期望的回报。投入的资源可以是资金、人力、技术或其他。投资的形式可以是生产性的或非生产性的。生产性建设项目总投资分为建设投资和流动资金投资两大部分。狭义的投资是指人们在社会经济活动中为实现某种预定的市场经营目标而预先垫付的资金。

任何一个工程项目的建设首先是一个投资活动,工程建设活动中的投资是为实现预定的生产、经营目标而预先垫付的资金。这里的资金是有形资产、无形资产和货币基金的总和。工程项目总投资也称为总投资，根据其性质可分为以下几种类型。

1. 固定资产投资

固定资产是指使用期限较长（一年以上），单位价值在规定的标准以上，在生产过程中为多个生产周期服务，在使用过程中保持原来的物质形态的资产，如建筑物、机械设备、运输设备等。

按照《小企业会计准则》（财会（2011）17 号文规定：固定资产是指是指小企业为生产产品、提供劳务、出租或经营管理而持有的，使用寿命超过 1 年的有形资产。小企业的固定资产包括：房屋、建筑物、机器、机械、运输工具、设备、器具、工具等。

2. 无形资产投资

无形资产是指能为企业长期提供某种权利或利益但不具有实物形态的资产，如专利、著作权、商标、专有技术等。其价值在服务期内逐年摊销，摊销费计入成本。

3. 递延资产投资

递延资产是指项目筹建期内，集中发生的除固定资产投资和无形资产投资以外的各项费用所形成的资产，如开办费，租赁固定资产改良费，固定资产装璜、装修费等。

4. 流动资金投资

流动资产是指可以在一个营业周期内变现或者耗用的资产。项目总投资中的流动资金形成项目运营过程中的流动资产，如各种存款和现金、短期投资、存货等。

知识链接

折旧：固定资产在使用过程中由于逐渐磨损而转移到产品中的那部分价值。

折旧费（或折旧基金）：根据固定资产的折旧额，从销售收入中按月提存，用于固定资产再生的那部分金额。

摊销费：代表无形资产转移给产品的那部分价值，也在销售收入中加以回收。如项目引进技术的技术转让费（包括许可费、专利费、设计费），在项目投产前一次性支付的部分已作为固定资金的一部分列入总投资，这部分金额应在项目投产后分次摊入成本。

2.1.2　投资的来源

1. 自有资金

自有资金是指企业为进行生产经营活动所经常持有，可以自行支配使用并无须偿还的那部分资金。自有资金是与借入资金对称的。自有资金主要包括以下两种。

（1）股东直接投资　股东直接投资包括政府授权投资机构入股的资金、国内外企业入股的资金、社会团体和个人入股的资金以及基金投资公司入股的资金，分别构成国家资本金、法人资本金、个人资本金和外商资本金。

（2）政府投资　政府投资包括各级人民政府的财政预算内资金、国家批准的各种专项建设基金、土地批租收入、地方政府按规定收取的各种费用及其他预算外资金等。

2. 负债资金

负债资金是指银行和非银行金融机构的贷款及发行债券的收入等，包括长期负债（长期借款、应付长期债券和融资租赁的长期应付款项等）和短期负债（短期借款、应付账款等）。

1)国内债务筹资

(1)银行贷款

(2)国家预算贷款　国家预算贷款是指由国家预算拨交政策性银行作为贷款资金，由政策性银行对实行独立核算、有偿还能力的事业单位和更新改造的企业发放的有偿贷款。

(3)发行债券　债券是筹资者为筹措一笔数额可观的资金，向众多的出资者出具的表明债务金额的凭证。这种凭证由筹资者发行，出资者认购并持有。

(4)混合贷款　混合贷款也称政府混合贷款，它是指由政府贷款、出口信贷和商业银行贷款混合组成的一种优惠贷款形式。目前，各国政府向发展中国家提供的贷款大多采用这种形式。其特点是政府出资必须占有一定比重；有指定用途，即必须进口提供贷款的国家的出口商的产品；利率比较优惠，贷款期也比较长；贷款手续比较复杂。

(5)联合贷款　联合贷款是指商业银行与世界性、区域性国际金融组织以及各国的发展基金、对外援助机构共同联合起来，向某一国家提供资金的一种形式。此种贷款的特点是政府与商业金融机构共同经营；援助与融资互相结合，利率比较低，贷款期限比较长；有指定用途。

(6)银团贷款　银团贷款也叫辛迪加贷款，它是指由一家或几家银行牵头，多家国际商业银行参加，共同向一国政府、企业的某个项目(一般是大型的基础设施项目)提供金额较大、期限较长贷款的一种形式。此种贷款的特点是必须有一家牵头银行；必须有一家代理银行；贷款管理十分严密；贷款利率比较优惠，贷款期限也比较长，并且没有指定用途。

2)国际金融机构贷款

国际金融机构是指为了达到共同的目标，由数国联合兴办的在各国间从事金融活动的机构。就我国而言，国际金融机构贷款主要是世界银行、国际货币基金组织和亚洲开发银行的贷款。

3)股票融资

股票融资是指通过发行股票在资本市场上募集股本资金。

2.1.3 投资的构成

工程项目总投资是指一个项目或方案从它的筹建到全部竣工投产的全部费用，由固定资产总投资和流动资产两大部分组成，如图 2-1 所示。

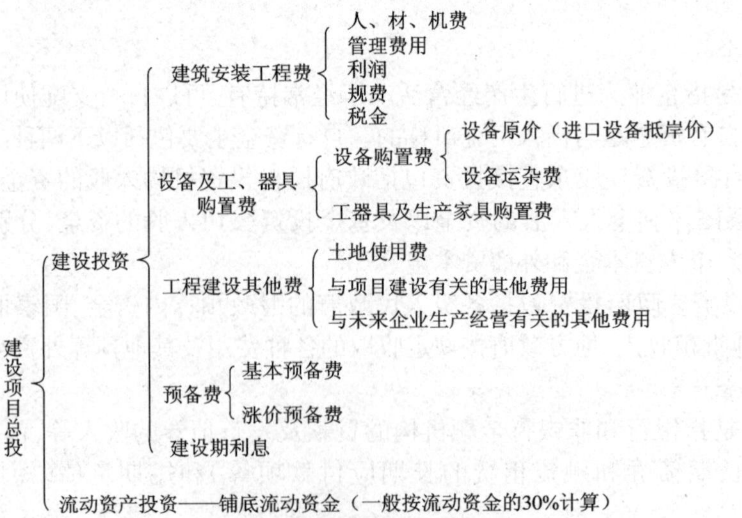

图 2.1　工程项目总投资的构成

1.建筑安装工程费

按照费用构成要素划分:由人工费、材料(包含工程设备,下同)费、施工机具使用费、企业管理费、利润、规费和税金组成。其中人工费、材料费、施工机具使用费、企业管理费和利润包含在分部分项工程费、措施项目费、其他项目费中(见附表)。

1)人工费:是指按工资总额构成规定,支付给从事建筑安装工程施工的生产工人和附属生产单位工人的各项费用。内容包括:

(1)计时工资或计件工资:是指按计时工资标准和工作时间或对已做工作按计件单价支付给个人的劳动报酬。

(2)奖金:是指对超额劳动和增收节支支付给个人的劳动报酬。如节约奖、劳动竞赛奖等。

(3)津贴补贴:是指为了补偿职工特殊或额外的劳动消耗和因其他特殊原因支付给个人的津贴,以及为了保证职工工资水平不受物价影响支付给个人的物价补贴。如流动施工津贴、特殊地区施工津贴、高温(寒)作业临时津贴、高空津贴等。

(4)加班加点工资:是指按规定支付的在法定节假日工作的加班工资和在法定日工作时间外延时工作的加点工资。

(5)特殊情况下支付的工资:是指根据国家法律、法规和政策规定,因病、工伤、产假、计划生育假、婚丧假、事假、探亲假、定期休假、停工学习、执行国家或社会义务等原因按计时工资标准或计时工资标准的一定比例支付的工资。

2)材料费:是指施工过程中耗费的原材料、辅助材料、构配件、零件、半成品或成品、工程设备的费用。内容包括:

(1)材料原价:是指材料、工程设备的出厂价格或商家供应价格。

(2)运杂费:是指材料、工程设备自来源地运至工地仓库或指定堆放地点所发生的全部费用。

(3)运输损耗费:是指材料在运输装卸过程中不可避免的损耗。

(4)采购及保管费:是指为组织采购、供应和保管材料、工程设备的过程中所需要的各项费用。包括采购费、仓储费、工地保管费、仓储损耗。

工程设备是指构成或计划构成永久工程一部分的机电设备、金属结构设备、仪器装置及其他类似的设备和装置。

3)施工机具使用费:是指施工作业所发生的施工机械、仪器仪表使用费或其租赁费。

(1)施工机械使用费:以施工机械台班耗用量乘以施工机械台班单价表示,施工机械台班单价应由下列七项费用组成:

①折旧费:指施工机械在规定的使用年限内,陆续收回其原值的费用。

②大修理费:指施工机械按规定的大修理间隔台班进行必要的大修理,以恢复其正常功能所需的费用。

③经常修理费:指施工机械除大修理以外的各级保养和临时故障排除所需的费用。包括为保障机械正常运转所需替换设备与随机配备工具附具的摊销和维护费用,机械运转中日常保养所需润滑与擦拭的材料费用及机械停滞期间的维护和保养费用等。

④安拆费及场外运费:安拆费指施工机械(大型机械除外)在现场进行安装与拆卸所需的人工、材料、机械和试运转费用以及机械辅助设施的折旧、搭设、拆除等费用;场外运费指

施工机械整体或分体自停放地点运至施工现场或由一施工地点运至另一施工地点的运输、装卸、辅助材料及架线等费用。

⑤人工费:指机上司机(司炉)和其他操作人员的人工费。

⑥燃料动力费:指施工机械在运转作业中所消耗的各种燃料及水、电等。

⑦税费:指施工机械按照国家规定应缴纳的车船使用税、保险费及年检费等。

(2)仪器仪表使用费:是指工程施工所需使用的仪器仪表的摊销及维修费用。

4)企业管理费:是指建筑安装企业组织施工生产和经营管理所需的费用。内容包括:

(1)管理人员工资:是指按规定支付给管理人员的计时工资、奖金、津贴补贴、加班加点工资及特殊情况下支付的工资等。

(2)办公费:是指企业管理办公用的文具、纸张、帐表、印刷、邮电、书报、办公软件、现场监控、会议、水电、烧水和集体取暖降温(包括现场临时宿舍取暖降温)等费用。

(3)差旅交通费:是指职工因公出差、调动工作的差旅费、住勤补助费,市内交通费和误餐补助费,职工探亲路费,劳动力招募费,职工退休、退职一次性路费,工伤人员就医路费,工地转移费以及管理部门使用的交通工具的油料、燃料等费用。

(4)固定资产使用费:是指管理和试验部门及附属生产单位使用的属于固定资产的房屋、设备、仪器等的折旧、大修、维修或租赁费。

(5)工具用具使用费:是指企业施工生产和管理使用的不属于固定资产的工具、器具、家具、交通工具和检验、试验、测绘、消防用具等的购置、维修和摊销费。

(6)劳动保险和职工福利费:是指由企业支付的职工退职金、按规定支付给离休干部的经费,集体福利费、夏季防暑降温、冬季取暖补贴、上下班交通补贴等。

(7)劳动保护费:是企业按规定发放的劳动保护用品的支出。如工作服、手套、防暑降温饮料以及在有碍身体健康的环境中施工的保健费用等。

(8)检验试验费:是指施工企业按照有关标准规定,对建筑以及材料、构件和建筑安装物进行一般鉴定、检查所发生的费用,包括自设试验室进行试验所耗用的材料等费用。不包括新结构、新材料的试验费,对构件做破坏性试验及其他特殊要求检验试验的费用和建设单位委托检测机构进行检测的费用,对此类检测发生的费用,由建设单位在工程建设其他费用中列支。但对施工企业提供的具有合格证明的材料进行检测不合格的,该检测费用由施工企业支付。

(9)工会经费:是指企业按《工会法》规定的全部职工工资总额比例计提的工会经费。

(10)职工教育经费:是指按职工工资总额的规定比例计提,企业为职工进行专业技术和职业技能培训,专业技术人员继续教育、职工职业技能鉴定、职业资格认定以及根据需要对职工进行各类文化教育所发生的费用。

(11)财产保险费:是指施工管理用财产、车辆等的保险费用。

(12)财务费:是指企业为施工生产筹集资金或提供预付款担保、履约担保、职工工资支付担保等所发生的各种费用。

(13)税金:是指企业按规定缴纳的房产税、车船使用税、土地使用税、印花税等。

(14)其他:包括技术转让费、技术开发费、投标费、业务招待费、绿化费、广告费、公证费、法律顾问费、审计费、咨询费、保险费等。

5)利润:是指施工企业完成所承包工程获得的盈利。

6)规费:是指按国家法律、法规规定,由省级政府和省级有关权力部门规定必须缴纳或计取的费用。包括:

(1)社会保险费

①养老保险费:是指企业按照规定标准为职工缴纳的基本养老保险费。

②失业保险费:是指企业按照规定标准为职工缴纳的失业保险费。

③医疗保险费:是指企业按照规定标准为职工缴纳的基本医疗保险费。

④生育保险费:是指企业按照规定标准为职工缴纳的生育保险费。

⑤工伤保险费:是指企业按照规定标准为职工缴纳的工伤保险费。

(2)住房公积金:是指企业按规定标准为职工缴纳的住房公积金。

(3)工程排污费:是指按规定缴纳的施工现场工程排污费。

其他应列而未列入的规费,按实际发生计取。

7)税金:是指国家税法规定的应计入建筑安装工程造价内的营业税、城市维护建设税、教育费附加以及地方教育附加。

2.2　工程项目的成本

2.2.1　成本的概念及意义

我国对成本的定义为生产经营过程中所消耗的生产资料转移的价值和劳动者为自己劳动所创造的价值的货币表现。美国会计学会对成本的定义为达到特定的目的而发生或应发生的价值牺牲,它可用货币单位加以衡量。

从以上定义可以看出,成本大多与支出相联系,但是支出的一部分与当期相联系,一部分与以后期间相联系。与当期相联系的支出形成了本期的一项费用,与以后期间相联系的支出则形成了企业的一项资产。

2.2.2　建设工程成本的构成

建筑工程的总成本是指工程项目在一定时期内为生产而耗费的全部成本和费用。它由生产成本和期间费用两部分构成,如图 2.4 所示。

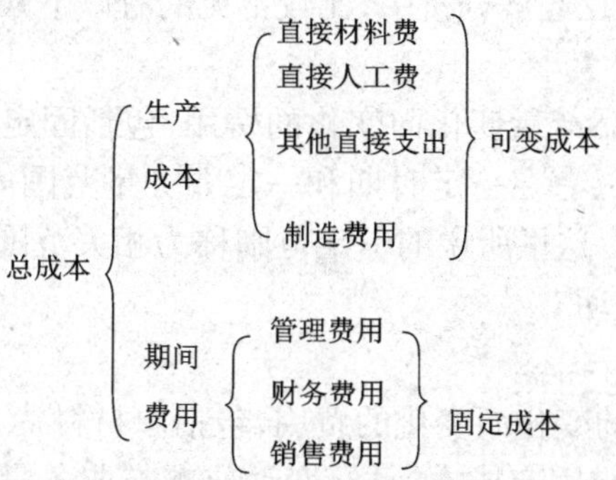

图 2.4　总成本的构成

1. 生产成本的构成

生产成本也称制造成本，是指企业生产经营过程中实际消耗的直接材料、直接人工费、其他直接支出和制造费用。

（1）直接材料费　它包括企业生产经营过程中实际消耗的原材料、辅助材料、设备配件、外购半成品、燃料、动力、包装物、低值易耗品及其他直接材料。

（2）直接人工费　它包括企业直接从事产品生产人员的工资、奖金、津贴和补贴。

（3）其他直接支出　它包括直接从事产品生产人员的职工福利费等。

（4）制造费用　是指企业各个生产单位（分厂、车间）为组织和管理生产所发生的各项费用，如管理人员工资、职工福利费、折旧费、修理费、物料消耗、低值易耗品摊销、劳动保护费、水电费、办公费、差旅费、运输费、保险费、租赁费（不包括融资租赁费）、设计制图费、试验检验费、环境保护费及其他制造费用。

2. 期间费用的构成

期间费用是指在一定期间发生的与生产经营没有直接关系和关系不密切的管理费用、财务费用和销售费用。期间费用不计入产品的生产成本，直接体现为当期损益。

（1）管理费用　是指企业行政管理和组织经营活动发生的各项费用。其具体包括公司经费（工厂总部管理人员工资、职工福利费、差旅费、办公费、折旧费、修理费、物料消耗、低值易耗品摊销以及其他公司经费）、工会经费、职工教育经费、劳动保险费、董事会费、咨询费、顾问费、交际应酬费、税金（指企业按规定支付的房产税、车船使用税、土地使用税、印花税等）、土地使用费（海域使用费）、技术转让费、无形资产摊销、开办费摊销、研究发展费及其他管理费用等。

（2）财务费用　是指企业为筹集资金而发生的各项费用。其具体包括企业生产经营期间的利息净支出、汇兑净损失、金融机构手续费以及筹资发生的其他财务费用等。

（3）销售费用　销售费用是指企业在销售产品、自制半成品和提供劳务等过程中发生的各项费用，专设销售机构的各项经费以及其他经费，如应由企业负担的运输费、包装费、委托代销费、广告费、展览费、租赁费（不包括融资租赁费）和销售服务费、销售部门人员工资、职工福利费、差旅费、办公费、折旧费、修理费、物料消耗和低值易耗品摊销等。

2.2.3　建设工程成本的分类

成本的种类很多，在工程经济分析中，比较常见的有以下几种。

1. 固定成本

固定成本是指不随产品产量变化而变化的费用，包括固定资产折旧费、车间经费、企业管理费等。固定成本总额只有在一定时期和一定业务量范围内才是固定的，这就是说固定成本的固定性是有条件的。这里所说的一定范围称为相关范围。如业务量的变动超过这个范围，固定成本就会发生变动。

2. 可变成本

可变成本是指随产量的变化而变化的费用，包括原材料费、燃料动力费、工资及附加费、废品损失费等。变动成本与固定成本一样，变动成本与业务量之间的线性依存关系也是有条件的，即有一定的适用区间。也就是说，业务量的变动超出相关范围，变动成本发生额可能呈非线性变动。

3. 经营成本

经营成本是指项目评价中专用的，是企业从事主要业务活动而发生的成本，具体指不包括折旧费用（或维简费用）、摊销费用、利息支出的成本。其计算公式为

经营成本 = 总成本费用 - 折旧费用（维简费用）- 摊销费用 - 利息支出

4. 机会成本

机会成本是经济学中最重要的概念之一，也是整个学科所依赖的重要基础之一。将一种具有多种用途的有限资源置于特定用途时，会放弃多个可能获利的机会，其中最佳机会所能产生的收益，便是此资源用于该特定用途的机会成本。

假设一位商人想进行项目投资，他没有足够的资金，因此想以每年 20% 的年利率向银行贷款。这家银行 20% 的利率就是他资金的财务成本。他正在考虑的这个项目每年将获得 30% 的收益。如果他不投资他已选择的方案，他将放弃每年 30% 的收益，而这 30% 的收益就是资金的机会成本。

机会成本在设备更新时应用甚广。多方案比选时，在不考虑其他因素的情况下，机会成本最小的方案为最优方案。

【例 2.2】　假设一项资源有三种用途方案。方案一的收益为 100 万元，方案二的收益为 200 万元，方案三的收益为 300 万元。如何利用机会成本选择最佳方案？

解　如选择方案一，机会成本是 300 万元；如选择方案二，机会成本是 300 万元；如选择方案三，机会成本是 200 万元，因此此项目的最佳方案是方案三。

5. 沉没成本

沉没成本是指在决策前已发生，与当前决策无关的费用或成本，也可说是无法由未来行动改变的过去的费用。人们在决定是否去做一件事情的时候，不仅要看这件事对自己有没有好处，而且要看过去是不是已经在这件事情上有过投入。这些已经发生的不可收回的支出，如时间、金钱、精力等称为沉没成本。在经济学和商业决策过程中会用到沉没成本的概念，代指已经付出且不可收回的成本。沉没成本常用来和可变成本进行比较，可变成本可以被改变，而沉没成本则不能被改变。

假设企业有一张订单，需要加工一批零件，价值 20 万元。预计加工与其他运营费用为 15 万元。仓库已有完成该订单所需的材料，购进这批材料时的价格为 8 万元，但如今市价跌至 4 万元。判断是否应接受这一订单。

通过分析得出，加工和其他运营费用为 15 万元，加上库存材料费 8 万元，总计 23 万元；然而订单出价为 20 万元，因此若接受此订单，则将有 3 万元的亏损。按数学计算分析，除非提高定金，否则不应接受此订单。

但是，由于材料跌价使企业蒙受的损失已经发生，无法改变，其价格由 8 万元跌至 4 万元，因此其中损失的 4 万元只能视作沉没成本处理。经济分析时，是不考虑沉没成本的，主要着眼于当前状态。

当前状态的总成本 =150000+40000=190 000（元）

未来可能的收益 =200000-190000=10 000（元）

因此根据当前状态的经济分析和决策，显然应该接受这一订单。

案例 2.1

为从国外购买的物品补税是否合算?

张某在国外购买了一台数码摄像机,是用美元购买的,折合人民币为 25 000 元,今张某把它携带回国。入境时因原发票丢失,只好由海关重新估价,海关估价为人民币 40 000 元,按税率 30% 计算,要求缴纳关税 12 000 元才可放行,否则将被充公,对于这么高的税金,张某有些不悦。当时,有人告诉他,同样品牌同样型号的摄像机国内也能买到,价格只要 30 000 元。据此,张某考虑,如果上交这笔税,总共将支出 37 000 元,不如在国内购买便宜,就打算拒交这笔税,并自愿放弃这台摄像机。张某的妻子学过经济学,她认为,在要不要纳税的问题上,25 000 元已经支出,无法追回,属于沉没成本,在决定是否纳税时不应考虑。如果纳税,增量成本仅为 12 000 元(税金支出),但增量收入却有 30 000 元(国内摄像机的价格)。增量收入大于增量成本,故纳税仍是合算的。张某最后还是采纳了妻子的意见,上交了税款。

案例分析

通过经济分析,由沉没成本概念可知,此次所造成的损失也是无法弥补和挽回的,应当缴纳税款。

6. 边际成本

边际成本是指每增加一单位产量而引起总成本的增量。每一单位产品的成本与产品总量有关。如仅生产一辆汽车的成本是极其巨大的,而生产第 100 辆汽车的成本就低得多,生产第 10 000 辆汽车的成本就更低了,这是因为规模效益。

然而,如果考虑到机会成本,随着生产量的增加,边际成本可能会增加。还是用上面的例子说明,生产一辆新车时,所用的材料可能有更好的用处,所以要尽量用最少的材料生产出最多的车,这样才能提高边际收益。

案例 2.2

塑胶大王的成功之路

20 世纪 50 年代,台湾亟待发展纺织、水泥、塑胶等工业。当时名不见经传的王永庆像吃了豹子胆似的,竟筹借 50 万美元,创建了台湾第一家塑胶公司。塑胶原料生产出来后,当时日本同类产品物美价廉,充斥着台湾市场,而王永庆的产品严重滞销,仓库爆满,股东们心灰意冷,王永庆几乎陷入绝境。

王永庆对失败有自己独特的理解,他认为失败并不可怕,只要从失败中找出失败的原因,就可能取得成功。

王永庆认为自己的塑胶粉粒 PVC 卖不出去,是因为自己的产品售价高,售价高又是因为产品成本过高,而成本高是因为企业的产量太少。当时王永庆的企业每月产量只有 100 吨,在世界上几乎是规模最小的,所以成本高。他敏锐地发现,这实际上是一种恶性循环。产量越低成本越高,竞争力就越低,就越打不开市场。

于是,冒着产品大量积压和破产的风险,以常人所没有的胆识,王永庆采取了以毒攻毒的策略,把月产量一下子扩大到 1 200 吨,使用最先进的设备和技术,使产品成本大幅度下降，具备了与世界大企业竞争的实力，以低价格迅速占领了市场，最终使他的公司进入世界化学工业的50强。事实表明，王永庆的决策是正确的。

但是正如王永庆所说："大有大的难处。"因此不是大就好，合适才好。

7. 增量成本

增量成本是指增加产量而引起总成本的增加量。增量成本与整个计划或可供选择的方案是联系在一起的。因此，平均成本几乎永远都不可能成为衡量决策对成本的纯影响的正确估计。

增量成本分析可以采用一种适用于同类问题的一般模型方式。在制定一种购买数量的政策时，人们发现相关的增量成本随着购买数量的增加而以一种可以预测的方式变化着，并且有一个特定的购买数量能使这些增量成本的总额为最低。关于一次制造多少部件的问题，可以按照同样的通用方式加以解决。

2.2.4 成本的估算方法

成本估算的方法总体分为两类，即定量估算法和定性估算法。

定量估算法主要有两种，概略估算法，一般用于项目的初步可行性研究；详细估算法，按照成本和费用的构成项目，根据有关规定和明细资料逐项进行估算。

定性估算法是预测者根据自己的知识背景及所掌握的实际情况和实践经验，对经济发展前景的性质、方向和程度做出判断的方法。定性预测需要的数据少，能考虑无法定量的因素，比较简便可行。在掌握的数据不多、不够准确或主要影响因素难以用数字描述、无法进行定量分析时，定性预测就是一种行之有效的预测方法。常用的定性预测法有市场调查预测法和专家预测法。

1. 市场调查预测法

市场调查预测法是指预测者深入实际进行市场调查研究，取得必要的经济信息，再根据自己的经验和专业水平，对市场商情发展变化前景进行分析与判断的方法。

常用的市场调查预测法有以下几种：

（1）经济管理人员意见调查预测法；

（2）销售人员意见调查法；

（3）商品展销、定货会调查预测法；

（4）消费者购买意向调查预测法。

2. 专家预测法

专家预测法的具体方式有头脑风暴法和德尔菲法。

（1）头脑风暴法

头脑风暴法主要是通过组织专家会议，激发全体与会专家的创造性思维。它是由美国BBDD广告公司的A.F. 奥斯本于1938年提出的。头脑风暴原是精神病理学上的术语，是指精神病患者精神错乱时的胡思乱想。A.F. 奥斯本转其意为无拘无束、打破常规、自由奔放的联想与创造性地思考问题。

在诸多直观预测方法中，头脑风暴法占有重要地位。20世纪50年代，头脑风暴法作为一种创造性的思维方法在预测中得到广泛运用并日趋普及。从20世纪60年代末期到70

年代中期,头脑风暴法在各类预测方法中所占的比重由 6.2% 增加到 8.1%。近年来,头脑风暴法也运用的更加广泛。

(2)德尔菲法

德尔菲法是专家会议预测法的一种发展。它以匿名方式通过几轮函询,征求专家们的意见。预测领导小组对每一轮的意见都进行汇总整理,再作为参考资料发给每个专家,供他们分析判断,提出新的论证。如此多次反复,专家的意见渐趋一致,结论的可靠性越来越大。

德尔菲法是由美国"兰德"公司于 20 世纪 40 年代首先用于技术预测的。德尔菲是古希腊传说中的神谕之地,城中有座阿波罗神殿可以预卜未来,因而借用其名。

经典德尔菲法一般分以下四轮进行。

①发给专家的第一轮调查表不带任何限制,只提出预测主题。预测领导小组对专家填写后寄回的调查表进行汇总整理,归并同类事件,排除次要事件,用准确术语提出一个事件一览表,并作为第二轮调查表发给每个专家。

②专家对第二轮调查表所列的每个事件给出评价并阐明理由。预测领导小组对专家意见进行统计处理。

③根据第二轮统计材料,专家再一次进行判断和预测,并充分陈述理由。有些预测在第三轮时仅要求持不同意见的专家充分陈述理由,因为他们的依据经常是其他专家忽略的一些外部因素或未曾研究过的一些问题。这些依据往往会对其他成员重新做出判断产生影响。

④在第三轮统计结果基础上,专家再次进行预测。根据预测领导小组要求,有的成员要重新做出论证。

通过以上四轮,专家的意见一般可以相对协调。

组织预测应遵守的原则包括对德尔菲法做出充分说明;问题要集中;避免组合事件;在预测时避免出现一些含糊不清的用语;预测领导小组的意见不应强加于调查表中;调查表要简化;问题的数量要限制;支付适当报酬;考虑对结果处理的工作量。

2.3 税金及收入

2.3.1 税金的概念

税收是政府为了实现其职能,凭借政治权力,按照预定的标准,向社会成员和组织强制、无偿地取得财政收入的一种主要形式。

2.3.2 税金的特征

税收是国家对各项经济活动进行宏观调控的重要杠杆。税收的特征有以下几个。

1. 无偿性

政府征税以后不需要偿还,也不需要向纳税人提供任何代价,包括实物和特权。

2. 强制性

政府凭借政治权力强制征收,纳税人必须依法纳税,否则就要受到法律的制裁。

3. 固定性

税法中规定了政府要征什么税种、向什么征税（征税对象）、由谁纳税（纳税人）和征多少税（税率）。这些内容规定之后一般不会频繁变动。

2.3.3 常见税种

现行的税收制度包括几十个税种，有流转税、所得税、资源税和财产税等。

1. 流转税

流转税分为以下几种。

（1）增值税

增值税是对生产经营单位销售货物的增值额征收的并由消费者或使用单位承担的一种流转税，即生产经营者销售货物时，消费者或使用单位的销项税金与购进货物时支付的进项税金之差为增值税税金。

增值税以商品销售额为计税依据，同时从税额中扣除上一道环节已经缴纳的税款。

$$增值税应缴纳税额 = 当期销项税额 - 当期进项税额$$

增值税是价外税，即不包括在销售价格内，它既不计入成本费用，也不计入销售收入，因此其在进行投资项目现金流量分析时不予考虑。

（2）消费税

消费税是对工业企业生产、委托加工和进口的部分应税消费品按差别税率或税额征收的一种税。它一般以应税消费品的生产者为纳税人，在销售时纳税。它有两种计算方法，一种采用从价定率，另一种采用从量定额。

$$应纳税额 = 销售额 \times 税率$$

或

$$应纳税额 = 销售数量 \times 税率$$

征收消费税的消费品有五大类，即有害消费品、非生活必需的奢侈品、高能耗和高档消费品、非再生的稀缺资源消费品、有征税意义的一般消费品。

2. 所得税

所得税是按单位（法人）和个人（自然人）在一定时期内的纯所得额征税。纯所得额是指纳税人每纳税年度的总收入减去准予扣除项目后的余额。所得税一般税率为33%。企业所得税的计算公式为

$$企业所得税 =（企业年总收入 - 准予扣除项目）\times 税率$$

企业的收入总额包括生产、经营收入，财产转让收入，利息收入，租赁收入，特许权使用费收入，股息收入，其他收入。

3. 资源税

资源税是以被开发或占用的资源为征收对象的税种。资源税向开采原油、矿藏的单位和个人征收。设此税的目的在于调节因资源条件差异而引起的资源级差收入，促使国有资源合理开采利用，并为国家取得财政收入。

知识链接

土地使用税是对占用土地的单位和个人征税。土地使用税视占用土地面积多少计税。

对国家机关、人民团体、军队、事业单位等所占用的土地,可免于征土地使用税。

4. 财产税

财产税是指法人和自然人拥有及转移的财产价值或增值额为征税对象的税种。

2.3.4 收入

销售收入是企业向社会出售商品或提供劳务的货币收入,包括产品销售收入和其他销售收入(如材料销售、技术转让、承担运输等)。销售收入是工程经济分析中现金流入的重要成分。

$$销售收入 = 商品销售量 \times 单价$$

销售收入与总产值的区别为销售收入是出售商品的货币收入,按出售时的市场价格计算;而总产值是产品、半成品与在制品的价值总和,按市场价格或不变价格计算。

产品只有售出后,才能成为给企业带来收益的有用的劳动成果,因此销售收入才是反映项目真实收益的经济参数。

2.4 利润

2.4.1 利润的概念

利润是企业在一定时期内全部生产经营活动所取得的最终成果。它能够综合反映企业生产经营各方面的情况。利润的指标有销售利润、利润总额与税后利润,相关计算公式为

$$销售利润 = 销售收入 - 总成本费用 - 销售税金及附加$$

$$利润总额 = 销售收入 - 总成本费用 - 销售税金及附加 - 资源税(特种基金)$$

$$税后利润 = 利润总额 - 所得税$$

2.4.2 利润的分配

利润分配是将企业实现的净利润,按照国家财务制度规定的分配形式和分配顺序,在国家、企业和投资者之间进行分配。利润分配的过程与结果是关系到所有者的合法权益能否得到保护,企业能否长期、稳定发展的重要问题,因此企业必须加强利润分配的管理和核算。企业利润分配的主体一般有国家、投资者、企业和企业内部职工;利润分配的对象主要是企业实现的净利润;利润分配的时间是利润分配义务发生的时间。

一般来说,利润分配的基本原则有以下几个。

(1)依法分配原则　企业利润分配的对象是企业缴纳所得税后的净利润,这些利润是企业的权益,企业有权自主分配。国家有关法律、法规对企业利润分配的基本原则、一般次序和重大比例也做了较为明确的规定,其目的是保障企业利润分配有序进行,维护企业和所有者、债权人及职工的合法权益,促使企业增加积累,增强风险防范能力。国家有关利润分配的法律和法规主要有《中华人民共和国公司法》《外商投资企业法》等,企业在利润分配中必须切实执行上述法律、法规。利润分配在企业内部属于重大事项,企业的章程必须在不违背国家有关规定的前提下,对本企业利润分配的原则、方法、决策程序等内容做出具体而又

明确的规定,企业在利润分配中也必须按规定办事。

(2)资本保全原则　资本保全原则是现代企业制度的基础性原则之一,企业在利润分配中不能侵蚀资本。利润的分配是对经营中资本增值额的分配,不是对资本金的返还。按照这一原则,一般情况下,企业如果存在尚未弥补的亏损,应首先弥补亏损,再进行其他分配。

(3)充分保护债权人利益原则　债权人的利益按照风险承担的顺序及其合同契约的规定,企业必须在利润分配之前偿清所有债权人到期的债务,否则不能进行利润分配。同时,在利润分配之后,企业还应保持一定的偿债能力,以免产生财务危机而危及企业生存。此外,企业在与债权人签订某些长期债务契约的情况下,其利润分配政策还应征得债权人的同意或审核方能执行。

(4)多方及长短期利益兼顾原则　利益机制是制约机制的核心,而利润分配的合理与否是利益机制最终能否持续发挥作用的关键。利润分配涉及投资者、经营者、职工等多方面的利益,企业必须兼顾,并尽可能地保持稳定的利润分配。在企业获得稳定增长的利润后,应增加利润分配的数额或百分比。同时,由于发展及优化资本结构的需要,除依法必须留用的利润外,企业仍可以出于长远发展的考虑,合理留用利润。在积累与消费关系的处理上,企业应贯彻积累优先的原则,合理确定提取盈余公积金和分配给投资者利润的比例,使利润分配真正成为促进企业发展的有效手段。

利润分配的顺序根据《中华人民共和国公司法》等有关法规的规定,企业当年实现的净利润一般应按照下列内容、顺序和金额进行分配。

(1)计算可供分配的利润　将本年净利润(或亏损)与年初未分配利润(或亏损)合并,计算出可供分配的利润。如果可供分配的利润为负数(亏损),则不能进行后续分配;如果可供分配利润为正数(本年累计盈利),则进行后续分配。

(2)提取法定盈余公积金　在不存在年初累计亏损的前提下,法定盈余公积金按照税后净利润的10%提取。法定盈余公积金已达注册资本的50%时可不再提取。提取的法定盈余公积金用于弥补以前年度亏损或转增资本金。但转增资本金后留存的法定盈余公积金不得低于注册资本的25%。

(3)提取任意盈余公积金　任意盈余公积金的计提标准由股东大会确定,如确因需要,经股东大会同意后,也可用于分配。

(4)向股东(投资者)支付股利(分配利润)　企业以前年度未分配的利润可以并入本年度分配。公司股东会或董事会违反上述利润分配顺序,在抵补亏损和提取法定盈余公积金之前向股东分配利润的,必须将违反规定发放的利润退还公司。

2.4.3　建设工程利润的来源及计算

工程项目的利润是相对比较简单的,建筑企业的产品利润即工程计算利润,其计算公式为

$$\text{工程结算利润}=\text{工程价款收入}-\text{工程实际成本}-\text{工程结算税金及附加}$$

$$\text{营业利润}=\text{工程结算利润}+\text{其他业务利润}$$

$$\text{利润总额}=\text{营业利润}+\text{投资收益}+\text{营业外收支净额}+\text{补贴收入}$$

上述公式涉及的术语主要有以下几个。

(1)工程结算利润是指企业向工程发包方办理工程价款结算而形成的利润,等于施工

企业已经结算的价款收入减去结算工程的实际成本和流转税金及附加后的余值。

(2)工程价款收入除包括预算价格中的直接工程费、间接费、计划利润和税金外,还包括工程索赔收入、向发包单位收取的临时设施基金等。

(3)其他业务利润是指其他业务收入减去其他业务成本及应负担的税金及附加后的净值。

(4)投资收益主要是指对外投资取得的股利、债券利息、所分利润等。

(5)营业外收入是指与企业营业收入相对应的,和企业的生产经营活动没有因果关系,但与企业有一定联系的收入。

(6)营业外支出是指与企业生产经营没有直接关系,但却是企业必须负担的各项支出,如非季节性停工损失、违约金等。

(7)补贴收入是指施工企业收到的各种补贴收入,包括国家拨入的亏损补贴、退换的增值税等。

2.5 固定资产

2.5.1 固定资产的概念

固定资产是指使用年限超过 1 年,单位价值在规定的标准以上,并且在使用过程中保持原有物资形态的资产。不属于生产经营主要设备的物品,单位价值在 2 000 元以上,并且使用年限超过 2 年的,也应当作为固定资产。固定资产是企业的劳动手段,也是企业赖以生产经营的主要资产。

从这一定义中,不难看出固定资产所具有的以下几个特征。

(1)固定资产属于有形资产 一般情况下,除了无形资产、应收账款、应收票据、其他应收款等资产外,资产都具有实物形态,而对于固定资产来说,这一特征则更为明显。固定资产一般表现为房屋建筑物、机器、机械、运输工具以及其他与生产经营有关的设备、器具、工具等。也就是说,固定资产具有实物形态,可以看得见、摸得着。

理解固定资产的这一特征,有利于将其与无形资产、应收账款、应收票据、其他应收款等资产区别开来。如无形资产为生产商品、提供劳务而持有,使用寿命超过一个会计年度,但是由于其没有实物形态,所以不属于固定资产。

(2)固定资产 是指为了生产商品、提供劳务、出租或经营管理而持有的资产。企业使用固定资产所带来的经济利益,具体可表现为通过固定资产作用于商品生产、劳务提供过程并具体表现为产成品的形式,最终通过销售实现其经济利益的流入;或者通过把固定资产出租给他人,企业以收取租金的形式实现经济利益的流入;或者通过在企业的生产经营管理中使用固定资产,并最终改进生产经营过程和降低生产经营成本等来为企业带来经济利益。

这一特征表明,企业持有固定资产的主要目的是生产商品、提供劳务、出租或经营管理,而不是为了出售,从而将其与企业所持有的存货区别开来。

(3)固定资产的使用年限超过 1 年 固定资产的耐用年限至少超过 1 年或大于 1 年的一个生产经营周期,而且最终要将其废弃或重置。

这一特征说明,企业为了获得固定资产并把它投入生产经营活动所发生的支出,属于资本性支出而不是收益性支出，从而将其与流动资产区别开来。

（4）固定资产的单位价值较高　理解这一特征的目的是把固定资产与低值易耗品、包装物等存货区别开来。

2.5.2　固定资产的分类

企业固定资产种类繁多，它们在生产中所处地位不同，发挥的作用也不同。为加强管理和便于核算，应对固定资产进行合理的分类，以便分别反映和监督其调出、使用、保管等情况，考核分析固定资产的利用情况，为经营管理提供必要的信息。

1. 按固定资产的所有权分类

固定资产按所有权的不同，可分为自有固定资产和租入固定资产。这种分类可确定企业实有的固定资产数额，反映租入固定资产的情况。

2. 按固定资产的经济用途分类

固定资产按经济用途的不同，可分为生产经营用固定资产和非生产经营用固定资产。这种分类可反映两者之间的比例及其变化情况，以分析企业固定资产的配置是否合理。

3. 按固定资产的性能分类

固定资产按性能的不同，可分为房屋、建筑物、动力设备、传导设备、工作机器及设备；工具、模具、仪器及生产用具、运输设备、管理用具、其他固定资产。这种分类可反映其构成情况，并能将各类固定资产归口，由各职能部门负责管理，便于分类计算折旧率。

4. 按固定资产的使用情况分类

固定资产按使用情况的不同，可分为在用固定资产、未使用固定资产和不需用固定资产。这种分类可反映固定资产使用情况，促使企业将未使用固定资产尽快投入使用，提高固定资产利用率，将不需用固定资产及时进行处理。

5. 按固定资产的综合情况分类

在实际工作中，企业的固定资产是按经济用途和使用情况综合分类的，按固定资产的经济用途和使用情况可将企业的固定资产分为以下几类。

（1）生产经营用固定资产　它是指直接参加企业生产、经营过程或直接服务于生产、经营过程的各种固定资产，例如房屋、建筑物、机器设备、运输工具、管理用具等。

（2）非营业用固定资产　它是指不直接服务于生产、经营过程的各种固定资产，例如职工宿舍、学校、幼儿园、食堂、浴室、医院、理发室、职工活动室等方面的固定资产。

（3）租出固定资产　它是指出租给外单位使用的固定资产。这类固定资产只是将其使用权暂时让渡给承租单位，所有权仍归本企业，由本企业收取租金收入，应视作营业中使用的固定资产，照提折旧。

（4）不需用固定资产　它是指本企业不需用、准备处理的固定资产。

（5）未使用固定资产　它是指尚未使用的新增固定资产、调入尚待安装的固定资产、进行改扩建的固定资产以及经批准停止使用的固定资产。由于季节性生产、大修理等原因而停止使用的固定资产，应作为使用中的固定资产处理。

（6）土地　它是指过去已经估价单独入账的土地。因征用土地而支付的补偿费，应计入与土地有关的房屋、建筑物的价值内，不单独作为土地入账。企业取得的土地使用权不作为固定资产管理,应作为无形资产核算。

(7)融资租入固定资产　它是指企业以融资租赁方式租入的固定资产。在租赁期内,应视同企业自有固定资产进行管理。

2.5.3 固定资产折旧

1. 固定资产折旧的含义

固定资产折旧是指企业的固定资产由于磨损和损耗而逐渐转移的价值。这部分转移的价值以折旧费的形式计入成本费用,并从企业营业收入中得到补偿。

固定资产的服务潜力之所以会随着使用时间的延长而逐渐减弱,是由于固定资产在使用过程中会发生各种损耗。固定资产的损耗分为有形损耗和无形损耗两种。有形损耗是指固定资产在使用过程中由于使用和自然力的影响在使用价值和价值上的损耗;无形损耗是指由于技术进步而引起的固定资产价值上的损耗,这种损耗的特点是固定资产在物质形态上应具有一定的服务潜力。

2. 固定资产折旧的范围

固定资产折旧适用于房屋及建筑物、正在使用的机器设备、季节性停用和修理停用的机器设备、以经营租赁方式租出的固定资产、以融资租赁方式租入的固定资产。

我国会计制度规定:月份内开始使用的固定资产,当月不提折旧,从下月起开始计提折旧;月份内停用的固定资产,当月照提折旧,从下月起停提折旧。

除下列情况外,企业应对所有固定资产计提折旧。

(1)已提足折旧仍继续使用的固定资产。固定资产提足折旧后,不论能否继续使用,均不再提取折旧;提前报废的固定资产,也不再补提折旧。所谓提足折旧,是指已经提足该项固定资产应提的折旧总额。

(2)按规定单独作价作为固定资产入账的土地。

(3)已达到预定可使用状态但尚未办理竣工决算的固定资产,应当按照估计价值确定其成本,并计提折旧;待办理竣工决算后,再按实际成本调整原来的暂估价值,但不需要调整原来已计提的折旧额。

3. 影响固定资产折旧的因素

(1)原始价值

固定资产的原始价值又称折旧基数,是指固定资产取得时的实际成本。

(2)预计净残值

预计净残值是指固定资产预计使用寿命已满并处于使用寿命终了时的预期状态,预计残值收入扣除到期清算时预计清算费用后的净值。固定资产原始价值减去预计净残值后的数额为固定资产的应提折旧总额。

(3)预计使用年限

预计使用年限是指固定资产预计经济使用年限,它通常短于固定资产的物质使用年限。企业确定固定资产的使用寿命时,应当考虑下列因素。

①该项资产预计生产能力或实物产量。

②该项资产预计有形损耗,如设备使用中发生磨损、房屋建筑物受到自然侵蚀等。

③该项资产预计无形损耗,在科技快速发展的现代社会,技术密集型企业应更多地考虑

无形损耗。

④法律或者类似规定对该项资产使用的限制。

4. 固定资产折旧的方法

企业应根据经营规模和经营特点等选择固定资产的折旧方法，以合理地分摊固定资产的应提折旧总额。

5. 固定资产折旧的计算方法

固定资产折旧的计算方法有以下两种。

(1)直线法

直线法是指按照时间或完成的工作量平均计算折旧的方法，直线法包括平均年限法和工作量法。

①平均年限法

平均年限法是将固定资产的应计折旧额按预计使用年限均衡地分摊到各期的方法，相关计算公式为

$$年折旧率 = \frac{1-预计净残值率}{预计使用年限} \times 100\%$$

$$预计净残值率 = \frac{预计净残值}{固定资产原值} \times 100\%$$

$$月折旧率 = 年折旧率 \div 12$$

$$月折旧额 = 固定资产原价 \times 月折旧率$$

【例 2.4】 企业固定资产原价为 5 000 000 元，预计净残值率为 2%，预计使用年限为 20 年，试用平均年限法计算固定资产的折旧。

解 年折旧率 $= \frac{1-2\%}{20} \times 100\% = 4.9\%$

月折旧率 $=4.9\% \div 12=0.41\%$

月折旧额 $=5000000 \times 0.41\%=20\ 500$（元）

②工作量法

工作量法是将固定资产的应计折旧额按预计完成工作总量均衡地分摊到各期的方法。相关计算公式为

$$单位工作量折旧额 = \frac{固定资产原值\times(1-预计净残值率)}{预计总工作量} = \frac{固定资产原值-预计净残值}{预计总工作量}$$

$$某项固定资产月折旧额 = 该项固定资产当月工作量 \times 单位工作量折旧额$$

工作量法一般适用于价值较高的大型机器设备及运输设备等固定资产折旧的计算。这些固定资产的各月工作量一般不很均衡，采用此种方法计提折旧会使各月成本费用负担比较合理。

【例 2.5】 企业有运输汽车一辆，原值为 400 000 元，预计净残值为 16 000 元，预计行使总里程为 960 000 千米，某月该汽车行使 8 000 千米，试采用工作量法计提该辆汽车的折旧。

解 单位工作量折旧额 $=\frac{400000-16000}{960000}=0.4$

该固定资产月折旧额 =8000 × 0.4=3 200(元)

(2)加速折旧法

加速折旧法也称递减折旧法，是指在固定资产使用早期多提折旧，在使用后期少提折旧的一种方法。这种方法的理论依据是固定资产在使用初期发生的故障少，需要的修理费用少，提供的服务多，为企业创造的效益高，理应多提折旧；在固定资产的使用后期，随着实物磨损程度的加剧，需要的修理费用越来越多，单位时间提供的服务量逐年减少，理应少提折旧。这样，可使固定资产在各年承担的总费用比较接近，利润比较平稳，也弥补了平均年限法的不足。

企业较常用的加速折旧法有双倍余额递减法和年数总和法。

①双倍余额递减法

双倍余额递减法是根据每期期初固定资产的账面价值和双倍的直线法折旧率计算固定资产折旧的一种方法。这种方法是在不考虑固定资产预计净残值的情况下计算的。相关计算公式为

$$\text{年折旧率}=\frac{2}{\text{预计使用年限}}\times 100\%$$

$$\text{年折旧额}=\text{该年年初固定资产账面净值}\times\text{年折旧率}$$

$$\text{月折旧额}=\text{年折旧额}\div 12$$

由于采用双倍余额递减法在确定固定资产折旧率时，不考虑固定资产的净残值因素，因此在连续计算各年折旧额时，如果发现使用双倍余额递减法计算的折旧额小于采用直线法计算的折旧额，就应该改用直线法计提折旧。为了操作方便，采用双倍余额递减法计提折旧的固定资产，应当在固定资产折旧年限到期前两年内将固定资产的账面净值扣除预计净残值后的余额进行平均摊销。

【例 2.6】 公司有一台机器设备，原价为 20 万元，预计使用年限为 5 年，预计净残值为 8 000 元，试用双倍余额递减法计算各年折旧额。

解 年折旧率 =2 ÷ 5 × 100%=40%

各年折旧额的计算如表 2.1 所示。

表 2.1 双倍余额递减法折旧额计算表 单位：元

时间	年初账面净值	年折旧率	年折旧额	累计折旧	年末账面折余价值
第 1 年	200 000	40%	80 000	80 000	120 000
第 2 年	200000−80000=120 000	40%	48 000	128 000	72 000
第 3 年	200000−128000=72 000	40%	28 800	156 800	43 200
第 4 年	200000−156800=43 200	—	(43200−8000)÷ 2=17 600	174 400	25 600
第 5 年	200000−174400=25 600	—	17 600	192 000	8 000

②年数总和法

年数总和法也称合计年限法，是指按固定资产应计提折旧总额乘以一个逐年递减的分数计算各年折旧额的一种方法。这种方法的递减的年折旧率是将固定资产尚可使用的年限作为分子，使用年数的逐年数字总和作为分母的一个分数，相关计算公式为

$$年折旧率=\frac{尚可使用年限}{预计使用年限的年数总和}\times 100\%$$

或者

$$年折旧率=\frac{预计使用年限-已使用年限}{预计使用年限的年数总和}\times 100\%$$

$$年折旧额=(固定资产原值-预计净残值)\times 年折旧率$$

$$月折旧额=年折旧额\div 12$$

【例 2.7】 公司有一台机器设备，原价为 20 万元，预计使用年限为 5 年，预计净残值为 8 000 元，试采用年数总和法计算各年折旧额。

解　根据年折旧率与折旧额的计算公式，计算出该设备的各年折旧额，如表 2.2 所示。

表 2.2　年数总和法折旧额计算表　单位：元

时间	尚可使用年限	固定资产原值－预计净残值	年折旧率	年折旧额	累计折旧	年末账面折余价值
第 1 年	5	192 000	5/15	64 000	64 000	136 000
第 2 年	4	192 000	4/15	51 200	115 200	84 800
第 3 年	3	192 000	3/15	38 400	153 600	46 400
第 4 年	2	192 000	2/15	25 600	179 200	20 800
第 5 年	1	192 000	1/15	12 800	192 000	8 000

比较表 2.1 与表 2.2 中的数据可知，双倍余额递减法和年数总和法的相同之处：

（1）两种方法均为折旧方法中的加速折旧法；

（2）两种折旧方法五年内累计折旧总和相等，均为 192 000 元。

两种方法的不同之处：

（1）双倍余额递减法的年折旧率固定，而年数总和法的年折旧率不固定，呈逐年递减；

（2）两种方法的各年折旧额不等，双倍余额递减法折旧加速更快。

企业在计提折旧时，可以根据具体情况选择各种折旧的计算方法。由于固定资产折旧方法的选择直接影响到企业成本费用的计算，进而影响到企业的当期损益，因此折旧方法的选择应遵循一贯性原则。也就是说，折旧方法一经确定，不得随意变更。

综合案例

××房地产开发公司偷税案

一、企业基本情况

××房地产开发公司为一家私营企业，成立于 2003 年 3 月，现有职工 43 人，主要从事

房地产的开发和销售。2006 年,该企业申报销售收入为 20 466 988.20 元,销售成本为 16 053 856.85 元,应纳税所得额为 2 104 690.61 元,入库应纳所得税额为 694 547.90 元。2006 年 1 月至 12 月所得税申报数与账面记载一致。

二、纳税人违法事实和违法手段

检查人员将检查过程中发现的问题制作了工作底稿并逐一与企业进行了核对,每一检查事项企业都进行了确认并签字盖章。企业的主要违法事实和违法手段及采取的检查方法如下。

(1)已出售的车库、门市房等售房款未计收入且未缴税款。该企业销售车库及门市的 1 141 892.00 元未计收入且未申报纳税,少缴企业所得税 132 534.79 元。通过审查竣工验收证明及房屋所有权证,发现该企业所开发的 ×× 工程项目已经竣工验收并取得了市房产管理局于 2005 年 9 月 5 日颁发的该工程项目房屋所有权证,通过对上述房产证所列项目的逐一登记审核并汇集,发现该工程 3 号楼车库面积为 194.81 平方米,5 号楼车库面积为 194.81 平方米,6 号楼车库面积为 179.71 平方米,8 号楼车库面积为 179.71 平方米,10 号楼车库面积为 207.26 平方米,1 号楼门市房面积为 243.27 平方米,2 号楼门市房面积为 254.29 平方米。另从销售部门调取的楼盘销控表发现大部分车库及门市房已标注售出标记,后又经进一步查对该单位所提供商品房买卖合同发现已出售车库 21 个,累加面积共 433.57 平方米,金额 655 000.00 元;销售门市房 7 个,累加面积共 173.89 平方米,金额 486 892.00 元;以上金额共 1 141 892.00 元,且合同载明款已付清。但通过账务检查,发现该企业未将上述款项计入预收账款账户,账面也未反映该部分产品销售收入,也未结转相应的销售成本。根据取得的证据资料,该企业会计承认了该部分车库及门市房已开具销售发票收取款项但未入账也未申报纳税的事实,并提供了该部分未入账的销售发票的记账联。

(2)未按期结转实际收入。该企业对售出的已属完工产品未按规定将其确认为实际销售收入,而是按预售收入预提所得税,造成少缴企业所得税 238 586.25 元。通过检查企业预收账款等账户,发现至 2006 年 12 月 31 日预收账款的账面余额为 10 346 645.20 元,经测算该预收账款余额占企业申报年销售收入的比例为 50.55%;并且预收账款账户未进行明细登记。经分析存有利用该账户隐匿收入之嫌,为进一步寻找疑点,真正弄清问题,首先根据预收账款账户的账面记录按所对应的原始凭证详细内容一一进行登记,将所收取的款项按楼盘楼号进行明细登记并汇集排序;其次将企业所提供的房屋所有权证中所列楼盘楼号进行了明细登记并汇集排序,将两者进行比对。通过审核比对发现取得房产证部分的预售收入为 6 275 516.60 元,其中 2005 年底的余额 4 040 450.00 元已按 20% 比例预提企业所得税,2006 年 2 235 066.60 元已按 15% 比例预提企业所得税,上述取得房屋所有权证部分的预售收入 6 275 516.60 元至 2006 年底仍未按规定确认为实际收入并申报纳税。

(3)以商品房抵顶工程款、材料款等不计收入。该企业采取此手段少计收入 7 381 697.12 元,扣除成本及相关税金和附加后应补缴企业所得税 636 876.07 元。通过审核从销售部门调取的楼盘销控表及交房(钥匙)记录,发现部分商品房已在楼盘销控表上标注售出标记,但通过检查账务未发现账面记有与之对应的预收账款,账面也未反映该部分销售收入,也未结转相应的销售成本,通过深入调查了解,得知该部分商品房属兑换、抵顶产品,经进一步审核企业所提供的各项合同,发现企业与部分建设单位及供应商所签"抵顶、兑换合同"中,标明"经双方协商用商品房抵顶工程款或材料等款项",经询问及详细核查,对方已按合同规定为该企业进行了工程施工或供应了货物，但该企业未将该部分兑换产品作为销售收入记账，也未申报纳税。

（4）利用预提费用账户调整当期利润，少计应纳税所得额 240 851.66 元，少缴企业所得税 79 481.05 元。为确保企业计入开发产品成本的费用是真实发生的，税务机关有针对性地审核了企业所提供的账簿凭证等资料，其中重点审查了企业“预提费用”“产品开发成本”及“销售成本”等账户，发现企业“预提费用”账户列 2006 年预提 ×× 小区暖气增容管道费 752 558.72 元，计入开发产品成本，经进一步审核相关的账簿及原始凭证发现该部分开发成本 2006 年已结转的销售成本为 240 851.66 元。

（5）成本费用列支缺乏合法原始凭据，白条入账，税前列支，影响应纳税所得额 1 818 396.64 元，少缴企业所得税 600 070.89 元。

（6）多列费用，不进行纳税调整，影响计税利润 2 181.80 元，少缴企业所得税 719.99 元。在审查管理费用账户时发现 2006 年管理费用中列支非本单位车辆养路费 2 181.80 元，企业未做纳税调整，应调增 2006 年度应纳税所得额 2 181.80 元。

三、案件处理依据、意见和执行结果

1. 处理依据

（1）对违法事实 1，根据《国家税务总局关于房地产开发业务征收企业所得税问题的通知》（国税发〔2006〕31 号）第二条第五款规定，应调增应纳税所得额 399 438.79 元，应补缴企业所得税 132 534.79 元。

（2）对违法事实 2，根据《国家税务总局关于房地产开发业务征收企业所得税问题的通知》（国税发〔2006〕31 号）第二条规定，已取得房屋所有权证部分的预售收入为 6 275 516.60 元，已属完工产品应将其确认为实际销售收入，同时按规定结转其对应的计税成本 4 409 177.96 元，计算出该项开发产品实际销售收入的毛利额为 1 866 338.64 元，应补缴企业所得税 238 586.25 元。

（3）对违法事实 3，根据《国家税务总局关于房地产开发业务征收企业所得税问题的通知》（国税发〔2006〕31 号）第六条规定，应补计收入 7 381 697.12 元，扣除成本及相关税金和附加后该企业应补缴企业所得税为 636 876.07 元。

（4）对违法事实 4，根据《国家税务总局关于房地产开发业务征收企业所得税问题的通知》（国税发〔2006〕31 号）第八条第四款规定，已结转的销售成本 240 851.66 元不得在所得税前扣除，应调增应纳税所得额 240 851.66 元，补缴企业所得税 79 481.05 元。

（5）对违法事实 5 和 6，根据《国家税务总局关于印发〈企业所得税税前扣除办法的通知〉（国税发〔2000〕84 号）第三条规定，应调增应纳税所得额 1 820 578.44 元，补缴企业所得税 600 790.89 元。

2. 处理意见

（1）根据《中华人民共和国税收征收管理法》第五十二条第三款的规定，该公司应补缴 2006 年企业所得税 1 688 989.04 元。

（2）根据《中华人民共和国税收征收管理法》第六十三条第一款的规定，该公司违法行为已构成偷税，除补税、加收滞纳金外，对该公司处以所偷税款 50% 的罚款，计 844 494.52 元。

（3）根据《中华人民共和国税收征收管理法》第三十二条的规定，该公司违法事实造成

表 2.2(续)

的少缴税款按规定加收滞纳金。

3. 执行结果

查补税款、罚款、滞纳金已在规定期限内入库并进行了账务调整。

案例分析

房地产税收不是一个独立的税种,而是房地产业务所涉及的诸多相关税种的总称,具体包括营业税、城市维护建设税、土地增值税、印花税、所得税、契税等。我国现行房地产税收政策繁杂,征管办法可操作性不强,给纳税人自行申报纳税带来难度,同时也为房地产开发企业偷逃税提供了机会。当前一些房地产开发企业利用地方招商引资的各种优惠以及房地产项目跨度长、环节多、成本计算复杂的特点,千方百计偷税漏税。购房者中相当一部分是个人,存在大量现金交易。由于房地产企业自身具有的项目连续滚动开发的特点,产、供、销体系复杂,方便了企业延迟项目决算期,导致其成本、利润核算的随意性大,以致账务处理的真实性和准确性难以逐笔核实,加大了税收征管的难度。

房地产税收是国家税收的一部分,是一种强制性的法律行为,任何形式的偷税漏税,都要受到法律的制裁。

思考与练习

一、选择题

1. 对于企业来说,商标权、土地使用权、商誉等都属于(　　)。

A. 递延资产　B. 无形资产　C. 固定资产　D. 非货币资产

2. 投资费用是指(　　)。

A. 投资活动中支出的货币资金

B. 工程项目建造和购置中支出的货币资金

C. 在资金支出的背后,投资品、施工力量及其他物质产品的消费

D. 投资活动中的消耗和占用

3. 下列在工程项目的总投资中不包括的是(　　)。

A. 固定资产投资　B. 流动资金投资　C. 无形资产投资　D. 销售费用

4. 下列不属于流转税的是(　　)。

A. 增值税　B. 资源税　C. 消费税　D. 营业税

5. 土地使用权属于(　　)。

A. 递延资产　B. 固定资产　C. 无形资产　D. 流动资产

6.(　　)是指过去已经发生的一种成本,在未来的投资决策中不予考虑。

A. 沉没成本　B. 经营成本　C. 机会成本　D. 折旧

7. 新办企业的开办费用应计入(　　)。

A. 固定资产　B. 流动资产　C. 无形资产　D. 递延资产

8. 本金为 1 000 元,利率为 10%,以单利计息,两年后,再以复利 10% 借给别人三年,则最后可收本利和为(　　)元。

A. 1 500　B. 1 611　C. 1 711　D. 1 597

9. 一台设备原值为 12 000 元，预计使用年限为 5 年，预计净残值为 500 元，用平均年限法计算设备的年折旧额为(　　)元。

A. 2 300　　B. 2 880　　C. 1 728　　D. 3 067

二、简答题

1. 什么是投资？

2. 工程项目总投资由哪些部分组成？

3. 固定资产的分类和折旧形式是什么？

4. 固定资产的投资估算的方法有哪些？

三、计算题

1. 某通用机械设备的资产原值为 2 500 万元，折旧年限为 10 年，净残值率为 5%，试按平均年限法计算其年折旧额。

2. 某项资产原值为 50 000 元，预计使用年限为 5 年，预计净残值为 2 000 元，试分别用直线折旧法、双倍余额递减法、年数总和法求其折旧额。

项目 3　资金的时间价值及等值计算

知识目标

1. 掌握现金流量的概念和意义。
2. 掌握现金流量图的画法和规则。
3. 掌握单利、复利的区别。
4. 掌握名义利率和实际利率的关系。

能力目标

1. 掌握资金时间价值的概念。
2. 掌握资金等值的计算。
3. 掌握资金等值计算的应用。

引例

24 美元买下曼哈顿！这并不是一个荒唐的痴人说梦，而是一个流传已久的故事，也是一个可以实现的愿望，更是一个老生常谈的投资方式，但是能做到的人不多。

故事是这样的：1626 年，荷属美洲新尼德兰省总督 Peter Minuit 花了大约 24 美元从印第安人手中买下了曼哈顿岛。而到 2000 年 1 月 1 日，曼哈顿岛的价值已经达到了约 2.5 万亿美元。以 24 美元买下曼哈顿岛，Peter Minuit 无疑占了一个天大的便宜。

但是，如果转换一下思路，Peter Minuit 也许并没有占到便宜。如果当时的印第安人拿着这 24 美元去投资，按照 11%（美国近 70 年股市的平均投资收益率）的投资收益计算，到 2000 年，这 24 美元将变成 23.8 万亿美元，远远高于曼哈顿岛的价值。如此看来，Peter Minuit 是吃了一个大亏。

思考

是什么神奇的力量让资产实现了如此巨大的倍增？

分析

复利让资产实现了巨大的倍增。长期投资的复利效应将实现资产的翻倍增值。爱因斯坦曾说过："宇宙间最大的能量是复利，世界的第八大奇迹是复利。"一个不大的基数，以一个即使很微小的量增长，假以时日，都将膨胀为一个庞大的天文数字。那么，即使以像 24 美元这样的起点，经过一定的时间之后，你也一样可以买得起曼哈顿岛这样的超级岛屿。

尽管很多投资者都明白这个道理，但是真正能够坚守长期投资、享受复利效应的投资者却并不多见。更多的投资者总是禁不住一些干扰因素的诱惑，在投资市场上频进频出，这样不仅没有收获到可观的收益，反而可能会颗粒无收，甚至是损失惨重。而对于债权类理财产品投资而言，只要投资者坚定信心，坚持长期持有，就能分享到复利效应，实现资产的倍增。

3.1 现金流量

3.1.1 现金流量的概念

在工程经济分析中，通常总是将工程技术的实践活动即一个工程项目或技术方案视为一个独立的经济系统来考察其经济效果。这个经济系统总是伴随着一定的物质流和货币流。从物质形态来看，该系统通过消耗各种资源等投入物而获得一定的产出物；从货币形态来看，表现为投入一定量的资金，花费一定量的成本，即资金流出，又通过产出物的销售等而获取一定量的货币收入，即资金流入。人们把这种在所研究的经济系统中各个时点上实际所发生的资金流出或资金流入称为现金流量。

工程项目在整个考察期间各时点 t 上实际发生的资金流出或资金流入统称为工程项目的现金流量。其中现金流出（CO_t）是指流出工程项目的资金；现金流入（CI_t）是指流入工程项目系统的资金；净现金流量（CI_t-CO_t）是指现金流入与现金流出之差。

在现金流量公式中，流出系统的资金称为现金流出（Cash Outflows），通常用 CO 表示；流入系统的资金称为现金流入（Cash Inflows），通常用 CI 表示；现金流入与现金流出之差称为净现金流量，通常用 CI-CO 表示。净现金流量有正有负，正净现金流量表示某一时点的净收入，负净现金流量表示某一时点的净支出。现金流入与现金流出统称为现金流量。工程经济分析的目的就是要根据所考察的经济系统的预期目标和所拥有的资源条件，分析该系统的现金流量情况，选择合适的工程技术方案，以获得最佳的经济效果。

3.1.2 现金流量的意义

1. 分析企业资产的流动性，评价企业财务的适应性。资产的流动性是指企业的资产在生产经营正常情况下的流入和流出。财务的适应性是指企业的现金流量状况能否适应企业生产经营的需要，能否适应财务状况变化的需要。企业经营活动的现金流动速度越快，财务的适应性和流动性就越强。

2. 分析企业的收益能力，评价企业的直接效益。衡量企业收益能力的指标有生产能力、营销能力、收取现金能力和控制支出能力、回避风险能力等，其中收取现金能力和控制支出能力是最直接的经济效益衡量指标。生产能力好而没有销售，销售能力好而收不回现金，或者收回的现金因支出控制不好而浪费，都会使企业经济效益不佳，因此收回现金能力和控制支出能力的强弱，直接体现了企业经济效益的好坏，也就是说评价企业的经济效益首先要看企业的现金净流量。

3. 分析企业的财务风险，评价企业的抗风险能力。财务风险是企业利用现金归还到期债务的不确定性。企业债务到期而没有足够的现金归还，积累到一定程度将会导致企业破产，因此企业应保持良好的偿债能力。偿债能力的好坏取决于现金流动效益的高低，所以企业必须随时了解和掌握自身的现金流动信息，提前做出安排，尽量避免随时可能发生的财务风险。

3.1.3 现金流量的构成

1. 现金流量的分类

现金流量一般分为财务现金流量和国民经济效益费用流量。

1)财务现金流量

(1)项目投资现金流量　项目投资现金流量不分投资来源,以项目为一独立系统,全部投资作为计算基础,反映项目在整个计算期(包括建设期和生产经营期)内现金的流入和流出。项目投资现金流量的计算方法与常规会计方法不同,要点是只计算现金收支,不计算非现金收支(如折旧、应收账款、应付账款等),现金收支按发生的时间列入相应的年份。项目投资现金流量表的格式与内容如表 3.1 所示。

表 3.1　项目投资现金流量表

单位:万元

序号	项　目	合计	计　算　期					
			1	2	3	4	…	*n*
1	现金流入							
1.1	营业收入							
1.2	补贴收入							
1.3	回收固定资产余值							
1.4	回收流动资金							
2	现金流出							
2.1	建设投资							
2.2	流动资金							
2.3	经营成本							
2.4	营业税金及附加							
2.5	维持运营投资							
3	所得税前净现金流量(1-2)							
4	累计所得税前净现金流量							
5	调整所得税							
6	所得税后净现金流量(3-5)							
7	累计所得税后净现金流量							
计算指标: 项目投资财务内部收益率(%)(所得税前) 项目投资财务内部收益率(%)(所得税后) 项目投资财务净现值(所得税前) 项目投资财务净现值(所得税后) 项目投资回收期(年)(所得税前) 项目投资回收期(年)(所得税后)								

注:调整所得税是以息税前利润为基数计算的所得税,区别于“利润与利润分配表”“项目资本金现金流量表”和“财务计划现金流量表”中的所得税。

（2）项目资本金现金流量　项目资本金现金流量是从投资者角度出发，以投资者的出资额作为计算的基础，把借款本金偿还和利息支付作为现金流出，考察项目资本金的盈利能力。项目资本金现金流量表的格式与内容如表3.2所示。

表3.2　项目资本金现金流量表　单位：万元

序号	项　目	合计	计算期					
			1	2	3	4	…	n
1	现金流入							
1.1	营业收入							
1.2	补贴收入							
1.3	回收固定资产余值							
1.4	回收流动资金							
2	现金流出							
2.1	项目资本金							
2.2	借款本金偿还							
2.3	借款利息支付							
2.4	经营成本							
2.5	营业税金及附加							
2.6	所得税							
2.7	维持运营投资							
3	净现金流量（1-2）							
计算指标： 资本金财务内部收益率（%） 项目投资回收期（年）（所得税后）								

注：项目资本金包括用于建设投资、建设期利息和流动资金的资金。

（3）投资各方现金流量　按不同投资方分别编制投资各方现金流量表，如表3.3所示。

表3.3　投资各方现金流量表　单位：万元

序号	项　目	合计	计算期					
			1	2	3	4	…	n
1	现金流入							
1.1	实分利润							
1.2	资产处置收益分配							
1.3	租赁费收入							
1.4	技术转让或使用收入							
1.5	其他现金流入							
2	现金流出							
2.1	实缴资本							

序号	项　目	合计	计 算 期					
			1	2	3	4	…	n
2.2	租赁资产支出							
2.3	其他现金流出							
3	净现金流量(1-2)							
计算指标： 投资各方财务内部收益率(%)								

2)国民经济效益费用流量

(1)项目投资经济效益费用流量　项目投资经济效益费用流量表主要由效益流量、费用流量和净效益流量等三部分组成。其中效益流量包括项目直接效益、资产余值回收、项目间接效益、技术转让或使用收入;费用流量包括建设投资、维持运营投资、流动资金、经营费用以及项目间接费用;净效益流量等于效益流量与费用流量之差。当然,每一年每一种流量的大小又都与生产负荷的大小直接有关。项目投资经济效益费用流量表以全部投资作为计算基础(或者假定全部投资均为国内投资),用以计算项目全部投资的经济净现值、经济内部收益率等指标。项目投资经济效益费用流量表如表 3.4 所示。

表 3.4　项目投资经济效益费用流量表

单位:万元

序号	项　目	合计	计 算 期					
			1	2	3	4	…	n
1	效益流量							
1.1	项目直接效益							
1.2	资产余值回收							
1.3	项目间接效益							
1.4	技术转让或使用收入							
2	费用流量							
2.1	建设投资							
2.2	维持运营投资							
2.3	流动资金							
2.4	经营费用							
2.5	项目间接费用							
3	净效益流量(1-2)							
计算指标： 经济内部收益率(%) 经济净现值								

(2)经济外汇流量　涉及外汇收支的项目,需编制经济外汇流量表以考察项目的净外汇效果,如表 3.5 所示。

表 3.5　经济外汇流量表　（万元）

序号	项　目	合计	计　算　期					
			1	2	3	4	…	n
1	外汇流入							
1.1	产品销售外汇收入							
1.2	外汇借款							
1.3	其他外汇收入							
2	外汇流出							
2.1	固定资产投资外汇支出							
2.2	进口原材料							
2.3	进口零部件							
2.4	技术转让费							
2.5	偿付国外借款本息							
2.6	其他外汇支出							
3	净外汇流量(1-2)							
4	产品替代进口收入							
5	净外汇效果(3+4)							

2. 现金流量构成的基本要素

对于一般生产性项目财务评价来说,产品销售(营业)收入、投资、经营成本、税金和利润等经济量是构成经济系统现金流量的基本要素。

(1)产品销售(营业)收入

产品销售(营业)收入的计算公式为

产品销售(营业)收入 = 产品销售量(或劳务量)× 产品单价(或劳务单价)

(2)投资

建设项目总投资是固定资产投资和流动资金之和。

①固定资产投资　固定资产投资是指项目按拟定建设规模(分期建设项目应为分期建设规模)、产品方案、建设内容进行建设所需的费用。它包括建筑工程费用、设备购置费、安装工程费、固定资产投资方向调节税、建设期借款利息、工程建设其他费用和预备费用。

项目寿命期结束时,固定资产的残余价值(一般指当时市场上可实现的预测价值)对于投资者来说是一项在期末可回收的现金流入。

②流动资金　流动资金是指为维持生产所占用的全部周转资金。它是流动资产与流动负债的差额。在项目寿命期结束时,流动资金应予以回收。

(3)经营成本

经营成本是为经济分析方便从产品成本中分离出来的一部分费用。因为一般产品销售成本中包含固定资产折旧费用、维简费、无形及递延资产摊销费和利息支出等费用。在技术经济分析中,固定资产投资是计入现金流出的,如再将折旧随成本计入现金流出,会造成现金流出的重复计算;同样,由于维简费、无形及递延资产摊销费只是项目内部的现金转移,而非现金支出,故为避免重复计算也不予考虑;贷款利息是使用借贷资金所要付出的代价,对于项目来说是实际的现金流出,但在评价项目全部投资的经济效果时,并不考虑资金来源问题,故在这种情况下也不考虑贷款利息的支出;在自有资金现金流量表中由于已将利息支出单列,因此经营成本中也不包括利息支出。经营成本的计算公式为

经营成本 = 总成本费用 - 固定资产折旧费 - 维简费 - 摊消费 - 利息支出

(4)税金

税金是指产品销售税金及附加、所得税等。产品销售税金及附加包括增值税、特别消费税、资源税、城市维护建设税及教育费附加。税金属于财务现金流出。

(5)利润

项目利润可分为销售利润、实现利润(利润总额)和税后利润(项目留利)。

3.1.4 现金流量图

在解决某一问题时,人们往往可以借助直观的图形来帮助理解和分析问题。例如,物理学中分析物体的受力状况,可以借助受力图来进行。对于一个经济系统而言,为了考察其在整个寿命期或计算期内的现金流入和现金流出情况,人们可以用现金流量图来进行经济效果分析。所谓现金流量图,就是一种能反映某一经济系统现金流量运动状态的图式,它可以直观地、形象地把项目的现金收支情况在一张图上表示出来。

现金流量图是描述现金流量作为时间函数的图形,是经济分析的有效工具,能表示资金在不同时点流入与流出的情况。现金流量图如图 3.1 所示。

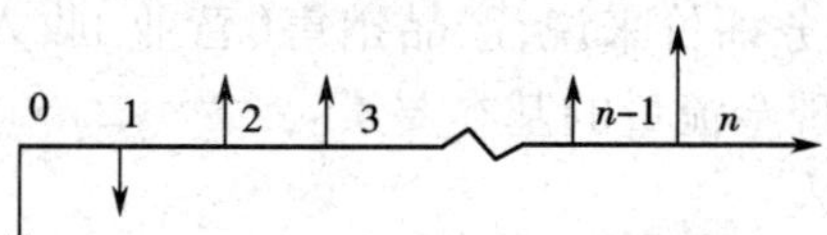

图 3.1 现金流量图

现以图 3.1 为例来说明现金流量图的绘制方法和规则。

(1)画一条水平线作为时间轴,根据需要把水平线划分成若干刻度,轴上每一刻度表示一个时间单位,可以取年、半年、季、月等;时间轴上的点称为时点,时点通常表示的是该期的期末,同时也是下一期的期初,零表示时间序列的起点,n 表示时间序列的终点。

(2)根据所研究的经济系统的实际情况,用垂直于时间轴的箭线来表示该经济系统不同时点上的现金流量情况。在横轴上方的箭线表示现金流入,即表示效益;在横轴下方的箭线表示现金流出,即表示费用。

(3)在现金流量图中,箭线长短与现金流量数值的大小应成比例。实际工作中,由于经济系统中各时点现金流量常常因数值差额悬殊而无法成比例绘出,故在现金流量图的绘制中,箭线长短只要能适当体现各时点现金流量数值的差异,并在各箭线上方(或下方)注明其现金流量的数值即可。

(4)箭线与时间轴的交点即为现金流量发生的时间。

由上述分析可知,要正确绘制现金流量图,必须把握好现金流量的三要素,即现金流量的大小(资金数额)、方向(资金流入或流出)和时间点(资金发生的时间点)。

【例3.1】　某项目第一年、第二年、第三年分别投资100万元、70万元、50万元；以后各年均收益90万元，经营费用均为20万元，寿命期为10年，期末残值为40万元，试画出现金流量图。

解　由题意可知，其现金流量图如图3.2所示。

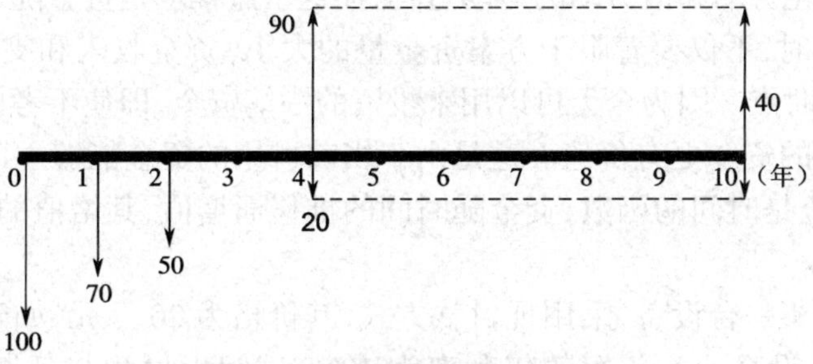

图3.2　现金流量图(单位：万元)

说明：

(1)水平线是时间标度，时间的推移是自左向右，每一格代表一个时间单位(年、月、日)，时间长度称为期数。

(2)垂直箭线表示现金流量，常见的向上表示现金的流入，向下表示现金的流出。

(3)一般假定现金的支付都发生在每期期初。

(4)现金流量图与立脚点有关，如从借款人角度和从贷款人角度出发所绘现金流量图不同。

注意：

(1)时间的连续性决定了坐标轴上的每一个时点既表示上一期期末也表示下一期期初，如第一年年末的时点同时也表示第二年年初。

(2)立脚点不同，画法刚好相反。

(3)净现金流量等于现金流入减去现金流出。

(4)现金流量只计算现金收支(包括现钞、转账、支票等凭证)，不计算项目内部的现金转移(如折旧等)。

(5)应有明确的发生时点，必须实际发生(如应收账款或应付账款就不是现金流量)。

(6)不同的角度有不同的结果，如税收，从企业角度是现金流出，从国家角度则是现金流入。

在投资决策中，现金流量是衡量各个备选方案经济效益的基础。为了对各个备选方案的经济效益进行评价，必须对各种方案的现金流量进行科学预测。

3.2　资金的时间价值

3.2.1　资金时间价值的概念

任何工程项目的建设与经营都离不开资金，这些资金的发生，有些是流出的，有些是流入的，而且其发生的时间点也可能不同，这就是资金在一个系统当中的流动。如果这些资金中有些是通过贷款而来的，那么就需要向银行支付一定的利息，贷得越早的部分支付的利息就越多，这是为什么呢？因为资金是有时间价值的。

什么是资金的时间价值呢？在工程经济分析中，无论是技术方案所发挥的经济效益，还是所消耗的人力、物力和自然资源，最后基本上都是以货币形态即资金的形式表现出来的。资金运动反映了物化劳动和活劳动的运动过程，而这个过程也是资金随时间运动的过程，因此在工程经济分析时，不仅要着眼于方案资金量的大小（资金收入和支出的多少），而且也要考虑资金发生的时点。因为今天可以用来投资的一笔资金，即使不考虑通货膨胀的因素，也比将来同等数量的资金更有价值。这是由于当前可用的资金能够立即用来投资，带来收益。由此看来，资金是时间的函数，资金随时间的推移而增值，其增值的这部分资金就是原有资金的时间价值。

例如甲企业购买一台设备，采用现付款方式，其价格为 20 万元，如延期至 5 年后付款，则价格为 26 万元，设企业 5 年存款年利率为 10%，试问现付款与延期付款比较，哪个更有利？

假设该企业现在已筹集到 20 万元资金，暂不付款，存入银行，按单利计算，第 5 年年末本息和为 30（20×（1+10%×5））万元，同 26 万元比较，企业可得到 4 万元的利益。可见，延期付款 26 万元比现付款 20 万元更为有利，这就说明今年年初的 20 万元 5 年后价值发生了增值，价值提高到 30 万元。

货币时间价值是经济活动中的一个重要概念，也是资金使用过程中必须认真考虑的一个标准，在财务管理中运用非常广泛。从量的规定性看，货币时间价值是没有风险和没有通货膨胀条件下的社会平均资金利润率。

3.2.2 资金时间价值产生的原因

资金时间价值问题存在于人们日常生活中的每一个角落，如人们花 30 万元买一幢现房和花 27 万元买一年以后才能住进的期房更合算呢？若想买一辆汽车，花 20 万元现金一次性购买和每月支付 6 000 元共付 4 年，哪个更合算呢？所有这些都告诉人们一个简单的道理，也就是金融的两大基本原理之一，资金是具有时间价值的，今天的一元比明天的一元值钱。

1. 资金时间价值产生的前提

资金时间价值产生的前提是商品经济的高度发展和借贷关系的普遍存在。具体来说，就是资金所有者与货币使用者分离，在资本主义条件下表现为资本分化为借贷资本和经营资本。

资金的时间价值是货币资金在价值运用中形成的一种客观属性，只要有商品经济存在，只要有借贷关系存在，它就必然发生作用，因此在市场经济资金的运动中也必然客观地存在这种时间价值。在自然经济条件下，不可能产生资金时间价值的观念。人们生产粮食、棉花或其他产品，为的是满足自己的需要，既不用考虑价值的增值，也不会考虑是否要尽快出售以加速实现其价值的问题。受这种自然经济思想的影响，即使在商品经济开始出现的封建社会，富有者还是愿意把金银财宝埋入地下，而不是考虑如何运用它生息、生利。

2. 资金时间价值产生的原因

资金时间价值的实质是指资金在投资使用中随时间的推移而产生的增值。一定量的货币必须投入生产经营活动中，才能产生增值，如果将其放在家里，则不会增值，因此并不是所有的货币都有时间价值，而只有把货币作为资金投入生产经营中才能产生时间价值。

资金在周转使用中为什么会产生时间价值呢？这是因为任何资金使用者把资金投入生产经营以后，劳动者借以购买所需的资源生产出新的产品，产品出售时得到的货币量大于最初投入的货币量。实际上，时间价值不是由时间创造的，也不是由"耐心"创造的，而是由工人的劳动创造的，即时间价值的真正来源是工人创造的剩余价值，只不过是商品价值中由工人劳动创造的超过劳动力价值以上的那部分价值，是被资本家无偿占有的价值，是劳动力的消费过程，同时又是商品的生产过程。在这一生产过程中，所产生的价值的增值额就是时间价值。

对于资金时间价值，它的产生可以从以下两个方面加深理解。

（1）资金随着时间的推移，其价值会增值（这种现象叫资金增值）。资金是属于商品经济范畴的概念，在商品经济条件下，资金是不断运动着的。资金运动伴随着生产与交换的进行，生产与交换活动会给投资者带来利润，表现为资金的增值，资金增值的实质是劳动者在生产过程中创造了剩余价值。从投资者的角度来看，资金的增值特性使资金具有时间价值。

（2）资金一旦用于投资，就不能用于现期消费。牺牲现期消费是为了能在预期得到更多的消费，个人储蓄的动机与国家积累的目的都是如此。从消费者的角度来看，资金的时间价值体现为对放弃现期消费的损失所应作的必要补偿。

案例 3.1

拿破仑给法兰西的尴尬

拿破仑 1797 年 3 月在卢森堡第一国立小学演讲时说了这样一番话："为了答谢贵校对我，尤其是对我夫人约瑟芬的盛情款待，我不仅今天呈上一束玫瑰花，并且在未来的日子里，只要我们法兰西存在一天，每年的今天我将亲自派人送给贵校一束价值相等的玫瑰花，作为法兰西与卢森堡友谊的象征。"时过境迁，拿破仑穷于应付连绵的战争和此起彼伏的政治事件，最终惨败而被流放到圣赫勒拿岛，把对卢森堡的诺言忘得一干二净。

可卢森堡这个小国对这位"欧洲巨人与卢森堡孩子亲切、和谐相处的一刻"念念不忘，并载入他们的史册。1984 年底，卢森堡旧事重提，向法国提出违背"赠送玫瑰花"诺言的索赔；要么从 1797 年起，用 3 路易作为一束玫瑰花的本金，以 5 厘复利（利滚利）计息全部清偿这笔"玫瑰花"债；要么法国政府在其各大报刊上公开承认拿破仑是个言而无信的小人。

起初，法国政府准备不惜重金赎回拿破仑的声誉，但却又被计算机算出的数字惊呆了：原本 3 路易的许诺，本息竟高达 1 375 596 法郎。经过冥思苦想后，法国政府斟词酌句的答复是："以后，无论在精神上还是在物质上，法国将始终不渝地对卢森堡的中小学教育事业予以支持与赞助，来兑现我们的拿破仑将军那一诺千金的玫瑰花信誉。"这一措辞最终得到了卢森堡人民的谅解。

案例分析

此例说明资金时间价值的真实存在，它随时间的变化而变化，是时间的函数，随时间的推移而发生价值的变化。原本的3路易,若干年后本息竟高达1 375 596法郎,多出的那部分价值就是原有的资金时间价值。可见,资金时间价值的问题存在于人们日常生活中的每一个角落,不论在人们的家庭生活还是涉及企业的投资决策及财务策划中,都有着举足轻重的作用,因此建立良好的资金时间价值观念,对于个人和企业决策者都是非常重要的。

3.2.3 资金时间价值的影响因素

资金时间价值的大小取决于多方面的因素,从投资者的角度来看主要有以下几种。

(1)投资收益率　这个因素能够反映单位投资所能取得的收益。投资收益率越大,资金的时间价值就越大。

(2)通货膨胀率　这个因素能够反映对因货币贬值造成的损失所作的补偿。通货膨胀率越高,资金时间价值越大。

(3)风险因素　这个因素能够反映对因风险的存在可能带来的损失所作的补偿,如技术实践活动风险越大,资金时间价值越大。

3.2.4 利息

在工程经济分析中,资金的利息和利率是具体体现资金时间价值的两个尺度。利息是衡量资金时间价值的绝对尺度,利率是衡量资金时间价值的相对尺度。事实上,利率就是投资者将资金存入银行所带来的投资收益率。

1. 利息

利息是指为得到资金的使用权所付出的代价或放弃了资金的使用权所得到的补偿。如果将一笔资金存入银行,这笔资金称为本金,经过一段时间后,储户可在本金之外再得到一笔利息。相反,如果向银行贷一笔资金,经过相同的一段时间后,贷款人除了偿还银行的本金外,还需额外支付一笔利息。通常情况下,这笔贷款利息会比存款利息高一些。

2. 利率

利息通常是根据利率来计算的。利率是指在一个计算周期内所得到的利息额与期初借贷资金额(本金)之比,一般以百分数表示。相同金额、相同期限的本金,向银行借贷所产生的不等的利息就显示出利率大小的差异。利率期间通常以一年为周期,但也会有小于一年的情况。用以表示利率的时间单位称为利率计息周期,计息周期通常为年、半年、季、月、周或天。利率的计算公式为

$$\text{利率}=\frac{\text{单位时间内所得的利息额}}{\text{本金}}\times 100\%$$

例如某人现借得本金2 000元,一年后付息180元,则年利率为9%(180÷2 000×100%)。

3. 决定利率高低的因素

利率是各国发展国民经济的杠杆之一,利率的高低由以下几个因素决定。

(1)利率的高低首先取决于社会平均利润率的高低并随之变动。在通常情况下,平均利润率是利率的最高界限。因为如果利率高于平均利润率,借款者就会因无利可图而不去借款。

(2)在平均利润率不变的情况下,利率高低取决于金融市场上借贷资本的供求情况。

借贷资本供过于求，利率便下降；反之，求过于供，利率便上升。

(3)借出资本要承担一定的风险，而风险的大小也影响利率的波动。风险越大，借出方要求的利率也就越高。

(4)通货膨胀对利息的波动有直接影响。

(5)借出资本的期限长短。贷款期限长，不可预见因素多，风险大，利率也就高；反之，贷款期限短，不可预见因素少，风险小，利率就低。

4. 利息和利率在技术经济活动中的作用

(1)利息和利率是以信用方式动员和筹集资金的动力。以信用方式筹集资金有一个特点就是自愿性，而自愿性的动力在于利息和利率。

(2)利息促进企业加强经济核算，节约使用资金。

(3)利息和利率是国家管理经济的重要杠杆。国家在不同的时期制定不同的利息政策，对不同地区的不同部门、不同产业与不同项目规定不同的利率标准，就会对整个国民经济产生影响。

(4)利息和利率是金融企业经营发展的重要条件。

3.2.5　单利和复利

1. 单利和复利

借贷资金的计息制度分为单利计息制和复利计息制两种。

(1)单利法

所谓单利法，是指每期只对原始本金计息，对所获得的利息不再进行计息。这就使得每个计息周期所获得的利息是相等的，而与计息次数无关。在我国，国库券的利息通常是以单利法计算的。单利法的计算公式为

$$F=P(1+ni) \tag{3.1}$$

式中 P 表示本金；i 表示年利率；n 表示计息次数；F 表示本利和，即本金与利息之和。

【例 3.2】 某人购买 5 000 元的 4 年期国库券，年利率为 10%，试求 4 年后应得的本利和是多少？

解　由题设知 P=5 000 元，i=10%，则

$$F=P(1+ni)=5\,000\times(1+10\%\times4)=7\,000(\text{元})$$

4 年中，每年年末应支付利息与本利和如表 3.6 所示。

表 3.6　单利法下的应得利息及本利和　单位:元

时间	年初应得款	年末应得利息	年末应得本利和
1	5 000	5000×10%=500	5 500
2	5 500	5000×10%=500	6 000
3	6 000	5000×10%=500	6 500
4	6 500	5000×10%=500	7 000

由例 3.2 可见，年利息额都仅由本金所产生，其新生利息不再加入本金产生利息，即“利

不生利”。这是一种静止看问题的方法，它不符合客观的经济发展规律，没有反映资金随时都在增值的概念，也没有完全反映资金的时间价值，因此单利法在技术经济分析中使用较少，通常只适用于短期投资及不超过一年的短期贷款。

（2）复利法

所谓复利法，是指不仅本金生息，利息在每一计息周期结束后如果不交付也要生息，是一种利滚利的计息方法。在国外，通常商业银行的贷款是按复利计算的。复利法的计算公式为

$$F=P(1+i)^n \tag{3.2}$$

【例 3.3】 某人向银行贷款 5 000 元，贷款年利率为 10%，4 年后本利一次偿付，则应为多少元？

解 $F=P(1+i)^n=5000\times(1+10\%)^4=7\,320.5$（元）

4 年中，每年年末应支付利息与本利和如表 3.7 所示。

表 3.7 复利法下的应付利息及本利和 单位：元

时间	年初欠款	年末欠利息	年末欠本利和
1	5 000	5000 × 10%=500	5 500
2	5 500	5500 × 10%=550	6 050
3	6 050	6050 × 10%=605	6 655
4	6 655	6655 × 10%=665.5	7 320.5

对比表 3.6 和表 3.7 便可很清楚地看出单利法和复利法计算的差别：用复利法计算的利息金额及本利和要比单利法计算的结果大一些。这也符合资金在社会再生产过程中运动的实际状况。因为在社会再生产过程中，资金总是在不断的周转、循环并增值的。单利法的隐含假设是每年的盈利不再投入社会再生产，这不符合商品化社会生产的资金运动的实际情况，所以在工程技术经济分析中，一般采用复利法计算。

另外，需要指出的是复利计息有间断复利与连续复利之分。如果计息周期为一定的时间区间（如年、季、月、日等），并按复利计息，称为间断复利；如果计息周期无限缩短，则称为连续复利。从理论上讲，资金处于不停运动中，每时每刻都通过生产和流通在增值，因而应该用连续复利计息，但在实际工作中为了简化计算，一般采用间断复利计息。

2. 名义利率和实际利率

以下举例说明实际利率与名义利率的含义。

假设年利率为 12%，每年计息 1 次，则 12% 为实际利率；假设年利率为 12%，每年计息 12 次，则 12% 为名义利率，实际相当于月利率为 1%。

在现实经济活动中，通常采用年利率，并且每年只计息一次。但有时也有每半年、季或月甚至是日计算一次利息的情况，这样一年的复利计算次数就是 2、4、12 或 365。人们把计息周期为一年的年利率称为年实际利率；而把计息周期小于一年，如半年、季、月甚至是日等的年利率称为年名义利率。利率周期与计息周期一致的利率称为实际利率；利率周期与计息周期不一致的利率称为名义利率。例如年利率为 15%，每季计息一次，则此年

利率就是名义利率，实际的季利率为 15% ÷ 4=3.75%，而实际年利率是比 15% 略大的一个数。

在进行分析计算时，对名义利率有以下两种处理方法。

（1）将其换算为实际利率后，再进行计算。

（2）直接按单位计息周期利率来计算，但计息期数要进行相应调整。

设年名义利率为 r，一年中计息次数为 m，则一个计息周期的利率为 r/m，一年后的本利和为

$$F = P\left(1+\frac{r}{m}\right)^m \tag{3.3}$$

根据利率定义得到实际年利率 i 为

$$i = \frac{P\left(1+\frac{r}{m}\right)^m - P}{P} = \left(1+\frac{r}{m}\right)^m - 1 \tag{3.4}$$

从式（3.4）可以看出，当计息周期为一年（m=1）时，实际利率等于名义利率；当计息周期小于一年（m>1）时，实际利率大于名义利率，且随着计息周期的缩短或名义利率的增加，实际利率与名义利率的差值都会增大。

【例 3.4】 若有一笔资金，本金为 10 000 元，年利率为 15%，每月计息一次，试求其实际利率及第一年年末的本利和。

解 由题设知，P=10 000 元，i=15%，m=12，n=1 年，则

实际利率　$i=(1+15\%/12)^{12}-1=16.075\%$

本利和　$F=P(1+i)=10\,000\times(1+16.075\%)=11\,607.5$（元）

【例 3.5】 现有甲、乙两家银行可以提供贷款，甲银行年利率为 17%，一年计息一次；乙银行年利率为 16%，一月计息一次，均为复利计算。试问哪家银行的实际利率低？

解 甲银行的实际利率等于名义利率，为 17%；乙银行的年实际利率为

$$i = \left(1+\frac{r}{m}\right)^m - 1 = \left(1+\frac{0.16}{12}\right)^{12} - 1 = 17.23\%$$

故甲银行的实际利率低于乙银行的实际利率。

从例 3.5 可以看出，名义利率与实际利率存在下列关系。

（1）当实际计息周期为一年时，名义利率与实际利率相等；当实际计息周期短于一年时，实际利率大于名义利率。

（2）名义利率不能完全反映资金的时间价值，实际利率才能真实地反映资金的时间价值。

（3）名义利率越大，实际计息周期越短，实际利率与名义利率的差值就越大。

案例 3.2

国王下棋的故事

有一个古老的故事，一个爱下象棋的国王棋艺高超，从未碰到敌手。于是，他下了一个诏书，诏书中说无论是谁，只要击败他，国王就会答应他任何一个要求。

一天，一个年轻人来到皇宫与国王下棋，并最终赢了国王。国王问这个年轻人要什么样的奖赏，年轻人说他只要一个小小的奖赏，就是在棋盘的第一个格子中放上一粒麦子，在第二个格子中再放进前一个格子两倍的麦子，依此重复向后类推，一直将棋盘所有格子摆满。

国王觉得很容易就可以满足他的要求，于是就同意了。但很快国王就发现，即使将国库所有的粮食都给他，也不够其要求的百分之一。

因为第 64 个格子要放 2^{64}，即 9 223 372 036 854 775 808 粒麦子。

案例分析

这是一个关于复利让人生财富重复递增的故事，爱因斯坦曾说过“复利的威力比原子弹还可怕”。复利是指在每经过一个计息期后，都要将所生利息加入本金，以计算下期的利息，因此当我们在做工程经济规划时，了解复利的运作和计算是相当重要的。

3.3 资金的等值计算

3.3.1 资金等值的概念和有关计算参数

1. 资金等值的概念

如果两个事物的作用效果相同，则称它们是等值的。在技术经济分析中，等值是一个很重要的概念，它是评价、比较不同时期资金使用效果的重要依据。

等值又叫等效值，它是指资金运动过程中，由于利息的存在，不同时刻的资金绝对值不等，但资金的实际价值相等。货币的等值包括三个因素：金额、金额发生的时间和利率。例如当年利率为 5% 时，现在的 1 000 元等值于 1 年末的 1 050 元，或 5 年末的 1 276.27 元，或 10 年末的 1 629 元，或 20 年末的 2 653 元。

利用等值的概念，可以把在一个时点发生的资金金额换算成另一时点的等值金额，这一过程叫资金等值计算。把将来某一时点的资金金额换算成现在时点的等值金额称为“折现”或“贴现”。把将来时点上的资金折现后的资金金额称为“现值”。与现值等价的将来某时点的资金金额称为“终值”或“将来值”。需要说明的是，“现值”并非专指一笔资金“现在”的价值，它是一个相对的概念。一般来说，将 $t+k$ 个时点上发生的资金折现到第 t 个时点，所得的等值金额就是第 $t+k$ 个时点上资金金额在第 K 个时点的现值。

显然，影响资金等值的因素主要有资金额的大小、资金发生的时间和利率的大小。

2. 资金等值计算的有关参数

在进行资金等值计算之前，先要明确几个计算参数的含义。

（1）利率或折现率 i

在工程经济分析中，把根据未来的现金流量求现在的现金流量时所使用的利率称为折现率。本书对利率和折现率一般不加以区分，统一用 i 来表示。

（2）计息期数（计息次数）n

在利息计算中，计息期数是指计算利息的次数。在工程经济分析中，计息期数与工程项目的计算期有关。

（3）现值 P

现值表示资金发生在某一特定时间序列始点上的价值。在工程经济分析中，现值表示在现金流量图中 0 点的投资数额或现金流量折现到 0 点时的价值。

（4）将来值或终值 F

将来值或终值表示资金发生在某一特定时间序列终点上的价值。其含义是指期初投入或产出的资金转换为计算期末的期终值，即期末本利和的价值。

（5）年金或年值 A

年金或年值是指每年（或时间段）等额收入和支付的金额，通常以等额序列表示，即在某一特定时间序列期内，每隔相同时间（不一定是年）内收支的等额款项。

从以上参数的含义可以看出，现值与终值是相对而言的，某一个时间序列的终值，也是以该时间序列终点为起点的另一个时间序列的现值。

3.3.2　资金等值的计算

在资金等值的计算中，根据时间的不同和评价的需要，常用的资金等值变换有以下两种。

第一种，现值 P 与终值 F 的变换，称为一次支付或整付类型。这类支付方式是指现金流量无论是流入还是流出，均在一个时点上发生。

第二种，年值 A 与现值 P 或与终值 F 的相互变换，称为多次支付类型。多次支付是指现金流入和流出在多个时点上同时发生，而不是集中在某个时点上发生。

现金流量数额的大小可以是不等的，也可以是相等的。当现金流量数额的大小相等时，可以利用数学公式简化计算过程。

1. 一次支付类型

一次支付的等值计算公式有两种情形，即已知现值 P 求终值 F 和已知终值 F 求现值 P，其典型的现金流量图如图 3.3 所示。

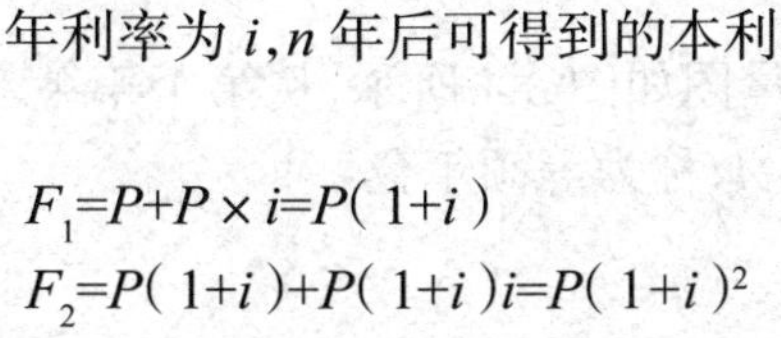

图 3.3　一次支付现金流量图

（1）一次支付终值公式

如果现在存入银行 P 元，年利率为 i，n 年后可得到的本利和是多少？

计算过程如下。

第一年年末本利和　$F_1=P+P\times i=P(1+i)$

第二年年末本利和　$F_2=P(1+i)+P(1+i)i=P(1+i)^2$

……

第 n 年年末本利和　$F=P(1+i)^{n-1}+P(1+i)^{n-1}\times i=P(1+i)^n$

一次支付终值公式为

$$F=P(1+i)^n \tag{3.5}$$

式中(1+i)n 称为一次支付终值系数,也可用符号($F/P, i, n$)表示,可以从书后附录中查得该系数的值。

所以式(3.5)又可以表示为

$$F=P(F/P,i,n) \tag{3.6}$$

【例 3.6】 某人欲购买一辆轿车,现向银行借款 10 万元,年利率为 12%, 5 年后一次还清,试问到期后应向银行归还的本利和是多少?

解 由题设知,P=10(万元),i=12%,n=5,依据式(3.5)计算得

$$F=P(1+i)^n=10\times(1+12\%)^5=17.623(\text{万元})$$

也可以从附录中查得($F/P, i, n$)=1.762 3,故

$$F=P(F/P,i,n)=10\times1.762\ 3=17.623(\text{万元})$$

(2)一次支付现值公式

n 年后的一笔资金 F,在年利率 i 下,相当于现在的多少钱? 这就是一次支付现值计算的问题,对一次支付终值公式进行逆运算便可得到一次支付现值公式

$$P=\frac{F}{(1+i)^n} \tag{3.7}$$

式中 $\frac{1}{(1+i)^n}$ 称为现值系数,也可用符号(P/F, i, n)来表示。该系数的值同样也可以从书后附录中查得。

所以一次支付现值公式又可以表示为

$$P=F(P/F,i,n) \tag{3.8}$$

【例 3.7】 某人计划 5 年后从银行提取 1 万元,如果银行年利率为 12%,试问现在应存入银行多少钱?

解 由题设知,F=1(万元),i=12%,n=5,依据式(3.7)计算得

$$P=\frac{F}{(1+i)^n}=\frac{1}{(1+12\%)^5}=0.567\ 4(\text{万元})$$

同样也可以通过查表计算得出该值。

2. 等额分付类型

等额分付类型是多次支付类型的一种。其现金流量序列是连续的,且数额是相等的,通常人们把这样的现金流量称为等额系列现金流量。下面介绍等额系列现金流量的几个等值计算公式。

(1)等额分付终值公式

等额分付终值的现金流量图如图 3.4 所示,从第 1 年年末至第 n 年年末有一等额的现金流量序列,每年的金额均为 A,称为等额年金。

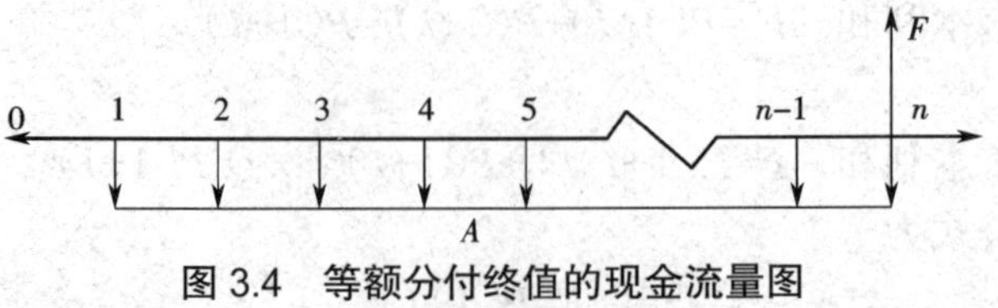

图 3.4 等额分付终值的现金流量图

同时，从图 3.4 也可以看出，第 n 年年末的终值总额 F 等于各年存入资金 A 的终值总和，即

$$F=A+A(1+i)+A(1+i)^2+\cdots+A(1+i)^{n-2}+A(1+i)^{n-1}$$
$$=A[1+(1+i)+(1+i)^2+\cdots+(1+i)^{n-2}+(1+i)^{n-1}]$$

运用等比数列前 n 项求和公式得出

$$F=A\times\frac{(1+i)^n-1}{i} \tag{3.9}$$

式中 $\frac{(1+i)^n-1}{i}$ 称为等额分付终值系数，可以用符号 $(F/A,i,n)$ 表示，其值可由附录查得。

因此等额分付终值公式也可表示为

$$F=A(F/A,i,n) \tag{3.10}$$

【例 3.8】 某夫妇准备为其刚出生的孩子在银行存入备用金，每年年末存入 1 000 元，连续存 18 年，若银行存款年利率为 8%，试问 18 年后的本利和是多少？

解　由题设知，$A=1\,000$，$n=18$，$i=8\%$，依据式(3.9)计算得

$$F=A\times\frac{(1+i)^n-1}{i}=1000\times\frac{(1+8\%)^{18}-1}{8\%}=1000\times37.45=37\,450(\text{元})$$

同样也可以通过查表计算得出该值。

(2)等额分付偿债基金公式

第 n 年年末要从银行提取 F 元，在年利率为 i 的情况下，现在每年年末等额存入多少钱才能实现上述提取。这就是已知 F 求 A 的情形。显然，它是等额分付终值公式的逆运算。因此，可以由等额分付终值公式直接导出等额分付偿债基金公式

$$A=F\times\frac{i}{(1+i)^n-1} \tag{3.11}$$

式中 $\frac{i}{(1+i)^n-1}$ 为等额分付偿债基金系数，可以用 $(A/F,i,n)$ 表示，其数值可从附录中查得。

因此等额分付偿债基金公式也可以表示为

$$A=F(A/F,i,n) \tag{3.12}$$

【例 3.9】 某企业欲积累一笔基金用于 5 年后更新某大型设备，更新费用为 500 万元，银行年利率为 10%，试问每年至少要存款多少万元？

解　由题设知，$F=500$，$n=5$，$i=10\%$，依据式(3.11)计算得

$$A=F\times\frac{i}{(1+i)^n-1}=500\times\frac{10\%}{(1+10\%)^5-1}=500\times0.163\,8=81.9(\text{万元})$$

(3)等额分付现值公式

如果从第一年年末到第 n 年年末有一个现金流量序列如图 3.5 所示，每年的金额均为 A，那么这一等额年金序列在年利率为 i 的条件下，其现值应是多少。

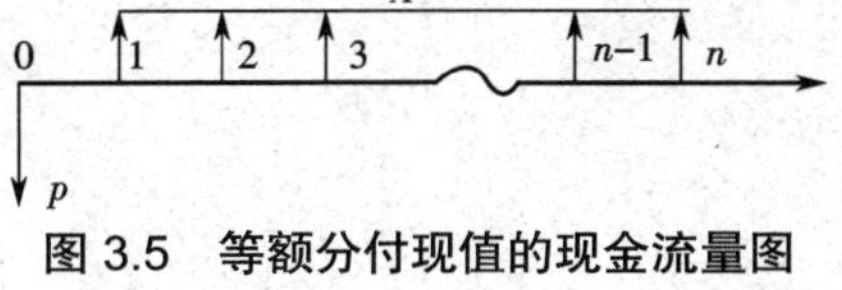

图 3.5　等额分付现值的现金流量图

为了公式推导的方便，这个问题不妨这样来考虑：先通过式（3.9）求出与其相对应的 F，然后再对所得到的 F 折现，这样就可以得到所要求的 P，因此对式（3.9）两边各除以（$1+i$）^{n}，可得

$$P = A\times\frac{(1+i)^n-1}{i(1+i)^n} \tag{3.13}$$

式中 $\frac{(1+i)^n-1}{i(1+i)^n}$ 为等额分付现值系数，也可以记为（$P/A,i,n$），其数值可以从附录中查到。

因此等额分付现值公式也可以表示为

$$P=A(P/A,i,n) \tag{3.14}$$

【例 3.10】 某机械设备经济寿命为 5 年，预计年净收益为 10 万元，净残值为 0，若投资者要求年收益率至少为 15%，试问投资者最多愿意出多少钱购买该设备？

解 由题设知，A=10，n=5，i=15%，依据式（3.13）计算可得

$$P = A\times\frac{(1+i)^n-1}{i\ (1+i)^n} = 10\times\frac{(1+15\%)^5-1}{15\%\ (1+15\%)^5} = 33.522(\text{万元})$$

同样，也可以通过查表计算得出该值。

（4）等额分付资金回收公式

等额分付资金回收公式是已知 P 求 A 的情形。显然，它是等额分付现值公式的逆运算，因此可以由式（3.13）直接导出

$$A = P\times\frac{i\ (1+i)^n}{(1+i)^n-1} \tag{3.15}$$

式中 $\frac{i\ (1+i)^n}{(1+i)^n-1}$ 是等额分付资金回收系数，亦可表示为（$A/P,i,n$）。

因此等额分付资金回收的计算公式也可以表示为

$$A=P(A/P,i,n) \tag{3.16}$$

【例 3.11】 某投资项目贷款 500 万元，预计在 5 年内等额还清贷款，已知贷款年利率为 12%，试问每年的净收益不应少于多少？

解 由题设知，P=500，i=12%，n=5，依据式（3.15）计算得

$$A = P\times\frac{i(1+i)^n}{(1+i)^n-1} = 500\times\frac{12\%(1+12\%)^5}{(1+12\%)^5-1} = 500\times0.2774 = 138.7(\text{万元})$$

所以该项目每年的净收益至少应为 138.7 万元。

前面所介绍的 6 个公式在工程经济计算和分析中有着非常重要的地位，它们是等值计算的基础，为了便于记忆，现将它们汇总于表 3.8 中。

表 3.8　常用资金等值计算公式

类别		已知	求	计算公式	复利系数名称与符号
一次支付	终值	P	F	$F=P(1+i)^n$	一次支付终值系数 $(1+i)^n$ $(F/P,i,n)$
	现值	F	P	$P=F\dfrac{1}{(1+i)^n}$	一次支付现值系数 $\dfrac{1}{(1+i)^n}$ $(P/F,i,n)$
等额分付	终值	A	F	$F=A\dfrac{(1+i)^n-1}{i}$	等额分付终值系数 $\dfrac{(1+i)^n-1}{i}$ $(F/A,i,n)$
	偿债基金	F	A	$A=F\dfrac{i}{(1+i)^n-1}$	等额分付偿债基金系数 $\dfrac{i}{(1+i)^n-1}$ $(A/F,i,n)$
等额分付	现值	A	P	$P=A\dfrac{(1+i)^n-1}{i(1+i)^n}$	等额分付现值系数 $\dfrac{(1+i)^n-1}{i(1+i)^n}$ $(P/A,i,n)$
	资本回收	P	A	$A=P\dfrac{i(1+i)^n}{(1+i)^n-1}$	等额分付资金回收系数 $\dfrac{i(1+i)^n}{(1+i)^n-1}$ $(A/P,i,n)$

上面介绍的 6 种基于复利的最基本的资金等值计算公式之间有着对应的联系，如表 3.9 所示。

表 3.9　最基本的资金等值计算公式间的联系

支付种类	一次支付	等额支付	
		求总额	求每期金额
已知现值求终值	$(F/P,i,n)$	$(F/A,i,n)$	$(A/P,i,n)$
倒数关系	↕	↘↙	↖↗
已知终值求现值	$(P/F,i,n)$	$(P/A,i,n)$	$(A/F,i,n)$

【例 3.12】　某项目第一年、第二年分别投资 1 000 万元与 500 万元；第二年、第三年的收益额均为 100 万元，经营费用均为 40 万元。其余投资期望在以后的 6 年（共 9 年）内回收，试问每年需等额回收多少资金？已知资金的机会成本为 10%，现金流量图如图 3.6 所示。

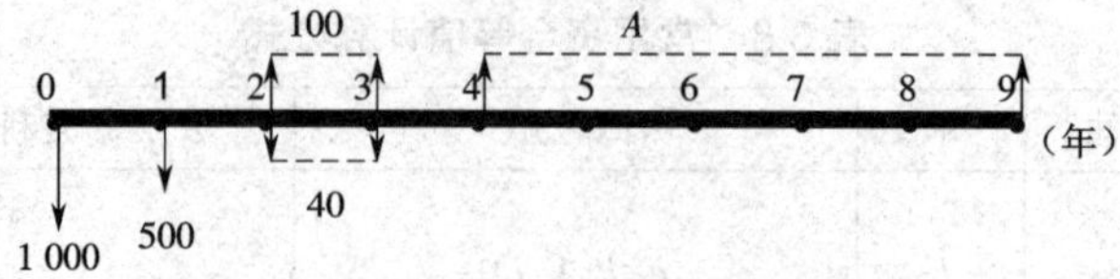

图 3.6　某项目的现金流量图(单位:万元)

解　第三年年末还未回收的投资 $=1000(F/P,0.10,3)+500(F/P,0.10,2)-(100-40)(F/A,0.10,2)$

$=1331+605-126=1\ 810$(万元)

以后 6 年每年需等额回收 $=1\ 810(A/P,0.10,6)=415.58$(万元)

【例 3.13】某人于 1995 年用 5 000 元购买年利率为 7% 的 10 年期建设债券。他计划于 2010~2014 年每年各取出 4 000 元用于一项新的投资计划。为确保新投资计划的实现,决定采取两项补充措施:债券到期后继续重新投资以及计划从 2002~2009 年每年再追加一笔数额相等的新投资。设未来投资的年利率均为 8%,现金流量图如表 3.7 所示,试问 2002~2009 年各年投资为多少?

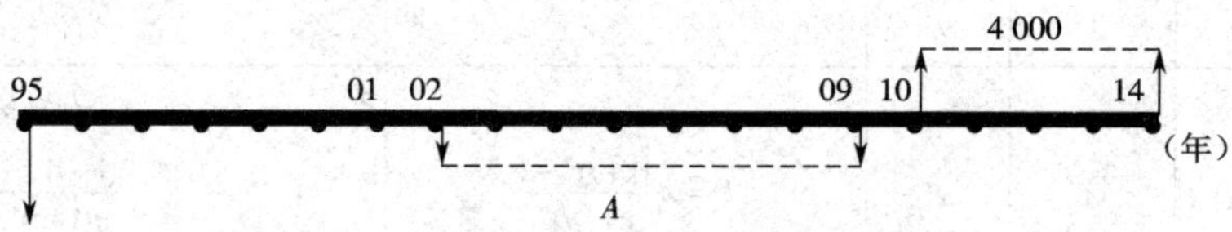

图 3.7　某人购买建设债券的现金流量图

解　基准年限为 2009 年。

2005 年建设债券终值为

$$F_1=5000(F/P,0.07,10)=5000\times 1.9672=9\ 836(\text{元})$$

2009 年建设债券终值为

$$F_2=9836(F/P,0.08,4)=9835\times 1.3605=13\ 381.9(\text{元})$$

要完成 2010~2014 年的投资,2009 年底必须有的现值数为

$$P_2=4000(P/A,0.08,5)=4000\times 3.9927=15\ 970.8(\text{元})$$

2002~2009 年的追加投资在 2009 的终值为

$$F_3=P_2-F_2=15970.8-13381.9=2\ 588.9(\text{元})$$

2002~2009 年的追加投资的年值为

$$A=F_3(A/F,0.08,8)=2588.9\times 0.0940=243.4(\text{元})$$

资金的时间价值理论和现金流量的计算方法是工程技术经济学的理论基础和工程经济分析的有效工具。本项目是全书的重点和难点内容之一,通过学习本项目,要求大家在弄懂基本知识和理论的条件下,能够正确图示方案的现金流量,能够应用复利表和基本复利公式进行复利计算,能够掌握名义利率和实际利率的换算方法。

综合案例

货币贬值和房地产价值

一、背景

在 1991~2001 年 12 月的十年间,阿根廷金融体系一直在可兑换法案的保护之下,根据法案规定，比索必须按照1∶1的票面价值兑换美元。住宅物业，尤其是那些位于阿根廷首都布宜诺斯艾利斯的住宅物业，一般都以直接美元报价，或者同评估那天的美元兑换价格挂钩。

通货膨胀的可怕回忆和货币贬值的经历，促使阿根廷的储蓄者在美元保护伞下寻求安全，以使他们自己的财产在发生经济巨变时得到保护。

在20世纪90年代的最后5年，在布宜诺斯艾利斯，每平方米公寓价格平均为1 000美元。当然，在这个城市的不同区域，各种各样的报价与周边的环境质量、交通方式、商业设施、建筑风格以及邻里的社区文化水平都有关系。城区的北部是价值最高的区域，而在城区的另外一边的南部地区的评估价格最低。在这两个地区，类似质量的物业单位，成交价格相差几乎高达33%。

二、货币贬值后的情况

2002年1月初发生货币贬值的过程开始于上一年度最后一个季度。在此之前，就有一次金融危机使得从银行存款中提取现金受到正式限制。这个限制也会影响房地产市场的表现。

金融危机首先造成了信用管制，使市场中的流动资金枯竭。除此以外，取款限制还在其他方面对现金循环造成了影响。由于市场上普遍不能肯定比索贬值的幅度，所以只要有可能，人们就把比索尽快地直接兑换成美元。

由于摆脱了原先兑换价值的束缚，在自由兑换市场上，美元价值迅速上升，从原先的1∶1标准价上升到两倍于阿根廷比索价值的新价，在最终稳定之前不断突破，甚至一度达到四倍于比索的价位。到2003年的第一个季度时，兑换值稳定在2.85~2.95比索兑换1美元的水平上。

以上这种情况曾被认为会造成房地产交易的大幅下降，但事实上，这种情况并没有发生。当然，货币贬值确实是影响了物业资产，但是交易数量仍然保持相对稳定，甚至在人们被允许使用银行里冻结的钱购买房产的时候，交易数量还经历了一个非常积极的波峰期。这都是储蓄者对贬值的恐惧和对金融系统的不信任造成的，他们认为要经历很长的时期，或许永远也没有机会看到自己的资金重新升值。

在货币贬值和禁止从银行提取存款之后的最初几个月里，房地产市场处于混乱状态。许多本地房地产从业者和潜在的客户都被彻底地弄糊涂了，住宅价格下降了30%~40%。

事实上，类似的物业在交易中的价格差异可以达到50%；此外，由于价格差异太大，物业卖单数量下降很快。在布宜诺斯艾利斯的物业价格下降幅度比其他省份都要大。在某些地方，物业实际上保持了以比索计算的价值，因此按照美元计算，业主损失很大。

三、位于国内最好的地理区位的物业保持了它们以前以美元计算的价值

为上述这种情形找到合乎逻辑的解释相当困难，但确实存在一些重要的因素。从贬值过程的一开始，市场上广泛相信价格下降会吸引大量的外国投资者来购买物业。事实证明，这种情况只在小范围内发生。

到2002年11月，由于放松了对银行存款的冻结，从金融限制中解脱出来250亿比索当中的一部分资金，支持了购买更好区位的物业和私人房产开发的活动，因此物业需求和建筑活动都开始增长。并且，由于美元价值上升，建筑成本下降，增加同样的投资可以建设更多的建筑面积。

因为对金融系统缺乏信任,大约75亿美元被用于在中心区域购买处在更好位置的物业。购买者认为这样的物业容易出租,也很方便流通变现。

媒体上的信息和文章肯定了“购买砖头”用于保值的优越性,这助长了资金流入房地产业。这些影响,再加上金融系统彻底失去了信用,而且没有其他低风险的投资选择,使位于某些特定区域的物业,在28个月中(2001年12月至2003年3月)保持了相对稳定的价值(或者只有非常缓慢的贬值)。这些因素鼓励了需求,同时造成了价值的两极分化。区位好的住宅物业价格比那些差一些的物业下降得少。因为这个原因,在布宜诺斯艾利斯南北区域的不同物业的单位面积价格差不断扩大,达到了65%,是2001年报价差异的两倍。在普遍价格下降的情况下,处在较好区域的物业仍然保持较高价格。

四、结论

(1)在货币贬值后的两年里,位于较好区位的物业在一个合理的范围内保持了价值,使操作者重新思考和修改这些物业的出售策略。

(2)当决定购买时,物业的区位成为基本的考虑要点。

(3)融资不足没有像预期那样干扰市场。

(4)购买者的组成产生了实质的变化,从用于居住的购买者变成了不用于居住的投资者。

(5)没有房地产市场相关知识的客户非常容易接受媒体公布的权威价格。

(6)市场价格前所未有的两极化。

(7)如果用比索来评估市场,货币贬值使房地产市场受益,物业价值上升;如果用外国货币(欧元或美元)评估,则物业贬值,但并不同阿根廷货币的贬值比例一致。

案例分析

货币贬值又称通货贬值,是指单位货币所含有的价值或所代表的价值下降,即单位货币价格下降。从国内角度看,货币贬值在金属货币制度下是指减少本国货币的法定含金属量,降低其对金属的比价,以降低本国货币价值的措施;货币贬值在现代纸币制度下是指流通中的纸币数量超过所需要的货币需求量即货币膨胀时,纸币价值下降。从国际角度看,货币价值表示与外国货币的兑换能力,它具体反映在汇率的变动上,这时货币贬值就是指一单位本国货币兑换外国货币能力的降低,而本国货币对外汇价的下降。

房子价值由土地、建造房子的原材料及房内的装修构成。从经济学理论来讲,土地是不具有价值的,因为任何有价值的东西必须是产品,必须含有人类的有效劳动,土地是大自然赐予人类生存的必需品,地理位置的价值都是人为造成的,这种价值也是不稳定的。房产的成本由原材料、人工、税收等构成,而随着货币的贬值,这些成本趋于上升的势态,故对于房产保值的说法,主要是对资金贬值相对而言的。

思考与练习

一、选择题

1. 对一个系统进行工程经济分析时,通常把该系统在考察期间各时点实际发生的现金流入和流出称为(　　)。

A. 净现金流量　　B. 资金流量　　C. 现金流量　　D. 现金流动

2. 现金流量的性质是对特定的人而言的。对投资项目的发起人而言，在横轴下方的箭线表示(　　)。

A. 现金流出　　B. 现金流入

C. 费用　　D. 根据具体情况而不同

3. 某企业向银行借款 100 万元，借款期为 5 年，借款年利率为 10%，则第 5 年年末一次归还额为(　　)万元。

A.161.05　　B.127.628　　C.135.732　　D.168.712

4. 名义利率为 r，一年中计息次数为 m，计息周期的有效利率为 r/m，则年有效利率为(　　)。

A. $(1+r/m)^m-1$　　B. $(1+r/m)^m+1$

C. $(1+r/m)^m\cdot r-1$　　D. $(1+r/m)^r-1$

5. 一台设备原值 12 000 元，预计使用年限为 5 年，净残值为 500 元，用平均年限法计算设备的年折旧额为(　　)元。

A.2 300　　B.2 880　　C.1 728　　D.3 067

6. 资本回收系数($A/P,i,n$)中的等额分付值 A 每一次支付都发生在每一期的(　　)。

A. 期初　　B. 期末

C. 任意时间　　D. 视具体方案的情况而定

7. 某人 8 年后需要用款 10 000 元，银行年利率为 6%，现在应存入银行(　　)元。

A.6 651　　B.5 919　　C.5 820　　D.6 274

8. 已知项目的计息周期为月，年利率为 8%，则项目的年实际利率为(　　)。

A.8.16%　　B.8.0%　　C.8.3%　　D.9.6%

9. 等额分付终值系数($F/A,i,n$)与(　　)。

A.i 成反比　　B.i 成正比　　C. 与 i,n 相关　　D. 无法判断

10. 假设方案的某一年销售收入为 100 万元，当年的折旧为 20 万元，经营成本为 45 万元，销售税金及附加为 5 万元，所得税率为 33%，则该年方案的净现金流量为(　　)万元。

A.30　　B.40　　C.50　　D.60

二、简答题

1. 什么是资金的时间价值？

2. 影响资金的时间价值的主要因素有哪些？为什么人们要以资金的时间价值来看待问题？

3. 什么是名义利率？什么是实际利率？

4. 利息的计算方法有哪两种？哪种方法更为合理？

三、计算题

1. 向银行借款 100 元，借期为 10 年。试分别用 8% 单利和 8% 复利计算这笔借款第 10 年年末的本利和。

2. 某人在银行存款 1 000 元，一年后可得到本利和 1 120 元。试问这笔存款的利息为多少，利率又是多少？

3. 某企业向银行贷款，第一年年初借入 10 万元，第三年年初借入 20 万元，年利率均为

10%,第四年年末偿还 25 万元,并打算第五年年末一次还清。试计算第五年年末应偿还额,并画出分别从借款人(企业)的角度出发的现金流量图和从贷款人(银行)的角度出发的现金流量图。

4. 下列一次支付的终值 F 为多少?

(1)年利率 10%,存款 1 000 元,存期 3 年。

(2)年利率 12%,存款 1 000 元,存期 6 年。

(3)年利率 20%,投资 2 00 000 元,5 年后一次回收。

5. 下列期终一次支付的现值为多少?

(1)年利率 5%,第 5 年年末 5 000 元。

(2)年利率 15%,第 20 年年末 1 000 元。

(3)年利率 10%,第 10 年年末 1 000 元。

6. 下列等额支付的终值为多少?

(1)年利率 8%,每年年末存入银行 100 元,连续存款 10 年。

(2)年利率 12%,每年年末存入银行 250 元,连续存款 20 年。

7. 下列等额支付的现值为多少?

(1)年利率 6%,每年年末支付 100 元,连续支付 10 年。

(2)年利率 10%,每年年末支付 3 000 元,连续支付 5 年。

8. 下列终值的等额支付为多少?

(1)年利率 8%,每年年末支付一次,连续支付 10 年,第 10 年年末积累金额 10 000 元。

(2)年利率 10%,每年年末支付一次,连续支付 8 年,第 8 年年末积累金额 10 000 元。

9. 下列现值的等额支付为多少?

(1)年利率 5%,借款 1 000 元,计划借款后的第一年年末开始偿还,每年年末偿还一次,分 4 年还清。

(2)年利率 8%,借款 40 000 元,计划借款后的第一年年末开始偿还,每年年末偿还一次,分 20 年还清。

10. 设第一年年末存款 4 000 元,以后 9 年每年递增存款 100 元,年利率为 8%,求等值的年末等额支付 A 为多少?

11. 设第一年年末贷款 10 000 元,以后 4 年每年递减贷款 2 000 元,年利率为 10%,求第 5 年年末的终值为多少?

12. 某企业计划 5 年后更新机械设备,共需 20 万元,计划自筹资金来满足到时的需要。已知银行存款的年利率为 8%,若现在一次存入,需存多少金额?若分 5 年每年年末等额存入,每年需存入多少金额?

13. 某银行贷款给某投资者,年利率为 5%,第一年年初贷给 3 000 万元,第二年年初贷给 2 000 万元,该投资者第三年年末开始用利润偿还贷款,按协议至第十年年末还清。试问该投资者每年年末应等额偿还多少?

14. 某建筑企业 7 年前用 3 500 元购买了一台机械,每年用此机械获得收益 750 元,第一年的维护费为 100 元,以后每年递增维护费 20 元,该单位打算第七年年末转让出售该机械,试问若年利率为 10%,最低售价应为多少?

15. 若年利率为 8%,每月计息一次,现在存款 100 元,10 年后可获本利和为多少?

16. 若年利率为 12%,按半年计息,每年年末存款 100 元,5 年后可获本利和为多少?

17. 某建筑企业购买了一台机械,估计能使用 20 年,每 4 年要大修理一次,每次大修费用为 1 000 元,设年利率为 12%,每季计息一次。试问现在应存入银行多少钱才能足以支付 20 年寿命期间的大修费支出。

18. 某企业采用每月月末支付 300 元的分期付款方式购买一台价值 6 000 元的设备,共分 24 个月付完,则名义利率是多少?

19. 如果现在投资 1 000 元,10 年后可一次获得 2 000 元,试问年利率为多少?

20. 如果第一年年初投资 10 000 元,从第一年年末起六年内每年年末可获利 3 000 元,试问这项投资的年利率为多少?

21. 有一支付系列,第三年年末支付 500 元,以后 12 年每年年末支付 200 元。设年利率为 10%,试画出此支付系列的现金流量图,并计算零期的现值与第 15 年年末的终值。

项目4 投资方案的比较与选择

知识目标

1. 了解建设项目经济评价指标的基本概念与分类方法、经济评价指标间的关系。

2. 熟悉常用的时间性评价指标的含义。

3. 掌握投资回收期、净现值、净年值、净现值率、内部收益率等评价指标的计算与应用，会选择经济评价指标进行方案的可行性判断。

4. 了解经济方案的类型及特点。

5. 掌握各种经济方案比选的方法。

6. 能运用比选方法解决实际案例。

能力目标

1. 学会建设项目的各类经济评价指标的概念、计算以及应用，主要包括时间性、价值性和比率性经济评价指标等内容，方案的经济比较与选择。

2. 掌握方案经济比较与选择概述、独立方案、互斥方案、相关方案和混合方案的经济比选。

引例

下面是内蒙古伊利实业集团股份有限公司的一则投资广告的部分内容。

内蒙古伊利实业集团股份有限公司拟在宁夏回族自治区吴忠市金积镇开发区新建日产780吨超高温灭菌奶项目，项目投资金额为35 948.544 7万元。

本项目是根据内蒙古伊利实业集团股份有限公司2009年年度股东大会通过的“2010年度经营方针与投资计划”进行实施的。此项目已于2011年1月19日经公司第六届董事会临时会议审议通过（详见2011年1月20日《中国证券报》《上海证券报》和上海证券交易所网站刊登的公司第六届董事会临时会议（书面表决）决议公告）。

本项目市场前景较好，工艺技术和生产管理成熟。本次投资行为不存在关联交易。本项目投资回收期为4.51年，投资回报率为14.32%，内部收益率为17.44%。本项目投资回报率较高，投资回收期也较短，抗风险能力较强，预计建设期为15个月。

思考

从投资回收期的角度来看该项目是否值得投资？以投资回报率和内部收益率作为评价标准又该如何评价？

评析

一般而言，固定资产的使用寿命都在5年以上，而奶制品的市场需求比较大，因此投资回收期4.51年表明该项目是值得投资的。如果该集团的资金成本率在14.32%以内，该项目也是值得投资的；当集团对该项目要求的投资报酬率在17.44%以内，也是值得投资的。

4.1　投资方案的评价指标

经济效果评价就是根据国民经济与社会发展以及行业、地区发展规划的要求，在拟定的技术方案、财务效益与费用估算的基础上，采用科学的分析方法，对技术方案的财务可行性和经济合理性进行分析论证，为选择技术方案提供科学的决策依据。

经济效果的评价是工程项目评价的核心。为了正确地、科学地从经济角度对各种项目进行评价，首先要确定经济评价指标，它们可从不同角度反映项目经济效益某一方面的数量。由于投资者对投资目标一般有多方面的要求，所以项目的经济评价指标也是具有多元性的。按照是否考虑资金时间价值，本项目将详细介绍静态经济评价指标和动态经济评价指标，见表 4.1。

表 4.1　评价指标按是否考虑资金时间价值分类

评价指标	具　体　指　标
静态经济评价指标	总投资收益率、资本金净利润率、静态投资回收期、借款偿还期、利息备付率、偿债备付率
动态经济评价指标	动态投资回收期、净现值、净终值、净年值、内部收益率、费用现值、费用年值

4.1.1　静态经济评价指标

1. 总投资收益率

1）概念

总投资收益率 *ROI* 又称投资报酬率，表示总投资的盈利水平，按下式计算：

$$\text{ROI}=\frac{\text{EBIT}}{\text{TI}}\times 100\% \tag{4.1}$$

式中　ROI——总投资收益率；

TI——项目总投资（建设投资 + 建设期利息 + 流动资金）；

EBIT——项目达到设计能力后正常年份的年息税前利润或运营期内年平均息税前利润（年均营业收入 - 年均总成本 - 年均销售税金及附加 + 年均利息支出）。

公式中所需的财务数据，均可从相关的财务报表中获得。项目的总投资收益率高于同行业的收益率参考值，表明用总投资收益率表示的项目盈利能力满足要求。

【例 4.1】　某新建项目总投资为 65 597 万元，其中自有资本金总额为 13 600 万元，国家投资为 10 600 万元，其余为国内外借款。经两年建设，投产后运行 10 年，利润总额为 155 340 万元。试计算总投资收益率。

解　根据题意可知，10 年的利润总额为 155 340 万元，即 EBIT=155 340/10=15 534 万元，TI=65 597 万元，由式（4.1）可得总投资收益率为

$$\text{ROI}=\frac{\text{EBIT}}{\text{TI}}\times 100\%=\frac{15\,534}{65\,597}\times 100\%=23.7\%$$

因此该项目的总投资收益率为 23.7%。

2)判别准则

总投资收益率是一个从项目角度反映技术方案优劣的静态指。判断时，一般是将计算出的总投资收益率与基准投资收益率相比较来判断。设 ROI_0 为基准投资收益率，那么：$ROI<ROI_0$ 时，说明项目没有经济效益，项目不可行；$ROI \geqslant ROI_0$ 时，说明项目有经济效益，项目可行。总投资收益率指标越大越好。

3)优缺点

优点：

(1)计算简单直观，计算公式都比较简单；

(2)能比较真实地反映企业资金利用效果和企业的获利能力，有利于对企业经营管理人员进行评价。

缺点：

(1)没有考虑货币的时间价值，不符合实际情况；

(2)不能正确反映建设期长短、投资方式及回收额有无等条件对项目的影响。

2. 资本金净利润率

1)概念

资本金净利润率 ROE 表示项目资本金的盈利水平，按下式计算：

$$ROE=\frac{NP}{EC}\times 100\% \tag{4.2}$$

式中 ROE——资本金净利润率；

EC——项目资本金；

NP——项目达到设计生产能力后正常年份的净利润或运营期内年平均净利润。

公式中所需的财务数据，均可从相关的财务报表中获得。项目资本金净利润率高于同行业的收益率参考值，表明用资本金净利润率表示的技术方案盈利能力满足要求。

【例 4.2】 某项目初始投资额为 1 500 万元，当年建成投产并获得收益。其中投资的 30% 为银行贷款，贷款年利率为 10%，投产第 1 年就开始还贷，每年只还利息，本金期末一次性偿还。每年的收益为 750 万元，每年的经营成本为 350 万元。该项目能经营 10 年的时间，该项目适合的所得税税率为 33%。试计算该项目的总投资收益率和资本金净利润率。

解 根据题意可知，项目投资额为 1 500 万元，总投资中 30% 为贷款，即说明贷款为 1 500 × 30%=450 万元，资本金为 1 500 × 70%=1 050 万元。

$$每年应还利息 =450\times 10\%=45 万元$$

$$年利润总额 =750-350-45=355 万元$$

$$息税前利润 =355+45=400 万元$$

$$年净利润 =355-355\times 33\%=237.85 万元$$

$$总投资收益率=\frac{EBIT}{TI}\times 100\%=\frac{400}{1500}\times 100\%=26.7\%$$

$$资本金净利润率=\frac{NP}{EC}\times 100\%=\frac{237.85}{1050}\times 100\%=22.65\%$$

2)判别准则

资本金净利润率的判别准则与总投资收益率类似，同样需要先确定基准资本金利润率。

设 ROE_0 为基准资本金收益率，那么：$ROE < ROE_0$ 时，说明项目没有经济效益，项目不可行；$ROE \geqslant ROE_0$ 时，说明项目有经济效益，项目可行。总投资收益率指越大越好。

3）优缺点

优点：

（1）计算简单直观，计算公式都比较简单；

（2）能比较真实地反映企业资金利用效果和企业的获利能力，有利于对企业经营管理人员进行评价。

缺点：

（1）没有考虑货币的时间价值，不符合实际情况；

（2）不能正确反映建设期长短、投资方式及回收额有无等条件对项目的影响。

3. 静态投资回收期 P_t

1）概念

投资回收期也称返本期，是反映投资回收能力的重要指标，分为静态投资回收期和动态投资回收期。

静态投资回收期是在不考虑资金时间价值的情况下，以投资项目经营净现金流理抵偿原始投资所需要的全部时间，一般以年为单位，用 Pt 表示。静态投资回收期宜从建设年开始算起，若从投资年开始年算起，应予以特别注明。从建设开始年算起，静态投资回收期 Pt 的计算公式如下：

$$\sum_{t=0}^{P_t}(CI_t - CO_t) = 0 \quad 或 \quad \sum_{t=0}^{P_t} NCF_t = 0 \tag{4.3}$$

式中　P_t——静态投资回收期；

CI_t——第 t 年的现金流入量；

CO_t——第 t 年的现金流出量；

CI_t-CO_t——第 t 年的净现金流量；

NCF_t——第 t 年的净现金流量，且 $NCF_t = CI_t - CO_t$。

2）计算方法

静态投资回收期可借助技术方案投资现金流量表，根据净现金流量计算，其具体计算又分为以下两种情况。

（1）直接计算法

当项目实施后各年的净收益（即净现金流量）均相同时，静态投资回收期的计算公式如下：

$$P_t = \frac{I}{R} + 建设期 \tag{4.4}$$

式中　I——项目总投资；

R——项目每年的净收益，即 $R=(CI-CO)_t$。

【例 4.3】 新建某工厂投资 4 亿元，建成后投产产量达到设计标准时，该厂的年销售收入是 6 亿元，年产品经营成本是 4.2 亿元，试求该厂多少年可以偿还项目的总投资？

解　由题意知，该投资项目每年的净收益相等，可以采用直接计算法。已知 I= 4 亿元，

$R_t=6-4.2=1.8$ 亿元,则

$$P_t=\frac{I}{R}+\text{建设期}=\frac{4}{1.8}+0=2.22(\text{年})$$

【例 4.4】 某化工厂的初始投资为 1 000 万元,两年建成投产。投产后每年的净收益为 300 万元。试求该项目的投资回收期为多少?

解 由题意知,该投资项目每年的净收益相等,可以采用直接计算法。已知 I= 1 000 万元 ,R_t = 300 万元,则

$$P_t=\frac{I}{R}+\text{建设期}=\frac{1000}{300}+2=5.33(\text{年})$$

(2)列表计算法

当项目实施后各年的净收益不同时,静态投资回收期可根据累计净现金流量求得,也就是在项目投资现金流量表中累计净现金流量由负值变为零的时点,其计算公式为

$$P_t=T-1+\frac{\text{第 } T\text{-1 年累计净现金流量的绝对值}}{\text{第 } T \text{ 年的净现金}} \tag{4.5}$$

式中 T 为项目各年累计净现金流量首次出现正值或零的年份。

【例 4.5】 某技术方案现金流量表如表 4.2 所示,若基准投资回收期为 7 年,试求其静态投资回收期,并判断技术方案是否可行?

表 4.2 现金流量表 1　　单位:万元

年　序	0	1	2	3	4	5	6
净现金流量	−550	−600	−200	76	312	560	560

解 根据表 4.2 中数据可知,该项目各年的净收益均不同,此时可用列表计算法,首先要计算出各年累计净现金流量,因此在表 4.2 中增加一行,表格变为表 4.3。

表 4.3 现金流量表 2　　单位:万元

年　序	0	1	2	3	4	5	6
净现金流量	−550	−600	−200	76	312	560	560
累计净现金流量	−550	−1 150	−1 350	−1 274	−962	−402	158

根据表 4.3 计算结果可知,累计净现金流量首次出现正值或零的年份是第 6 年,因此静态投资回收期为

$$P_t=6-1+\frac{|-402|}{560}=5.72(\text{年})$$

由于本项目的静态投资回收期 P_t(5.72 年)小于基准投资回收期 T_0(7 年),因此项目可行。

3)判别准则

一般将项目的静态投资回收期 P_t 与国家或部门行业的基准投资回收期 T_0 进行比较,

$P_t \leqslant T_0$ 时，项目有经济效益，方案可行；$P_t > T_0$ 时，项目没有经济效益，项目不可行。说明了投资收回的速度，P_t 越小，表明项目投资回收速度越快；反之，则越慢。因此，P_t 越小越好，即表示在最短时间内回收投资。同时，P_t 越小，也说明项目抗风险能力越强。

4）优缺点

优点：

（1）概念明确，简单易用，静态投资回收期可以反映技术方案的投资得到补偿的速度，并且计算方法简便易懂；

（2）该指标不但在一定程度上反映技术方案的经济性，而且反映项目风险的大小，项目实施过程中会遇到各种风险，为了减少风险损失，投资者就必然希望投资能在短时间内收回，投资者同时关心投资回收期的长短，而静态投资回收期这个指标能满足投资者的要求，在项目的经济评价中具有独特的地位和作用，被广泛采用。

缺点：

（1）没有考虑资金时间价值，现实情况中项目的投资必然要考虑资金时间价值的，因此静态投资回收期的这个经济评价指标只是理想状态，并不太符合实际情况。

（2）仅以投资的回收快慢作为决策依据，没有考虑回收期以后的情况，只是一个短期指标。客观存在没有全面考虑技术方案整个寿命期内的现金流量发生的大小和时间，舍去了投资回收期以后各年的收益和费用。

（3）在项目选择时，用静态回收期指标排序，可能导致错误的结论。比如下面的这个例子。

【例 4.6】 某工程的建设有 A、B、C 三个方案可供选择，三个方案每年的净现金流量和寿命如表 4.4 所示，试用静态投资回收期判断各方案的优劣。

表 4.4　各方案的净现金流量　　单位：万元

方案＼年份	0	1	2	3	4~6	7	8
A	-1 100	150	200	350	400	450	500
B	-800	100	100	300	300		
C	-900	150	200	250	300	400	

解　A 方案的前四年的净现金流量累计为 -1100+150+200+350+400=0

B 方案的前四年的净现金流量累计为 -800+100+100+300+300=0

C 方案的前四年的净现金流量累计为 -900+150+200+250+300=0

所以三个方案的静态投资回收期均为 $P_t = 4$（年）。

三个方案静态投资回收期相同，如果用静态投资回收期指标排序，则会得出三个方案优劣程度相同的答案。但如果考虑资金时间价值，或从整个寿命期来考察，就会发现这个答案是错误的，三个方案的优劣是完全不同的，这可以用后面的知识加以验证。

例 4.6 说明了静态投资回收期的缺点，因此在项目的经济评价中，静态投资回收期只能作为辅助性的评价指标，一般只在项目的投资决策初期，技术经济数据不完备和不精确的项目初选时使用。

4.1.2 动态经济评价指标

1. 动态投资回收期

1)概念

为了克服静态投资回收期未考虑资金时间价值的缺点,在投资项目评价中常将资金的时间价值考虑在内,此指标称为动态投资回收期,其表达式为

$$\sum_{t=0}^{P_t'}(\mathrm{CI}_t-\mathrm{CO}_t)(1+i_0)^{-t}=0 \tag{4.6}$$

式中 P_t'——动态投资回收期;

i_0——基准折现率,是投资者、决策者对项目资金时间价值的估值,取决于资金来源的构成、未来的投资机会、风险大小、通胀率等;

$\mathrm{CI}_t-\mathrm{CO}_t$——第 t 年的净现金流量。

2)计算方法

同样,动态投资回收期的计算也有两种方法,即直接计算法和列表计算法。

(1)直接计算法

如果项目建成投产后各年的净收益均相同,那么根据项目 3 所学资金时间价值的计算公式,可得项目的动态投资回收期 P_t' 满足以下等式

$$P=A(P/A,\ i_0,\ P_t')=A\left[\frac{(1+i_0)^{P_t'}-1}{i_0(1+i_0)^{P_t'}}\right] \tag{4.7}$$

对该式进行数学变换,并两边取对数,可得

$$P_t'=\frac{-\ln\left(1-\dfrac{P\times i_0}{A}\right)}{\ln(1+i_0)} \tag{4.8}$$

式中 P_t'——动态投资回收期;

P——总投资额;

A——年净收益。

【例 4.7】 某工厂的初始投资为 500 万元,基准折现率 i_0=10%,投产后每年的净收益为 100 万元。若基准折现率为 10%,试问该项目的动态投资回收期为多少?

解 根据题意可知,P=500 万元,A=100 万元,直接利用式(4.8)计算项目的动态投资回收期为

$$P_t'=\frac{-\ln\left(1-\dfrac{P\times i_0}{A}\right)}{\ln(1+i_0)}=\frac{-\ln\left(1-\dfrac{500\times 10\%}{100}\right)}{\ln(1+10\%)}=7.27(\text{年})$$

(2)列表计算法

当项目建成投产后各年的净收益均不同,即更接近于实际情况的非等额年收益时,P_t' 表示累计提供的年净收益现值积累达到投资总额现值时所需的年限,可列表计算,其具体计算公式为

$$P_t' = 累计折现值出现正值的年数 - 1 + \frac{上年累计折现值的绝对值}{当年净现金流量的现值}$$

用字母可表示为

$$P_t' = T - 1 + \frac{\left|\sum_{t=0}^{T-1}(\mathrm{CI}_t - \mathrm{CO}_t)(1+i_0)^{-t}\right|}{(\mathrm{CI}_T - \mathrm{CO}_T)(P/F, i_0, T)}$$

式中　P_t'——动态投资回收期；

T——项目各年累计净现金流量首次出现正值或零的年份；

$\mathrm{CI}_t - \mathrm{CO}_t$——第 t 年的净现金流量。

【例 4.8】　某项目的投资支出和净收益数据如表 4.5 所示，基准折现率 i_0=10%，基准投资回收期 T'_0=7 年，试计算动态投资回收期，并判断该项目的可行性。

表 4.5　项目的现金流量表　　单位：万元

年　序	0	1	2	3	4	5	6	7
现金流入			12	12	12	12	12	12
现金流出	−25	−20						

解　根据表 4.5 中数据可知，该项目现金流量不同，此时可用列表计算法，首先计算出各年累计现金流量，然后计算净现金流量现值，最后计算累计净现金流量现值，因此在表 4.5 中增加三行，表格变为表 4.6。

表 4.6　项目的累计净现金流量　　单位：万元

年　序	0	1	2	3	4	5	6	7
现金流入			12	12	12	12	12	12
现金流出	−25	−20						
累计现金流量	−25	−45	−33	−21	−9	3	15	27
净现金流量现值	−25	−18.18	9.912	9.012	8.196	7.452	6.768	6.156
累计净现金流量现值	−25	−43.18	−33.268	−24.256	−16.06	−8.608	−1.84	4.316

根据表 4.6 计算结果可知，累计净现金流量首次出现正值或零的年份是第 7 年，因此动态投资回收期为

$$P_t' = 7 - 1 + \frac{|-1.84|}{6.156} = 6.3（年）$$

由于本方案的动态投资回收期 P_t'（6.3 年）小于基准投资回收期 T'_0（7 年），所以项目可行。

3）判别准则

一般将该技术方案的动态投资回收期 P'_t 与国家或部门行业的基准投资回收期 T'_0 进行比较，$P'_t \leqslant T'_0$ 时，方案有经济效益，方案可行；$P'_t > T'_0$ 时，方案没有经济效益，方案不可行。

同样,P'_t 越小越好,即表示在最短时间内回收投资。

4)特点

(1)应用投资回收期法评价项目时,必须当其小于或等于 T'_0(基准投资回收期)时,方案才可取;否则,方案不可行。

(2)在计算投资回收期时,必须注意投资和净收益计算的一致性。如果计算静态投资回收期,则投资和净收益均为实际值;如果计算动态投资回收期,则投资和净收益都要计算现值。

(3)投资回收期没有考虑投资项目整个寿命期的经济效益,所以只能作为辅助方法,不能单独使用。

(4)投资回收期只能反映本方案投资的回收速度,不能反映方案之间的比较结果,故不能单独用于方案的比较评价。如果仅根据投资回收期的大小排序对方案进行比选,则会得出错误结论。

2. 净现值

1)概念

净现值是指按一定的折现率将方案计算期内各时点的净现金流量折现到计算期初的现值累加之和。净现值的表达式为

$$\mathrm{NPV}=\sum_{t=0}^{n}(\mathrm{CI}_t-\mathrm{CO}_t)\times\frac{1}{(1+i_0)^t} \tag{4.9}$$

式中 NPV——净现值;

$\mathrm{CI}_t-\mathrm{CO}_t$——第 t 年的净现金流量;

n——项目寿命年限(或计算期);

i_0——基准折现率。

2)判别准则

由于净现值表示的是项目整个计算期内的现值代数和,因此它的评价标准是和零进行比较。

(1)对单一项目方案而言,若 NPV ≥ 0,则项目应予以接受;若 NPV<0,则项目应予以拒绝。

(2)多方案比选时,若方案间的投资规模相差不大,根据净现值最大准则,净现值越大的方案相对越优。

3)评价

净现值通常利用公式计算,也可用现金流量表逐年折现累计求得。用现金流量表逐年累计计算时,计算结果一目了然,便于检查,适用于寿命期较长而各年现金流量值不同且无规律可循时项目现值的手工计算;公式法是利用现金流量图来进行资金的等值计算。

【例 4.9】 某项目的各年现金流量如表 4.7 所示,试用净现值指标判断项目的经济性,基准折现率 i_0=10%。

表 4.7　某项目的现金流量表 1

单位:万元

年份(时点)	0	1	2	3	4~10
投资	20	500	100		
年经营费				300	450
年收入				450	700

解　首先计算各年净现金流量如表 4.8 所示,并绘制现金流量图。

表 4.8　某项目的现金流量表 2

单位:万元

年份(时点)	0	1	2	3	4~10
投资	20	500	100		
年经营费				300	450
年收入				450	700
净现金流量	−20	−500	−100	150	250

(1)公式法　根据表 4.8 中各年净现金流量,当 i_0=10% 时,有

$$\begin{aligned}NPV&=-20-500(1+10\%)^{-1}-100(1+10)^{-2}+150(1+10\%)^{-3}+\\&\quad 250(P/A,10\%,7)(P/F,10\%,3)\\&=469.91\text{ 万元}\end{aligned}$$

(2)表格法　表格法是在现金流量表 4.7 的基础上,分别计算各年净现金流量折现值,然后进行累计得出项目的净现值,如表 4.9 所示。

表 4.9　现今流量表

单位:万元

时点 t	0	1	2	3	4	5	6	7	8	9	10
净现金流量	−20	−500	−100	150	250	250	250	250	250	250	250
净现金流量折现值	−20	−520	−620	−470	−220	30	280	530	780	1 030	1 280
累计净现金流量	−20	−474.5	−557.2	−444.5	−273.8	−118.5	22.6	150.9	267.5	373.6	469.9

根据表 4.8 中的数据,也可以计算出该项目的静态投资回收期为 4.88 年,动态投资回收期为 5.84 年。

4)特点

净现值是反映项目投资盈利能力的一个重要动态评价指标,被广泛用于项目的经济评价中。

优点:

(1)考虑了资金时间价值和方案在整个寿命期内的费用和收益情况;

(2)直接以金额表示方案投资的收益大小,比较直观。

缺点：

（1）必须首先确定一个符合经济现实的基准收益率，但确定很困难；

（2）不能真正反映项目中单位投资的使用效率。

3. 净终值

1）概念

净终值是指项目计算期内各年净现金流量折算到计算期末的代数和，一般用 NFV 表示。其计算公式为

$$NFV = \sum_{t=0}^{n} CI_t - CO_t \times (1+i_0)^t \tag{4.10}$$

式中 NFV——净终值；

CI_t-CO_t——第 t 年的净现金流量；

n——项目寿命年限（或计算期）；

i_0——基准折现率。

2）判别准则

净终值的评价标准与净现值相同，当 NFV ≥ 0 时，方案或项目有收益，可行；当 NFV<0 时，方案或项目不可行，应予以放弃。

【例 4.10】 某项目期初投资 20 000 万元，第 1 年获得收益 3 000 万元，第 2 年开始每年收益 5 000 万元，寿命期 10 年。如年折现率为 10%，试求净终值。

解 NFV=-20 000（F/P，10%，10）+3 000（F/P，10%，9）+5 000（F/A，10%，9）

=23 097.2（万元）

4. 净年值

1）概念

净年值也称净年金，指项目计算期内各年净现金流量的年度等额，一般用 NAV 表示。其计算公式为

$$NAV = \left[\sum_{t=0}^{n} (CI_t - CO_t)_t \times (1+i_0)^{-t}\right](A/P, i_0, n) \tag{4.11}$$

或

$$NAV = \left[\sum_{t=0}^{n} (CI_t - CO_t)_t \times (1+i_0)^{t}\right](A/F, i_0, n) \tag{4.12}$$

式中 NAV——净年值；

CI_t-CO_t——第 t 年的净现金流量；

n——项目寿命年限（或计算期）；

i_0——基准折现率。

2）判别准则

对同一项目进行评价时，NPV 与 NAV 等效；对寿命不相同的多个方案进行优选时，净年值更简便。当 NAV ≥ 0 时，方案或项目有收益，可行；当 NAV<0 时，方案或项目不可行，应予以放弃。

【例 4.11】 某项目期初投资 20 000 万元，第 1 年获得收益 3 000 万元，第 2 年开始每

年收益 5 000 万元，寿命期 10 年。若年折现率为 10%，试求净终值。

解　$NAV = NFV(A/F, i, n) = NFV(A/F, 10\%, 10)$

$= 23\,097.2 \times 0.062\,7$

$= 1\,448.2$（万元）

5. 内部收益率

1）概念

内部收益率又称内部（含）报酬率。在所有的经济评价指标中，内部收益率是最重要的评价指标之一，它是对项目进行盈利能力分析时采用的主要方法。内部收益率指项目在整个计算期内各年净现金流量的现值累计等于零（或净年值等于零）时的折现率。

$$NPV = \sum_{t=0}^{n} \frac{CI_t - CO_t}{(1+IRR)^t} = 0 \tag{4.13}$$

式中　IRR——内部收益率；

n——方案的寿命期。

具体计算方法如下。

（1）列出 NPV=0 的方程式。

（2）用人工试算法反复多次计算，求得一个最接近的折现率 i_1，使 $NPV_1>0$（为正）且尽量接近于 0。

（3）用人工试算法反复多次计算，求得一个最接近的折现率 i_2，使 $NPV_2<0$（为负）且尽量接近于 0，同时满足 $i_2 - i_1 \leqslant 5\%$。

（4）用直线内插法求得 IRR 的近似解。

（5）根据相似三角形对应边成比例的关系可得

$$\frac{NPV_1}{|NPV_2|} = \frac{IRR - i_1}{i_2 - IRR}$$

对上式进行数学变换后可得

$$IRR = i_1 + \frac{NPV_1(i_2 - i_1)}{NPV_1 + |NPV_2|} \tag{4.14}$$

由上述概念及式（4.14）可以看出，内部收益率法实质上也是基于现值计算的方法。内部收益率除通过式（4.14）求得外，还可根据现金流量表中的累计净现值，用线性内插法计算求得。从经济意义上讲，内部收益率（IRR）的取值范围应是 $-1<IRR<+\infty$。但大多数情况下，IRR 的取值范围是 $0<IRR<+\infty$。

2）判别准则

计算求得内部收益率（IRR）后，要与项目的设定收益率 i_0（财务评价时的行业基准收益率、国民经济评价时的社会折现率）相比较。当 $IRR \geqslant i_0$ 时，表明项目的收益率已达到或超过设定的折现率水平，项目可行；当 $IRR<i_0$ 时，表明项目的收益率未达到设定的折现率水平，项目不可行。

对于互斥项目，IRR 不能直接用于排序选优，应根据具体情况分析。

【例 4.12】　某项目净现金流量如表 4.10 所示。当基准折现率 $i_0 = 12\%$ 时，试用内部收益率指标判断该项目是否可行。

表 4.10 某项目净现金流量 单位:万元

年 份	0	1	2	3	4	5
净现金流量	-100	20	30	20	40	40

解 项目的净现值等于零时的方程式为

$$NPV_1=-100+20(P/F,i_1,1)+30(P/F,i_1,2)+20(P/F,i_1,3)+40(P/F,i_1,4)+40(P/F,i_1,5)=0$$

取 i_1=10%,计算出其净现值为

$$NPV_1=-100+20(P/F,10\%,1)+30(P/F,10\%,2)+20(P/F,10\%,3)+40(P/F,10\%,4)+40(P/F,10\%,5)=10.16(\text{万元})$$

取 i_1=15%,计算出其净现值为

$$NPV_2=-100+20(P/F,15\%,1)+30(P/F,15\%,2)+20(P/F,15\%,3)+40(P/F,15\%,4)+40(P/F,15\%,5)=-4.02(\text{万元})$$

代入式(4.14)得

$$IRR=10\%+(15\%-10\%)\frac{10.16}{10.16+|-4.02|}=13.6\%$$

由于 IRR=13.6%>i_0=12%,因此项目可行。

6. 费用现值和费用年值

1)费用现值(PC)

费用现值是指将方案逐年的投资与寿命期内各年的经营费用按基准收益率换算成期初的现值之和,其计算公式为

$$PC=\sum_{t=0}^{n}CO_t(P/F,i_0,t)=\sum_{t=0}^{n}(I+C'-S_v-W)_t(P/F,i_0,t) \quad (4.15)$$

式中 PC——费用现值;

C'——年经营成本;

S_v——计算期末回收的固定资产余值;

W——计算期末回收的流动资金;

其他符号含义与前面相同。

由于费用现值是在项目或方案没有收益,或者难以计量和预测收益的情况下的概念,因此在满足相同需要的条件下,费用现值越小越好。

【例 4.13】 某环保项目有甲、乙两个方案,其费用数据如表 4.11 所示。若基准折现率 t_0=5%,试分别计算两个方案的费用现值。

表 4.11 某环保项目的费用数据表 单位:万元

方案费用	总投资(第 0 年)	年运营费用(第 1~5 年)	年运营费用(第 6~10 年)
甲	1 200	40	50
乙	1 400	30	40

解 两个方案的费用现值分别为

$PC_{甲}=50(P/A,5\%,5)(P/F,5\%,5)+40(P/A,5\%,5)+1200=1\ 542.79$（万元）

$PC_{乙}=40(P/A,5\%,5)(P/F,5\%,5)+30(P/A,5\%,5)+1400=1\ 665.10$（万元）

2）费用年值（AC）

费用年值是指各方案的投资额、年经营费用和残值的等价年费用之和，其计算公式为

$$AC=\left[\sum_{t=0}^{n}CO_t(1+i_0)^{-t}\right](A/P,i_0,n)=PC\times(A/P,i_0,n) \tag{4.16}$$

式中 AC 表示费用现值；其他符号含义与前面相同。

与净现值和净年值指标的关系类似，费用年值与费用现值也是一对等效评价指标，因此费用年值的评价标准与费用现值一样，费用年值越小，其方案经济效益越好。费用年值相当于一个“年平均值”，比费用现值更具有可比性，尤其当方案或项目的寿命不同时，采用费用年值更简便，更具有可比性。

【例4.14】 某项目有甲、乙两个可供选择的建设方案，甲方案期初投资为280万元，年运营费用60万元，期末残值为8万元；乙方案期初投资为350万元，年运营费用为45万元，期末残值为10万元。两个方案的寿命期均为10年，基准折现率为10%。试分别计算两个方案的费用年值。

解

$AC_{甲}=280(A/P,10\%,10)+60-8(A/F,10\%,10)$

$=280\times0.1627+60-8\times0.0627$

$=105.05$ 万元

$AC_{乙}=350(A/P,10\%,10)+45-10(A/F,10\%,10)$

$=350\times0.1627+45-10\times0.0627$

$=101.32$ 万元

4.2 投资方案的关系与分类

多方案比选

4.2.1 投资方案的关系

在前面的章节里介绍了建设项目的经济评价指标，也介绍了如何用经济评价指标去判断单一方案是否可行。但在实际的社会经济活动中，决策阶段总是不只有一个方案，而是有多个方案可选，如交通道路建设，既可以修建公路，也可以建设铁路或者其他；投资一个房地产项目，既可以作办公楼，也可以作居民楼或其他。那么这种情况下，如果各独立方案都是可行的，而投资或建设的资源是有限的，只能从这些方案中选择一个合适的，当然有时候也可以选择几个合适的，这样的行为称为多方案经济比较与选择。对于多方案的比选，除了可以应用前面介绍的静态和动态评价指标外，还可以运用多方案相互比较的评价指标，如差额投资回收期、差额净现值、差额内部收益率、费用现值、费用年值等。

事实上，多方案的评价指标是单方案的经济效益评价指标的进一步应用。但是，多方案的比选又不同于单方案的评价。多方案的比选与各方案的类型有密切关系，不同类型的备选方案，其使用的评价方法不同。本节在分析备选方案及其类型的基础上，讨论如何正确运用各种评价指标进行备选方案的评价与选择。

项目投资者为实现经济目标,一般会尽可能多地提出潜在方案以供评价和选择。要正确和科学地评价工程项目方案的经济性,仅凭对评价指标的计算和判别是不够的,还必须了解工程项目方案所属的类型。按照方案的类型确定适合的评价指标,最终为做出正确的投资决策提供科学依据。本节将详细介绍工程项目各方案的确定性分析与决策。

4.2.2 投资方案的分类

工程项目方案类型指一组备选方案之间所具有的相互关系。这种关系类型一般有单一方案(又称独立型方案)和多方案两类,多方案又分为互斥型和混合型方案,其中混合型方案分为从属相关型方案和现金流量相关型方案,如图 4.1 所示。

项目方案比选

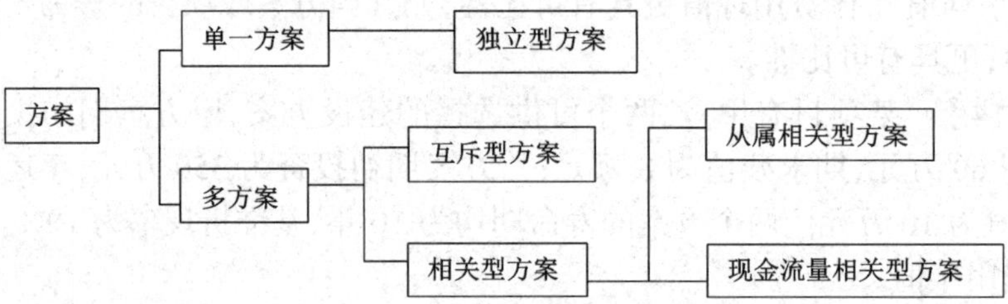

图 4.1 工程方案的分类

1. 独立型方案

独立型方案指方案间互不干扰,在经济上互不相关的方案,即这些方案是彼此独立的关系,选择或放弃其中一个方案,并不影响对其他方案的选择。在选择方案时可以任意组合,直到资源得到充分运用为止。例如某部门欲建几个产品不同、销售数额互不影响的工厂时,这些方案之间的关系就是相互独立的。

更加严格地讲,独立方案可以定义为若方案间加法法则成立,则这些方案是彼此独立的。例如现有 A、B 两个投资方案(假设投资期为 1 年),仅向 A 方案投资时,投资额为 2 000 元,收益为 2 600 元;仅向 B 方案投资时,投资额为 3 000 元,收益为 3 750 元;同时向两个方案投资时,若有投资额为 5000(2000+3000)元,收益为 6350(2600+3750)元的关系成立,则说明这两个方案间加法法则成立,即 A、B 两个方案是相互独立的。

独立方案根据资金数量分为资源无限制的独立方案和资源有限制的独立方案。

资源无限制的独立方案是指方案之间的选择不受总资源的控制,方案之间的取舍仅是自身指标的衡量。但在若干个可采用的独立方案中,如果有资源约束条件,如受资金、劳动力、材料、设备及其他资源拥有量的限制,则只能从中选择一部分方案实施。例如现有独立方案 A、B、C、D,它们所需要的投资分别为 10 000 元、40 000 元、30 000 元、20 000 元。若资金总额限量为 60 000 元,可能选择的方案共有 A、B、C、D、A+B、A+C、A+D、B+D、A+C+D 等 9 个组合方案,因此当受某种资源约束时,独立方案可以组合成多种组合方案,这些组合方案之间是互斥或排他的。

2. 互斥型方案

互斥型方案指在若干个方案中,选择其中任意一个方案,则其他方案必然被排斥的一组方案。例如在某一个确定的地点建工厂、商店、住宅、公园等方案,此时因选择其中任何一个方案其他方案就无法实施,即具有排他性,因此这些方案间的关系就是互斥的。在工程建设中,互斥型方案还可按以下因素进行分类。

1)按服务寿命长短不同分类

(1)相同服务寿命的方案　即参与对比或评价的工程方案服务寿命均相同。

(2)不同服务寿命的方案　即参与对比或评价的工程方案服务寿命均不相同。

(3)无限寿命的方案。在工程建设中,永久性工程即可视为无限寿命的工程,如大型水坝、运河工程等。

2)按规模不同分类

(1)相同规模的方案　即参加对比或评价的方案具有相同的产出量或容量,在满足相同功能的数量方面具有一致性和可比性。

(2)不同规模的方案　即参与对比或评价的方案具有不同的产出量或容量,在满足相同功能的数量方面不具有一致性和可比性。

项目互斥方案比较是工程经济评价工作的重要组成部分,也是寻求合理决策的必要手段。

3. 相关型方案

(1)从属相关型方案　在多方案中,出现技术经济互补的方案称为从属相关型方案。根据从属相关型方案之间相互依存的关系,从属相关型方案可能是对称的。如建一个大型非坑口电站,必须同时建设铁路、电厂,它们无论在建成时间、建设规模上都要彼此适应,缺少其中任何一个项目,其他项目就不能正常运行,它们之间是互补的又是对称的。此外,还存在大量不对称的经济互补方案,如建造一座建筑物 A 和增加一个空调系统 B,建筑物 A 本身是有用的,增加空调系统 B 后,建筑物 A 更有用,但不能说采用 A 方案的同时一定要采用 B 方案。

(2)现金流量相关型方案　现金流量相关指各方案的现金流量之间存在相互影响。即使方案间不完全互斥,也不完全互补,如果若干方案中任意方案的取舍会导致其他方案现金流量的变化,则这些方案之间也具有相关性,这种相关性被称为现金流量相关。例如一个过江项目有两个考虑方案,一个是建桥方案 A,另一个是轮渡方案 B,两个方案都是收费的。此时任意方案的实施或放弃都会影响另一方案的现金流量。

4.3　投资方案评价

4.3.1　独立方案的评价与选择

1. 资金无限制情况下的独立方案选择

独立方案的采用与否只取决于方案自身的经济性,即只需看它们是否能够通过净现值、净年值或内部收益率指标的评价标准,因此多个独立方案与单一方案的评价方法是相同的。

$$\mathrm{NPV}=\sum_{t=0}^{n}(\mathrm{CI}_t-\mathrm{CO}_t)(1+i_0)^{-t} \tag{4.17}$$

$$NAV=NPA(A/P,i_0,n) \tag{4.18}$$

$$\sum_{t=0}^{n}(\mathrm{CI}_t-\mathrm{CO}_t)(1+i_0)^{-t}=0 \tag{4.19}$$

式中各符号的含义与前面相同。

当独立方案的 NPV 和 NAV 大于零，或者 IRR 大于基准收益率 i_0 时，对于独立方案，不论采用 NPV、NAV 还是 IRR，其评价结论都是一样的。

对独立方案进行经济评价和选择的特点：

（1）不需要进行方案比选，因为所有的方案都是独立无关的；

（2）各方案之间不具有排它性，采用甲方案并不要求放弃乙方案，在资金无限制的情况下，几个方案甚至全部可以同时存在；

（3）所采纳的方案的经济效果可以相加。

【例 4.15】 三个独立方案 A、B、C 的现金流量如表 4.12 所示，基准收益率为 15%，试进行方案比选。

表 4.12 方案 A、B、C 的现金流量 单位：万元

方案	初始投资	年收入	年支出	寿命
A	3 000	2 000	1 100	8
B	8 200	2 800	1 300	8
C	7 000	3 200	1 500	8

解 方法一，NPV 法

$$NPV_A=-3000+(2000-1100)(P/A,15\%,8)=1\,038.3\text{ 万元}$$
$$NPV_B=-8200+(2800-1300)(P/A,15\%,8)=-1\,469.5\text{ 万元}$$
$$NPV_C=-7000+(3200-1500)(P/A,15\%,8)=627.9\text{ 万元}$$

从计算结果可以看到，A、C 方案可行，B 方案不可行。作为独立方案，A、C 可选，而其中 A 方案最优。

方法二，NAV 法

$$NAV_A=-3000(A/P,15\%,8)-1100+2000=231.40\text{ 万元}$$
$$NAV_B=-8200(A/P,15\%,8)-1300+2800=-327.50\text{ 万元}$$
$$NAV_C=-7000(A/P,15\%,8)-1500+3200=139.94\text{ 万元}$$

从计算结果来看，A、C 方案可行，B 方案不可行，方案选择结果与方法一一致。

方法三，IRR 法

$$-3000+(2000-1100)(P/A,IRR_A,8)=0$$

经测算，当 i_0=25% 时，NPV=-3.98 万元；当 i_0=24% 时，NPV=79.105 万元。

采用插值法，计算得 IRR_A=24.95%。

同理可得

$$-8200+(2800-1300)(P/A,IRR_B,8)=0,\ IRR_B=10.01\%$$
$$-7000+(3200-1500)(P/A,IRR_C,8)=0,\ IRR_C=15.90\%$$

方案 A 和方案 C 的内部收益率大于基准收益率，因此方案可行；方案 B 的内部收益率

小于基准收益率,因此方案不可行。所以,选择方案 A 和 C,计算结果的方案选择与方法一和方法二一致。

2. 资金有限情况下的独立方案选择

如果独立方案之间共享的资源是有限的,不能满足所有方案的需要,则在这种不超出资源限额的条件下,独立方案的选择有两种方法,一是方案组合法;二是净现值指数排序法。

1)方案组合法

原理:列出独立方案所有可能的组合,每个组合形成一个组合方案(其现金流量为被组合方案现金流量的叠加),由于是所有可能的组合,则最终的选择只可能是其中一种组合方案,因此所有可能的组合方案形成互斥关系,可按互斥方案的比较方法确定最优的组合方案,最优的组合方案即为独立方案的最佳选择。具体步骤如下。

(1)计算出所有方案的净现值,排除净现值小于零的方案。

(2)列出方案的所有可能组合,形成若干个新的组合方案,则所有可能组合方案形成互斥组合方案(设 m 为方案数,则全部所有可能的方案组合为 2^m-1)。

(3)将所有的组合方案按初始投资额从小到大的顺序排列,每个组合方案的现金流量为被组合的各独立方案的现金流量的累加。

(4)排除总投资额超过投资资金限额的组合方案。

(5)对所剩的所有组合方案按互斥方案的比较方法确定最优的组合方案。

(6)最优组合方案所包含的全部方案即为该组方案的最佳选择。

【例 4.16】 某公司有 4 个备选投资方案,各方案的投资额和每年的净收益如表 4.13 所示。各方案的寿命期均为 10 年,预算投资总额为 376 万元。若年折现率为 10%,试选择投资方案。

表 4.13　各方案的投资额和年净收益　单位:万元

项目方案	A	B	C	D
投资	140	122	118	135
年净收益	50	45	35	40

解　第一步,计算各方案的净现值 NPV。

$$NPV_A = 50(P/A,10\%,10)-140 = 167.5(万元)$$
$$NPV_B = 45(P/A,10\%,10)-122 = 154.48(万元)$$
$$NPV_C = 35(P/A,10\%,10)-118 = 97.04(万元)$$
$$NPV_D = 40(P/A,10\%,10)-135 = 110.76(万元)$$

第二步,列出所有可能的方案组合。

本例共有 $2^4-1=15$ 个方案组合,方案组合见表 4.14。

第三步,将所有的组合方案按初始投资额从小到大的顺序排列,每个组合方案的现金流量为被组合的各独立方案的现金流量的累加。

第四步,排除总投资额超过投资资金限额的组合方案。

第五步,选择组合方案。

从表 4.14 可见,最优组合方案是第 11 个组合(0,1,1,1),净现值为 362.28 最大,即应选择方案 B、C 和 D 三个方案来投资。由于第 12~15 个组合超过了总投资额,因此这几个组合方案不可行。

表 4.14 组合方案各经济指标 单位:万元

编号	(A,B,C,D)	投资和	$\sum$NPV	是否可行
1	(0,0,1,0)	118	97.04	√
2	(0,1,0,0)	122	154.48	√
3	(0,0,0,1)	135	110.76	√
4	(1,0,0,0)	140	167.5	√
5	(0,0,1,1)	253	207.80	√
6	(0,1,1,0)	240	251.52	√
7	(0,1,0,1)	257	265.24	√
8	(1,0,1,0)	258	264.54	√
9	(1,1,0,0)	262	321.98	√
10	(1,0,0,1)	275	278.26	√
11	(0,1,1,1)	375	362.28	√
12	(1,1,1,0)	380	419.02	×
13	(1,0,1,1)	393	375.3	×
14	(1,1,0,1)	397	432.74	×
15	(1,1,1,1)	515	529.78	×

2)净现值指数排序法

净现值指数排序法和内部收益率排序法具有相同的原理。

(1)计算各方案的净现值,排除净现值小于零的方案;

(2)计算各方案的净现值指数(=净现值/投资的现值),按净现值指数从大到小的顺序,依次选取方案,直至所选取方案的投资额之和达到或最大程度地接近投资限额。

该方法的目的是在一定的投资限额约束下,使得所选取的项目或方案的净现值和最大,即效益最大化。

【例 4.17】 某地区投资预算总额为 600 万元,有 A~G 共 7 个方案可供选择,各方案的净现值和投资额如表 4.15 所示。若基准折现率为 12%,试选择最优方案。

表 4.15 各方案投资额、净现值和净现值指数 单位:万元

方 案	A	B	C	D	E	F	G
投资额	100	150	100	120	140	80	120
NPV	13	8.2	1.7	15.6	1.25	27.35	21.25
NPVR	0.130	0.055	0.017	0.130	0.009	0.342	0.177

解　第一步，计算各方案的净现值指数。

本例只有期初有投资，因此净现值指数直接等于净现值除以投资额，见表 4.15。

第二步，按净现值指数从大到小的顺序，依次选取方案。

对各方案的净现值指数进行排序，并按排序计算累加的投资额和累加的净现值，如表 4.16 所示。

表 4.16　净现值指数排序、累计投资和累计净现值　单位：万元

方　案	F	G	A	D	B	C	E
NPVR	0.342	0.177	0.130	0.130	0.055	0.017	0.009
投资额	80	120	100	120	150	100	140
NPV	27.35	21.25	13	15.6	8.2	1.7	1.25
∑投资额	80	200	300	420	570	670	810
∑NPV	27.35	48.6	61.6	77.2	85.4	87.1	88.35

由于资金限额是 600 万元，因此可以从表 4.16 看出，应选 F、G、A、D、B 五个方案，这五个方案的累加投资额为 570 万元，小于投资限额 600 万元，它们的净现值之和为 85.4 万元。

4.3.2　互斥方案评价与选择

1. 寿命期相等的互斥方案选择

1）净现值法

净现值法就是以基准收益率将包括初期投资额在内的各期净现金流量换算成净现值（NPV）的比较方法。首先分别计算各个方案的净现值，剔除 NPV<0 的方案；然后比较所有 NPV ≥ 0 的方案的净现值，选择净现值最大的方案为最佳方案。净现值评价互斥方案的判断准则，即净现值大于或等于零且为最大的方案是最优可行方案。

净现值法的公式为

$$NPV=\sum_{t=0}^{n}(CI_t-CO_t)(1+i_c)^{-t}=\sum_{t=0}^{n}(CI_t-CO_t)(P/F,i_c,t) \tag{4.20}$$

【例 4.18】　经营房地产企业的行业基准收益率 i_c=15%。在有限的土地上，某高层住宅有 4 种设计方案，预测其收入、支出如表 4.17 所示，住宅经济寿命为 20 年。试问从经营财务角度应选择何种方案？

表 4.17　某项目投资、收入及支出情况表　单位：万元

层　数	12	14	16	18
建设初投资	1 200	1 500	1 860	2 310
年运行费	90	150	180	252
年收入	240	360	540	636

解　采用净现值法，计算各 NPV 值。

$$NPV_{12}=240(P/A,0.15,20)-[90(P/A,0.15,20)+1200]$$
$$=240\times6.259-(90\times6.259+1200)=-261.15\text{ 万元}<0$$
$$NPV_{14}=360(P/A,0.15,20)-[150(P/A,0.15,20)+1500]$$
$$=360\times6.259-(150\times6.259+1500)=-185.61\text{ 万元}<0$$
$$NPV_{16}=540(P/A,0.15,20)-[180(P/A,0.15,20)+1860]$$
$$=540\times6.259-(180\times6.259+1860)=393.24\text{ 万元}>0$$
$$NPV_{18}=636(P/A,0.15,20)-[252(P/A,0.15,20)+2310]$$
$$=636\times6.259-(252\times6.259+2310)=93.46\text{ 万元}>0$$

NPV_{16} 净现值最大,且大于 0,因此 16 层的方案是最优方案。

2)净年值法

净年值法就是以基准收益率将包括初期投资额在内的各期的净现金流量换算成等额净年值。净年值法的计算公式为

$$NAV=\left(\sum_{t=0}^{n}(CI-CO)_t(1+i_c)^{-t}\right)(A/P,i_c,n)=NPV\times(A/P,i_c,n) \tag{4.21}$$

【例 4.19】 试从经营财务角度判断例 4.18 应选择何种方案?

解 采用净年值法,计算各 NAV 值。

$$NAV_{12}=240-90-1200(A/P,0.15,20)=-41.76\text{ 万元}<0$$
$$NAV_{14}=360-150-1500(A/P,0.15,20)=-29.7\text{ 万元}<0$$
$$NAV_{16}=540-180-1860(A/P,0.15,20)=62.77\text{ 万元}>0$$
$$NAV_{18}=636-252-2310(A/P,0.15,20)=14.86\text{ 万元}>0$$

NAV_{16} 净年值最大,且大于 0,因此 16 层的方案是最优方案。

对于寿命期相同的方案,采用净现值法和净年值法比选的结论相同。

3)差额法

差额法就是以基准收益率将包括初期投资额差额在内的各期的差额净现金流量换算成现值。差额法又分为差额投资净现值法和差额投资内部收益率法。

(1)差额投资净现值法(ΔNPV)

差额投资净现值是指两个方案现金流量之差的现金流量净现值,用 ΔNPV 表示 。比选原则是当 ΔNPV ≥ 0 时,投资额大的方案优于投资额小的方案;当 ΔNPV<0 时,投资额小的方案优于投资额大的方案。

【例 4.20】 三个方案的现金流量按初始投资从小到大的顺序排序如表 4.18 所示,试选择最优方案。

表 4.18 三个方案现金流量表 单位:万元

年末 \ 方案	A1	A2	A3
0	-500	-800	-1 000
1~10	140	190	250

解 第一步,加入全部投资的方案 A0,把方案按照初始投资的递升顺序排列,如表 4.19

所示。

表 4.19　三个方案按初始投资递升排序

单位:万元

年末＼方案	A0	A1	A2	A3
0	0	−500	−800	−1 000
1~10	0	140	190	250

第二步,选择初始投资最少的方案作为临时的最优方案,这里选定全不投资方案 A0 作为临时最优方案。

第三步,选择初始投资较高的方案 A1 作为竞赛方案。计算这两个方案的现金流量之差,并按基准贴现率计算现金流量增额的净现值。假定 i_c=15%,则

$$\Delta NPV(15\%)_{A1-A0}=-500+140(P/A,15\%,10)=202.63 \text{ 元}>0$$

则 A1 优于 A0,A1 作为临时最优方案。

第四步,把上述步骤反复下去,直到所有方案都比较完毕,最后可以找到最优的方案。

$$\Delta NPV(15\%)_{A2-A1}=[-800-(-500)]+(190-140)(P/A,15\%,10)=-49.06 \text{ 元}<0$$

则 A1 优于 A2,A1 作为临时最优方案。

$$\Delta NPV(15\%)_{A3-A1}=[-1000-(-500)]+(250-140)(P/A,15\%,10)=52.07 \text{ 元}>0$$

则方案 A3 优于 A1,因此 A3 是最后的最优方案。

其实,计算四个方案的净现值,可得

$$NPV(15\%)_{A0}=0$$

$$NPV(15\%)_{A1}=202.63 \text{ 元}$$

$$NPV(15\%)_{A2}=2\ 547.00 \text{ 元}$$

$$NPV(15\%)_{A3}=1\ 535.72 \text{ 元}$$

选择净现值最大的方案最优,也就是 A3 方案,因此差额净现值的评价结论与按方案的净现值大小直接进行比较的结论一致,实际直接用净现值的大小来比较更为方便。

(2)差额投资内部收益率法(ΔIRR)

差额投资内部收益率指两个互斥方案的差额投资净现值等于零时的折现率。比选原则是当 $\Delta IRR \geqslant i_0$ 时,投资大的方案为优;当 $\Delta IRR< i_0$ 时,投资小的方案为优。

与计算内部收益率的方法类似,运用插值法计算差额投资内部收益率 ΔIRR。

$$\Delta IRR = i_1+(i_2+i_1)\times\frac{\Delta NPV_1}{\Delta NPV_1+|\Delta NPV_2|} \tag{4.22}$$

式中　ΔNPV_1——折现率为 i_1 时所计算出的差额净现值;

ΔNPV_2——折现率为 i_2 时所计算出的差额净现值;

i_1——使 $\Delta NPV_1>0$ 所取得折现率;

i_2——使 $\Delta NPV_2<0$ 所取得折现率;

ΔIRR——差额投资内部收益率。

具体计算步骤如下:

第一步,计算各方案的内部收益率 IRR,进行绝对效果检验;

第二步，计算各方案两两之间的差额投资内部收益率 ΔIRR，进行相对效果检验；

第三步，优选方案判别准则，当 $\Delta IRR>i_0$ 时，投资大的方案较优，当 $\Delta IRR<i_0$ 时，投资小的方案较优。

【例 4.21】 某工程项目有 A1、A2、A3 三个投资方案，A1 期初的投资额为 5 000 万元，每年的净收益为 1 400 万元；A2 期初的投资额为 10 000 万元，每年的净收益为 2 500 万元；A3 期初的投资额为 8 000 万元，每年的净收益为 1 900 万元，具体如表 4.20 所示，若年折现率为 15%，试用差额投资内部收益率法选择最优方案。

表 4.20 三个方案现金流量表

单位：万元

年末 \ 方案	A1	A2	A3
0	-5 000	-10 000	-8 000
1~10	1 400	2 500	1 900

解 按插值法，计算得到 A1、A2、A3 三个投资方案的内部收益率分别为

$$IRR_1=25\%, IRR_2=21.9\%, IRR_3=19.9\%$$

因此三个方案均可行。

第一步，使投资增额（A1-A0）的净现值等于零，以求出其内部收益率。

$$0=-5000+1400(P/A,i,n)$$

$$(P/A,i,10)=3.571\ 4$$

查表可得 $i'_{A1-A0}\approx25.0\%>15\%$，所以 A1 作为临时最优方案。

第二步，取方案 A3 同方案 A1 比较，计算投资增额（A3-A1）的内部收益率。

$$0=-3000+500(P/A,i,n)$$

$$(P/A,i,10)=6$$

查表可得

$$(P/A,10\%,10)=6.144\ 6$$

$$(P/A,12\%,10)=5.650\ 2$$

$(P/A,i,n)=6$ 的利率在 10%~12%，用直线内插法可求得

$$i'_{A3-A1}=10.60\%<15\%$$

所以 A1 仍然作为临时最优方案。

第三步，取方案 A2 同方案 A1 比较，计算投资增额（A2-A1）的内部收益率。

$$0=-5000+1100(P/A,i,n)$$

$$(P/A,i,10)=4.545\ 5$$

查表可得

$$(P/A,15\%,10)=5.018\ 8$$

$$(P/A,20\%,10)=4.192\ 5$$

$(P/A,i,n)=4.5455$ 的利率在 15%~20%，用直线内插法可求得

$$i'_{A2-A1}=17.9\%>15\%$$

所以方案 A2 是最后的最优方案。

2. 寿命期不等的互斥方案选择

当备选方案具有不同的计算期时，由于方案间不具有可比性，因此需要采取其他方法使备选方案具有时间上可比的基础。

1）净年值法 / 费用年值法

分别计算各备选方案净现金流量的等额净年值 NAV，并进行比较，以 NAV 最大的方案为最优方案。

对只需要计算费用的各备选方案，用费用年值指标进行比选，以费用年值最小的方案为最优方案。

【例 4.22】　试对表 4.21 中两个寿命期不等的互斥方案进行决策。（$i_c = 15\%$）

表 4.21　两个方案现金流量表　　单位：万元

方案	初始投资	残值	年度净收入	寿命 / 年
A	7 000	200	3 000	4
B	9 000	300	3 000	6

解　$NAV_A = -7000(A/P, 15\%, 4) + 3000 + 200(A/F, 15\%, 4) = 588.16$（万元）

$NAV_B = -9000(A/P, 15\%, 6) + 3000 + 300(A/F, 15\%, 6) = 656.11$（万元）

由于 $NAV_B > NAV_A > 0$，因此方案 B 最优。

2）最小公倍数法（以 NPV 法为基础）

取各方案寿命期的最小公倍数作为一个共同期限，并假定各个方案均在这一个共同计算期内重复进行，然后计算各方案在寿命期的最小公倍数内的经济效益指标，用计算的经济效益指标进行方案比选。

【例 4.23】有 A、B 两个方案，A 方案期初投资 150 万元，每年收益 70 万元，寿命期 5 年；B 方案期初投资 200 万元，每年收益 100 万元，寿命期 3 年。已知基准收益率为 8%，用最小公倍数法选择最优方案。

解　由于 A 方案的寿命期为 5 年，B 方案的寿命期为 3 年，因此确定最小公倍数为 15 年。以 15 年作为两个方案共同的计算期，则 A 方案要实施 3 次，B 方案要实施 5 次。

分别计算这两个方案在 15 年里的净现值：

$NPV_{A1} = 70(P/A, 8\%, 15) - 150(P/F, 8\%, 10) - 150(P/F, 8\%, 5) - 150 = 277.60$（元）

$NPV_{A2} = 100(P/A, 8\%, 15) - 200(P/F, 8\%, 12) - 200(P/F, 8\%, 9) - 200(P/F, 8\%, 6) - 200(P/F, 8\%, 3) - 200 = 191.68$（元）

由于 $NPV_{A1} > NPV_{A2}$，因此 A 方案优于 B 方案，应选择 A 方案。

3）研究期法

所谓研究期法，就是通过对未来市场状况和技术发展前景的预测，直接选取一个适当的计算期作为各个方案共同的研究期，然后计算各方案在该研究期内的净现值，以净现值最大者为最优方案。

假定寿命期短于此研究期的方案重复实施，并对各方案在研究期末的资产余值进行估算，到研究期结束时回收资产余值。

为计算方便，常常直接选取各方案中最短的寿命期作为各方案共同的研究期，所以研究期法也称为最小计算期法。

【例 4.24】 有两个桥梁建设方案甲和乙，甲方案的初期投资为 2 000 万元，寿命期为 70 年，每年净收益为 500 万元，估计期末残值为 100 万元；乙方案的初期投资为 1 000 万元，寿命期为 60 年，每年净收益为 200 万元，估计期末残值也为 100 万元。若基准折现率为 5%，试选择方案。

解 选择寿命期最短的 60 年为研究期。现在对 60 年末各方案的资产余值进行预测。

甲方案本身的寿命期为 70 年，在 70 年末时残值为 100 万元，若以 5% 为折旧率计算，甲方案每年的平均折旧额为

$$A_{甲} = 2000(A/P,5\%,70) - 100(A/F,5\%,70) = 103.228\,4(\text{万元})$$

则 60 年末甲方案的资产余值为

$$103.2284(P/A,5\%,10) + 103.2284 = 900.327\,1(\text{万元})$$

两方案 60 余末的净现值分别为

$$\text{NPV}_{甲} = 500(P/A,5\%,60) + 900.3271(P/F,5\%,60) - 2000 = 7\,512.844\,2(\text{万元})$$

$$\text{NPV}_{乙} = 200(P/A,5\%,60) + 100(P/F,5\%,60) - 1000 = 2\,791.211(\text{万元})$$

由于 $\text{NPV}_{甲} > \text{NPV}_{乙}$，因此甲方案优于乙方案，应选甲方案。

4.3.3 混合型方案的评价与选择

1. 现金流量影响型方案的比选

当各方案的现金流量相互影响，但又不完全互斥时，我们同样采用“互斥方案组合法”，将各方案重新组合成互斥方案，然后计算各互斥方案的现金流量，最后计算互斥方案的经济指标，从而进行比较。

【例 4.25】 为满足运输需要，可在两地间建一条公路或架一座桥梁，也可既建公路又架桥梁，现金流量表如表 4.22 所示。若两项目都上，由于运输量分流，两项目都将减少收入，试问当基准折现率为 10% 时如何决策？

表 4.22 三个方案现金流量表 单位：万元

方案 \ 年份	0	1	2~10
建铁路（A 方案）	−200	−100	120
架桥梁（B 方案）	−100	−50	60
同时上两个项目（A+B 方案）	−300	−150	150

解 这是一个典型的现金流量影响型方案比选。首先组合成三个互斥方案，然后通过计算它们的净现值进行比较。

$$\text{NPV}_A = -200 - 100(P/F,10\%,1) + 120(P/A,10\%,9)(P/F,10\%,1) = 337.35(\text{万元})$$

$$\text{NPV}_B = -100 - 50(P/F,10\%,1) + 60(P/A,10\%,9)(P/F,10\%,1) = 168.68(\text{万元})$$

$$\text{NPV}_{A+B} = -300 - 150(P/F,10\%,1) + 150(P/A,10\%,9)(P/F,10\%,1) = 348.96(\text{万元})$$

因为 $\text{NPV}_{A+B} > \text{NPV}_A > \text{NPV}_B$，所以 A+B 方案最优，即应选择同时建公路 A 和架桥梁 B 这一方案。

2. 从属相关型方案的经济效果评价

如果两个或多个方案之间,某方案的实施要求以另一方案(或另几个方案)的实施为条件,则两个或多个方案之间具有从属性。例如汽车零配件制造厂与汽车总装厂之间就有从属性。

【例 4.26】 有 5 个投资建议 A1、A2、B1、B2 及 C,它们的现金流量及净现值如表 4.23 所示。已知 A1 及 A2 互斥,B1 及 B2 相斥,B1 及 B2 都从属于 A2,C 从属于 B1。设定资金限额为 220 万元,基准折现率为 10%,试选择出最优的投资组合方案。

表 4.23　五个方案基本数据表　单位:万元

方案	现金流量					NPV
	0	1	2	3	4	
A1	−200	80	80	80	80	53.6
A2	−120	48	48	48	48	32
B1	−56	28	28	28	28	1.06
B2	−60	20	20	20	20	3.4
C	−40	24	24	24	24	36

解　先不考虑资金的限制。5 项投资建议共可组成 5 个互斥的投资方案,如表 4.24 所示。显然方案 5 的净现值最高应优先采纳。方案 5 由 A2、B1 及 C 三项投资建议组成,其总投资为 216 万元,净现值为 69.06 万元。

表 4.24　组合方案评价结果表　单位:万元

组合方案号	组合规则					投资	NPV
	A1	A2	B1	B2	C		
1	1	0	0	0	0	−200	53.6
2	0	1	0	0	0	−120	32
3	0	1	1	0	0	−176	33.06
4	0	1	0	1	0	−180	35.4
5	0	1	1	0	1	−216	69.06

思考与练习

一、单选题

1. 某投资方案净现金流量如表 4.25 所示,其静态投资回收期为(　　)年。

表 4.25 项目的净现金流量表 单位:万元

年 份	0	1	2	3	4	5
净现金流量	-100	-80	40	60	60	60

A.4 B.4.33 C.4.67 D.5

2. 某项目建设期为一年,建设总投资为 800 万元,投产后第 1 年净现金流量为 220 万元,第 2 年为 250 万元,第 3 年为 280 万元,第 4 年为 320 万元,第 5 年及以后各年均为 360 万元,基准收益率为 10%,则该项目的动态投资回收期为( )年。

A.4 B.4.84 C.5 D.5.84

3. 某建设项目估计总投资为 2 800 万元,项目建成后各年净收益为 320 万元,年利率为 10%,则该项目的静态投资回收期为( )年。

A.11 B.8.75 C.9.95 D.7.5

4. 某技术方案在不同收益率 i 下的净现值:i=7% 时,FNPV=1 200 万元;i=8% 时,FNPV=800 万元;i=9% 时,FNPV=430 万元。该方案的内部收益率的范围为( )。

A.<7% B.>9% C.7%~8% D.8%~9%

5. 财务内部收益率计算出来后,需要与( )进行比较来判断方案在经济上是否可以接受。

A. 财务净现值 B. 投资回收期 C. 借款偿还期 D. 基准收益率

6. 对两个互斥方案的相对经济效益进行比较时可用的方法是( )。

A. 投资回收期法 B. 投资收益率法

C. 差额投资回收期法 D. 内部收益率法

7. 现有甲、乙、丙三个独立方案,且 3 个方案的结构类型相同, 3 种方案的投资额和净现值如表 4.26 所示,由于资金限额为 800 万元,则最佳组合方案为( )。

表 4.26 各方案的投资额和净现值表 单位:万元

方案	投资额	净现值
甲	200	50.25
乙	350	60.85
丙	440	58.45

A. 甲、乙组合 B. 乙、丙组合

C. 甲、丙组合 D. 甲、乙、丙组合

8. 已知有 A、B、C 三个独立投资方案,寿命期相同,各方案的投资额及评价指标如表 4.27 所示。若资金受到限制,只能筹措到 6 000 万元资金,则最佳的组合方案是( )。

表 4.27 各方案的投资额和净现值表 单位:万元

方案	投资额	净现值	净现值率 /%
A	2 100	110.50	5.26
B	2 000	409.12	20.45
C	3 500	264.25	7.55

A.A+B　　B.A+C　　C.B+C　　D.A+B+C

9. 已知两个互斥投资方案的内部收益率 IRR_1 和 IRR_2 均大于基准收益率 i_c，且增量内部收益率为 ΔIRR，则(　　)。

A.$IRR_1>IRR_2$ 时，说明方案 1 优于方案 2

B.$IRR_1<IRR_2$ 时，说明方案 1 优于方案 2

C.$\Delta IRR<i_c$ 时，投资额大的方案为优选方案

D.$\Delta IRR<i_c$ 时，投资额小的方案为优选方案

10. 在进行设备租赁与设备购置的选择时，设备租赁与购置的经济比选是互斥方案的选优问题，寿命期相同时，可以采用(　　)作为比选尺度。

A. 投资收益率　　B. 内部收益率　　C. 投资回收期　　D. 净现值

二、多选题

1. 保证项目可行性的条件有(　　)。

A. 净现值≥ 0　　B. 净现值≤ 0

C. 内部收益率≥基准收益率　　D. 内部收益率≤基准收益率

E. 投资回收期≤基准投资回收期

2. 下列关于基准收益率的表述正确的有(　　)。

A. 基准收益率是投资资金应获得的最低盈利水平

B. 测定基准收益率应考虑资金成本因素

C. 测定基准收益率不考虑通货膨胀因素

D. 对债务资金比例高的项目应降低基准收益率取值

E. 基准收益率体现了对项目风险程度的估计

3. 在工程经济分析中，内部收益率是考察项目盈利能力的主要评价指标，该指标的特点包括(　　)。

A. 内部收益率需要事先设定一个基准收益率来确定

B. 内部收益率考虑了资金的时间价值以及项目在整个计算期内的经济状况

C. 内部收益率能够直接衡量项目初期投资的收益程度

D. 内部收益率不受外部参数的影响，完全取决于投资过程的现金流量

E. 对于非常规现金流量的项目而言，内部收益率往往不是唯一的

4. 某投资方案的基准收益率为 15%，内部收益率为 20%，则该方案(　　)。

A. 净现值大于零　　B. 不可行　　C. 净现值小于零　　D. 可行

E. 无法判断是否可行

5. 关于静态投资回收期，下列说法错误的有(　　)。

A. 如果方案的静态投资回收期大于基准投资回收期，则方案可以考虑接受

B. 如何方案的静态投资回收期小于基准投资回收期，则方案可以考虑接受

C. 如果方案的静态投资回收期大于方案的寿命期，则方案盈利

D. 如果方案的静态投资回收期小于方案的寿命期，则方案盈利

E. 通常情况下，方案的静态投资回收期小于方案的动态投资回收期

三、简答题

1. 动态投资回收期与静态投资回收期有何不同，它们有什么关系？

2. 什么是内部收益率，内部收益率的经济含义是什么？

3. 常见的方案类型有哪些，每种类型的方案有何特点？

4. 什么是差额投资回收期，如何应用它进行多方案的比选？

四、计算题

1. 兴建某工厂的初始投资为 1 000 万元，两年建成投产，投产后每年的净收益为 180 万元。试求该项目的投资回收期为多少？

2. 兴建某工厂的初始投资为 1 200 万元，当年建成投产并获得收益，每年的收益和经营成本如表 4.28 所示，该项目寿命期为 10 年。若基准投资回收期为 6 年，试计算该项目的投资回收期，并判断方案是否可行。

表 4.28 现金流量表 单位：万元

年份	0	1	2	3	4	5	6	7	8	9	10
投资额	−1 200										
年收入		400	500	500	530	550	550	550	550	550	580
年经营成本		300	300	200	250	200	200	200	200	200	250

3. 某项目有关数据如表 4.29 所示，设基准收益率为 10%，寿命期为 6 年。试求该项目的动态投资回收期。

表 4.29 现金流量表 单位：万元

年序	0	1	2	3	4	5	6
净现金流量	−200	60	60	60	60	60	60

4.A、B 是两个互斥方案，其寿命期均为 10 年。A 方案期初投资为 200 万元，第 1 年到第 10 年每年的净收益为 39 万元。B 方案期初投资为 100 万元，第 1 年到第 10 年每年的净收益为 19 万元。若基准折现率为 10%，试用差额净现值和差额内部收益率法选择最优方案。

5. 某部门欲购置大型施工机械，现有 A、B 两个互斥的投资方案。两个方案的工作效率和质量都是相同的，其他数据如表 4.30 所示，基准收益率为 12%。试求选哪种方案为好？请用两种方法求解。

表 4.30 两方案的投资和年费用表 单位：万元

方 案	寿命期(年)	初期投资	年作业费用
A	4	20	4.5
B	6	30	4.0

6. 某企业准备生产某种新产品，为此需要增加新的生产线，现有 A、B、C 三个方案，各自的初期投资、每年年末的销售收益及作业费用如表 4.31 所示。各投资方案的寿命期皆为 6

年,6 年后残值为零,基准收益率为 10%。试用差额投资收益率法选择最有利的方案。

表 4.31　各方案的基本数据表　　单位:万元

方　案	A	B	C
初期投资	2 000	3 000	4 000
年销售收益	1 200	1 600	1 600
年作业费用	500	650	450

投标报价的策略

设计方案的评价比选及其对工程造价的影响

项目 5　项目风险与不确定性分析

知识目标

1. 掌握盈亏平衡分析方法。
2. 掌握敏感性分析方法及步骤。
3. 熟悉概率分析方法。
4. 掌握风险决策方法。

能力目标

1. 掌握盈亏平衡分析方法。
2. 掌握敏感性分析方法。
3. 掌握决策树方法。

不确定性分析与风险分析是项目经济评价中的一个重要内容。不确定性分析就是通过对拟建项目具有较大影响的不确定性因素进行分析，计算基本变量的增减变化引起项目财务或经济效益指标的变化，找出最敏感的因素及其临界点，预测项目可能承担的风险，使项目的投资决策建立在较为稳妥的基础上。常用的不确定性分析方法主要有盈亏平衡分析、敏感性分析和概率分析三种方法。

风险分析是通过对风险因素识别，采用定性或定量分析的方法估计各风险因素发生的可能性及对项目的影响程度，揭示影响项目成败的关键因素，提出项目风险预警和相应对策，为投资决策服务。

5.1　盈亏平衡分析

盈亏平衡分析又称为损益平衡分析或量本利分析，它是在完全竞争或垄断竞争的市场条件下，通过计算盈亏平衡点（Break-Even Point，BEP）处的产量、销售价格、销售收入或生产能力利用率，研究工程项目成本与收益之间平衡关系的一种数学分析方法。它也是在工程项目不确定性分析中常用的一种方法。盈亏平衡点是项目盈利与亏损的分界点，即盈利为零时的临界值，它标志着项目不盈不亏的生产经营临界水平，反映在一定的生产经营水平时工程项目的收益与成本的平衡关系。盈亏平衡分析的目的就是找出这种由盈利到亏损的临界点，据此判断项目风险的大小及项目对风险的承受能力，为投资决策提供科学依据。对于工程项目的生产能力而言，盈亏平衡点越低，项目盈利的可能性就越大，对不确定性因素变化所带来风险的承受能力就越强。

在投资分析中，盈亏平衡分析主要是研究产量、成本和利润之间的关系，但在实际中，盈亏平衡分析的用途更加广泛，它不仅可以对单个方案进行分析，还可以用于多方案之间的比较。

5.1.1　线性盈亏平衡分析

独立方案盈亏平衡分析的目的是通过分析产品产量、成本与利润之间的关系，找出投资方案盈利与亏损在产量、销售价格、单位产品成本等方面的界限，以判断在各种不确定性因素作用下方案的风险情况。

1. 盈亏平衡点及其确定

1)总成本与固定成本、可变成本

根据成本费用与产量的关系可以将技术方案总成本费用分解为可变成本、固定成本和半可变(或半固定)成本。

(1)固定成本是指在技术方案一定的产量范围内不受产品产量影响的成本，即不随产品产量的增减发生变化的各项成本费用，如工资及福利费(计件工资除外)、折旧费、修理费、无形资产及其他资产摊销费、其他费用等。

(2)可变成本是指随技术方案产品产量的增减而成正比例变化的各项成本，如原材料、燃料、动力费、包装费和计件工资等。

(3)半可变或半固定成本是指介于固定成本和可变成本之间，随技术方案产量增长而增长，但不成正比例变化的成本，如与生产批量有关的某些消耗性材料费用、工模具费及运输费等，这部分可变成本随产量变动一般是呈阶梯形曲线。由于半可变或半固定成本通常在总成本中所占比例很小，在技术方案经济效果分析中，为便于计算和分析，可以根据行业特点情况将产品半可变或半固定成本进一步分解成固定成本和可变成本。长期借款利息应视为固定成本；流动资金借款和短期借款利息可能部分与产品产量相关，其利息可视为半可变或半固定成本，为简化计算，一般将其作为固定成本。

综上所述，技术方案总成本费用是固定成本与可变成本之和，它与产品产量的关系可以近似地认为是线性关系，即

$$TC=C_F+C_uQ \tag{5.1}$$

式中　TC——总成本费用；

C_F——固定成本；

C_u——单位产品变动成本；

Q——产量(工程量)。

2)销售收入与营业税金及附加

技术方案的销售收入与产品销量的关系有以下两种情况。

(1)该技术方案的生产销售活动不会明显地影响市场供求状况，假定其他市场条件不变，产品价格不会随该技术方案的销量变化而变化，可以看作一个常数，这时销售收入与销量呈线性关系。

(2)该技术方案的生产销售活动将明显地影响市场供求状况，随着该技术方案产品销量的增加，产品价格有所下降，这时销售收入与销量之间不再是线性关系。

为简化计算，本项目仅考虑销售收入与销量呈线性关系这种情况。

由于单位产品的营业税金及附加是随产品的销售单价变化的，为便于分析，将销售收入与营业税金及附加合并考虑。

经简化后，技术方案的销售收入是销量的线性函数，即

$$TR = PQ - T_u Q \tag{5.2}$$

式中 TR——销售收入；

P——单位产品价格；

T_u——单位产品营业税金及附加；

Q——销量。

3）利润

$$B = TR - TC \tag{5.3}$$

4）盈亏平衡点的确定

盈亏平衡点的确定主要是根据其定义来进行的。根据盈亏平衡点的定义，在盈亏平衡点处，项目处于不盈不亏的状态，即项目的收益和成本相等，可 用公式表示为

$$TR = TC \tag{5.4}$$

式中 TR——项目的总收益；

TC——项目的总成本。

由于 TR 和 TC 通常都是产品产量的函数，因此由式（5.4）可求出项目在盈亏平衡点处在产量 Q^*，它可称为盈亏平衡产量。

2. 线性盈亏平衡分析

线性盈亏平衡分析指可变成本和销售收入随着产量增加而成比例增加。

线性盈亏平衡分析一般是基于以下假设条件来进行的。

（1）生产量等于销售量，即当年生产的产品（或提供的服务，下同）当年销售出去；

（2）产销量变化，单位可变成本不变，总生产成本是产销量的线性函数；

（3）产销量变化，销售单价不变，销售收入是产销量的线性函数；

（4）只生产单一产品，或者生产多种产品但可以换算为单一产品计算，不同产品的生产负荷率的变化应保持一致。

线性盈亏平衡分析的方法一般有图解法和解析法两种。

1）图解法

图 5.1 中的横坐标为产销量，纵坐标为金额。产品单价不变时，销售收入 TR 随着产销量的增加而增加，呈线性函数关系；产品的总成本 TC 为变动总成本与固定总成本之和，当产品的变动成本不变时，也呈线性函数关系。

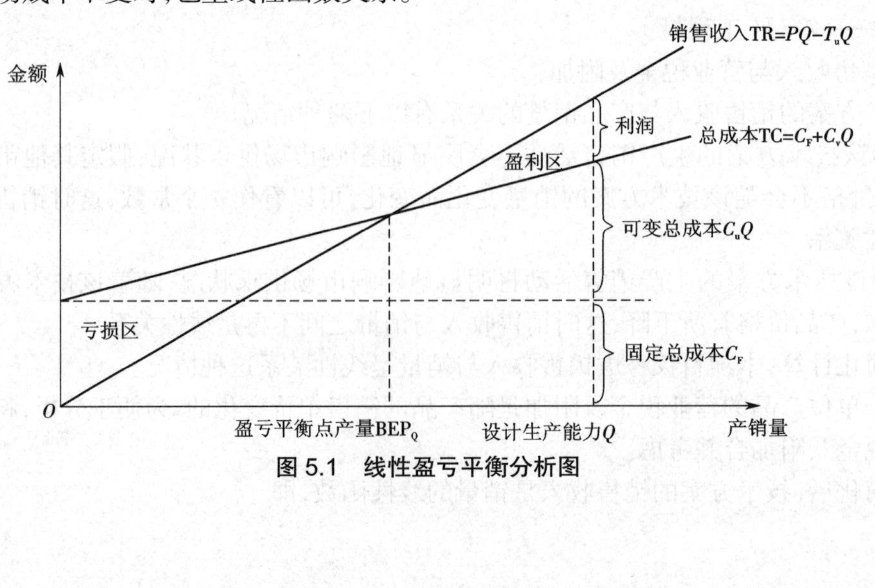

图 5.1 线性盈亏平衡分析图

根据线性盈亏平衡分析图可以看出,销售收入线与总成本线的交点即盈亏平衡点(BEP),也称保本点。盈亏平衡点对应的产量即盈亏平衡产量。当产量水平低于盈亏平衡产量时, TR 线在 TC 线的下方,项目是亏损的;当产量水平高于盈亏平衡产量时, TR 线在 TC 线的上方,项目是盈利的。盈亏平衡点反映了建设项目对市场变化的适应能力和抗风险能力。盈亏平衡点越低,达到此点的盈亏平衡产量,收益与成本也就越少,因而项目盈利的可能性越大,亏损的可能性越小,项目的抗风险能力越强。

2)解析法

解析法是通过数学解析方法计算出盈亏平衡点的一种方法。当项目达到盈亏平衡状态时,其销售收入与总成本相等,有

$$TR=TC$$

即

$$PQ-T_uQ=C_F+C_uQ \tag{5.5}$$

盈亏平衡点可以用产量、销售价格、销售收入和生产能力利用率等指标来表示,具体表达式见表 5.1。

表 5.1　盈亏平衡点表示方式表

表示方式	公　式	备　注
用产量表示	$BEP_Q=\dfrac{C_F}{P-T_u-C_u}$　(5.6)	BEP_Q 越小,项目抗风险能力越强
用销售价格表示	$BEP_P=\dfrac{C_F}{Q}+T_u+C_u$　(5.7)	保本价格
用销售收入表示	$BEP_S=\dfrac{P\cdot C_F}{P-T_u-C_u}$　(5.8)	保本销售收入
用生产能力利用率表示	$BEP_{\%}=\dfrac{BEP_Q}{Q_0}=\dfrac{C_F}{Q_0(P-T_u-C_u)}$　(5.9)	$BEP_{\%}$ 越小,项目抗风险能力越强

式中　BEP_Q——盈亏平衡点产量;

BEP_P——保本的最低销售价格;

BEP_S——保本的销售收入;

$BEP_{\%}$——盈亏平衡点的生产能力利用率。

【例 5.1】　某项目设计生产能力为年产 50 万件产品,根据资料分析,估计单位产品价格为 100 元,单位产品可变成本为 80 元,固定成本为 300 万元,试用产量、生产能力利用率、单位产品价格分别表示项目的盈亏平衡点。已知该产品销售税金及附加的合并税率为 5%。

解　(1)求 Q^*。根据题中所给条件,可有

$$T_u=P\times5\%=100\times5\%\text{ 元 / 件}=5\text{ 元 / 件}$$

$$TR=(P-T_u)Q=(100-5)Q=95Q$$

$$TC=C_F+C_uQ=3000000+80Q$$

$$95Q^*=3000000+80Q^*$$

解得

$$Q^{*}=200\,000\text{件}$$

（2）$BEP_{\%}=200000/500000\times100\%=40\%$。

（3）$BEP=\dfrac{3000000}{500000}+80+5=91$ 元/件。

从项目盈利及承受风险的角度出发，其 $BEP_{\%}$ 越小，BEP 越低，则项目的盈利能力就越强，抗风险能力也就越强。

5.1.2 优劣盈亏平衡分析

盈亏平衡分析除了用于单个方案的盈亏平衡计算外，还可以用于多个互斥方案优劣的比选，这种方案的比选方法称为优劣盈亏平衡分析。

建筑工程经济中所研究的问题常常是多方案的分析、比较和选择。如果互斥型方案的收益和成本是一个单变量函数，则采用盈亏平衡分析就可以帮助我们做出正确的决策。在实际应用时，先列出每个方案总成本费用的数学函数式，然后将各方案总成本费用的函数表达式两两组合并令其相等，求出它们的交点（总成本费用相等的点），这样就可以确定几个总成本费用最小的区间，最后根据变量的大小找出其所对应的总成本费用最小的方案作为要选择的最佳方案。

设多个方案的成本函数受一个共同变量 X 的影响，且每个方案的总成本都能表示为该共同变量的函数，首先给出每个方案总成本费用的数学函数式，如

$$C_1=f_1(X)$$
$$C_2=f_2(X)$$
$$C_3=f_3(X)$$

然后将各方案总成本费用的函数表达式两两组合并令其相等，分别求出每两个方案的交点（总成本费用相等的盈亏平衡点）：

当 $C_1=C_2$ 时，$f_1(X)=f_2(X)$，求解得出 X_1 值；

当 $C_1=C_3$ 时，$f_1(X)=f_3(X)$，求解得出 X_2 值；

当 $C_2=C_3$ 时，$f_2(X)=f_3(X)$，求解得出 X_3 值。

这样就可以确定几个总成本费用最小的区间，最后根据变量的大小找出其所对应的总成本费用最小的方案作为要选择的最佳方案。

【例 5.2】 拟建某工程项目有三个技术方案可供选择，每一个方案的产品成本见表 5.2，试比较三个方案。

表 5.2 某项目成本数据表

方 案	A	B	C
产品可变成本 /（元 / 件）	50	20	10
产品固定成本 / 元	1 500	4 500	16 500

解 设 Q 为预计产量，各方案的成本费用方程分别为

$$C_A=50Q+1500$$
$$C_B=20Q+4500$$
$$C_C=10Q+16500$$

令 $C_A=C_B$，求得 $Q_{AB}=100$；令 $C_B=C_C$，求得 $Q_{BC}=1\ 200$；令 $C_A=C_C$，求得 $Q_{AC}=375$。

以横轴表示产量，纵轴表示成本，绘出盈亏平衡分析图，如图 5.2 所示。从图中可以看出，当产量小于 100 件时，A 方案为优；当产量为 100~1 200 时，B 方案为优；当产量大于 1 200 时，C 方案为优。决策时可结合市场预测结果及投资条件进行方案取舍。

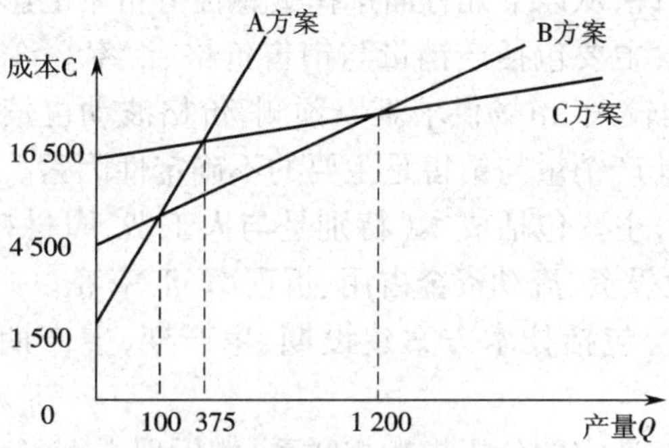

图 5.2　盈亏平衡分析图

盈亏平衡分析的分类及作用

敏感性分析的作用及优缺点

5.2　敏感性分析

只对方案进行盈亏平衡分析是不够的，它只能通过变动售价、产量、成本等因素所导致的盈亏平衡点或线发生变化来进行不确定性分析和说明项目风险的大小，但并不能揭示产生项目风险的根源。敏感性分析就是在项目确定性分析的基础上，通过测定一个或多个敏感因素（如售价、产量、成本、投资等）的变化所导致的决策评价指标（如内部收益率、净现值等）的变化幅度，确定各种因素的变化对实现预期目标的影响程度，从而对外部条件发生不利变化的投资建设方案的承受能力做出判断。

不确定性因素的变化会引起项目经济指标随之变化，各个不确定因素对经济指标的影响又是不一样的，有的因素可能对经济评价指标的影响较小，而有的因素可能对经济评价指标的影响较大，我们就称这些对项目经济影响较大的因素为敏感性因素，对项目经济影响较小的因素为非敏感性因素。投资者可以根据分析出的敏感性因素来确定方案的风险大小。

敏感性分析主要分为单因素敏感性分析和多因素敏感性分析两种。

敏感性分析的一般步骤如下。

1. 确定分析目标

这些评价指标必须是根据投资项目的特点和实际需要来确定，一般选择最能反映经济效益的综合性评价指标作为分析评价的对象，如财务净现值、内部收益率、静态投资回收期等都可能作为敏感性分析的指标。由于敏感性分析是在确定性分析的基础上进行的，因此一般不能超出确定性分析所用的指标范围另立指标。当确定性经济分析中使用的指标较多时，敏感性分析可能围绕其中一个（或若干个）最重要的指标进行。

如果主要分析技术方案状态和参数变化对技术方案投资回收快慢的影响，则可选用静态投资回收期作为分析指标;如果主要分析产品价格波动对技术方案超额净收益的影响,则可选用财务净现值作为分析指标;如果主要分析投资大小对技术方案资金回收能力的影响,则可选用内部收益率作为分析指标等。

2. 选择需要分析的不确定性因素,设定其变化幅度

在选择需要分析的不确定性因素时主要考虑以下两条原则,一是预计这些因素在可能的变化范围内对投资效果影响较大;二是对在确定性经济效果分析中采用该因素的数据的准确性把握不大。

对于一般技术方案来说,从以下几方面选择敏感性分析中的影响因素。

(1)从收益方面来看,主要包括产销量与销售价格、汇率。许多产品,其生产和销售受国内外市场供求关系影响较大,市场供求难以预测,价格波动也较大,而这种变化不是技术方案本身所能控制的,因此产销量与销售是主要的不确定性因素。

(2)从费用方面来看,主要包括成本(特别是与人工费、原材料、燃料、动力费及技术水平有关的变动成本)、建设投资、流动资金占用、折现率、汇率等。

(3)从时间方面来看,包括技术方案建设期、生产期,生产期又包括投产期和正常生产期。

另外,选择的因素要与选定的分析指标相联系,如折现率因素对评价指标不起作用。

根据实际情况来设定不确定性因素的变化幅度,不确定性因素变化幅度主要以变化率表示,一般取 ±5%、±10%、±15%、±20% 等。

3. 计算影响程度

固定其他设定的不确定性因素,变动其中某一个不确定性因素,逐个计算不确定性因素对分析评价指标的影响程度,把因素变动及相应指标变动结果用敏感性分析表和敏感性分析图的形式表示出来,以便于测定敏感因素。

4. 确定敏感因素

具体确定因素敏感性大小的方法有两种,一种称为相对测定法,另一种称为绝对测定法。

(1)相对测定法

即假定需分析的因素均从基准值开始变动,各种因素每次变动幅度相同,比较每次变动对经济指标的影响效果,就可以判别出各因素的敏感性程度。我们一般用敏感度系数来表示技术方案经济效果评价指标对不确定性因素的敏感程度。

$$S_{AF}=\frac{\Delta A/A}{\Delta F/F} \tag{5.10}$$

式中 S_{AF}——敏感度系数;

$\Delta F/F$——不确定性因素 F 的变化率(%)

$\Delta A/A$——不确定性因素 F 发生 ΔF 变化时,评价指标 A 的相应变化率(%)。

$S_{AF}>0$ 表示评价指标与不确定性因素同方向变化;$S_{AF}<0$ 表示评价指标与不确定性因素反向变化。S_{AF} 绝对值越大,表明评价指标 A 对于不确定性因素 F 越敏感;反之,则不敏感。根据敏感度系数的大小排序,可找出最关键的因素。

敏感度系数提供了各不确定性因素变化率与评价指标变化率之间的比例关系,但不能直接显示变化后评价指标的值。为了弥补这种不足,有时需编制敏感性分析表(表 5.3),列

出各因素变化率及相应的评价指标。

表 5.3　单因素变化对各评价指标的影响　　单位:万元

项目变化幅度	−20%	−10%	0	10%	20%	平均 +1%	平均 −1%
投资额							
产品价格							
经营成本							
……							

敏感性分析表的缺点是不能连续表示变量之间的的关系,为此人们又设计了敏感性分析图(图 5.3)。根据原来的评价指标值和不确定性因素变化后的评价指标值,画出直线。这条直线反映不确定性因素不同变化水平时所对应的评价指标值。每一条直线的斜率反映技术方案经济效果评价指标对该不确定性因素的敏感程度,斜率越大敏感度越高。一张图可以同时反映多个因素的敏感性分析结果。

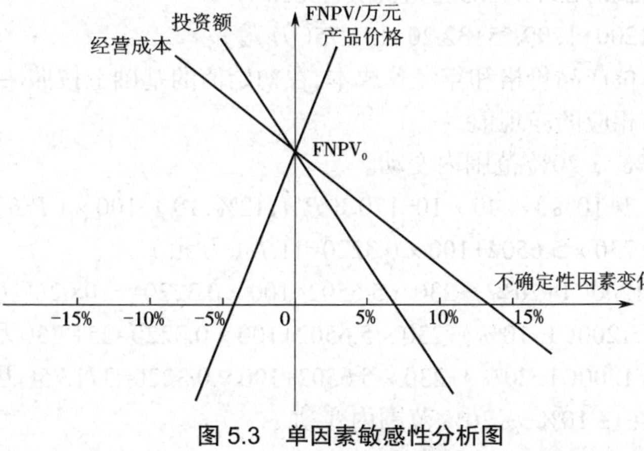

图 5.3　单因素敏感性分析图

(2)绝对测定法

即假定某特定因素向降低投资效果的方向变动,并设该因素达到可能的悲观(最坏)值,然后计算方案的经济评价指标,判断其是否已达到使项目在经济上不可行的程度。如果达到使该方案在经济上不可行的程度,则表明该因素为此方案的敏感因素。

5.2.1　单因素敏感性分析

单因素敏感性分析是对单一不确定性因素变化对技术方案经济效果的影响进行分析,即假设各个不确定性因素之间相互独立,每次只考察一个因素变化,其他因素保持不变,以分析这个可变因素对经济效果评价指标的影响程度。为了找出关键的敏感性因素,通常只进行单因素敏感性分析。

【例 5.3】 某投资项目的设计生产能力为年产 10 万台某种设备,主要经济参数的估算值分别为初始投资额 1 200 万元,预计产品价格 40 元 / 台,年经营成本 170 万元,运营年限

10 年，运营期末残值 100 万元，基准收益率为 12%，现值系数见表 5.4。

表 5.4 某项目现值系数表

n	1	3	7	10
$(P/A,12\%,n)$	0.892 9	2.401 8	4.563 8	5.650 2
$(P/F,12\%,n)$	0.892 9	0.711 8	0.452 3	0.322 0

问题：

(1)以财务净现值为分析对象，就项目的投资额、产品价格和年经营成本等因素进行敏感性分析；

(2)绘制财务净现值随投资、产品价格和年经营成本等因素的敏感性分析图；

(3)在保证项目可行的前提下，计算该产品价格下浮临界百分比。

解 (1)先计算初始条件下项目的净现值

$$NPV_0=-1200+(40\times10-170)(P/A,12\%,10)+100(P/F,12\%,10)$$
$$=-1200+230\times5.6502+100\times0.3220$$
$$=-1200+1299.55+32.20=131.75(万元)$$

分别对投资额、单位产品价格和年经营成本，在初始值的基础上按照 ±10%、±20% 的幅度变动，逐一计算出相应的净现值。

①投资额在 ±10%、±20% 范围内变动。

$$NPV_{10\%}=-1200(1+10\%)+(40\times10-170)(P/A,12\%,10)+100\times(P/F,12\%,10)$$
$$=-1320+230\times5.6502+100\times0.3220=11.75(万元)$$
$$NPV_{20\%}=-1200(1+20\%)+230\times5.6502+100\times0.3220=-108.25(万元)$$
$$NPV_{-10\%}=-1200(1-10\%)+230\times5.6502+100\times0.3220=251.75(万元)$$
$$NPV_{-20\%}=-1200(1-20\%)+230\times5.6502+100\times0.3220=371.75(万元)$$

②单位产品价格在 ±10%、±20% 范围内变动。

$$NPV_{10\%}=-1200+[40(1+10\%)\times10-170](P/A,12\%,10)+100\times(P/F,12\%,10)$$
$$=-1200+270\times5.6502+100\times0.3220=357.75(万元)$$
$$NPV_{20\%}=-1200+[40(1+20\%)\times10-170](P/A,12\%,10)+100\times(P/F,12\%,10)$$
$$=-1200+310\times5.6502+100\times0.3220=583.76(万元)$$
$$NPV_{-10\%}=-1200+[40(1-10\%)\times10-170](P/A,12\%,10)+100\times(P/F,12\%,10)$$
$$=-1200+190\times5.6502+100\times0.3220=-94.26(万元)$$
$$NPV_{-20\%}=-1200+[40(1-20\%)\times10-170](P/A,12\%,10)+100\times(P/F,12\%,10)$$
$$=-1200+150\times5.6502+100\times0.3220=-320.27(万元)$$

③年经营成本在 ±10%、±20% 范围内变动。

$$NPV_{10\%}=-1200+[40\times10-170(1+10\%)](P/A,12\%,10)+100\times(P/F,12\%,10)$$
$$=-1200+213\times5.6502+100\times0.3220=35.69(万元)$$
$$NPV_{20\%}=-1200+[40\times10-170(1+20\%)](P/A,12\%,10)+100\times(P/F,12\%,10)$$
$$=-1200+196\times5.6502+100\times0.3220=-60.36(万元)$$

$$NPV_{-10\%}=-1200+[40\times10-170(1-10\%)](P/A,12\%,10)+100\times(P/F,12\%,10)$$
$$=-1200+247\times5.6502+100\times0.3220=227.80(万元)$$
$$NPV_{-20\%}=-1200+[40\times10-170(1-20\%)](P/A,12\%,10)+100\times(P/F,12\%,10)$$
$$=-1200+264\times5.6502+100\times0.3220=323.85(万元)$$

将计算结果列于表 5.5 中可以看出,在变化幅度相同的情况下,单位产品价格的变动对净现值的影响为最大,当其他因素均不发生变化时,单位产品价格每下降 1%,净现值下降 17.15%;对净现值影响次之的因素是投资额,当其他因素均不发生变化时,投资额每上升 1%,净现值将下降 9.11%;对净现值影响最小的因素是年经营成本,当其他因素均不发生变化时,年经营成本每增加 1%,净现值将下降 7.29%。由此可见,净现值对各个因素敏感程度的排序由高到低是单位产品价格、投资额、年经营成本,最敏感的因素是单位产品价格,因此从方案决策角度来讲,应对产品价格进行更准确的测算,使未来产品价格发生变化的可能性尽可能减小,以降低投资项目的风险。

表 5.5　单因素敏感性分析表

变化幅度因素	-20%	-10%	0	+10%	+20%	平均 +1%	平均 -1%
投资额	371.75	251.75	131.75	11.75	-108.25	-9.11%	+9.11%
单位产品价格	-320.27	-94.26	131.75	357.75	583.76	+17.15%	-17.15%
年经营成本	323.85	227.80	131.75	35.69	-60.36	-7.29%	+7.29%

(2)财务净现值对各因素的敏感性分析如图 5.4 所示。由图 5.4 可知财务净现值对单位产品价格最敏感,其次是投资额和年经营成本。

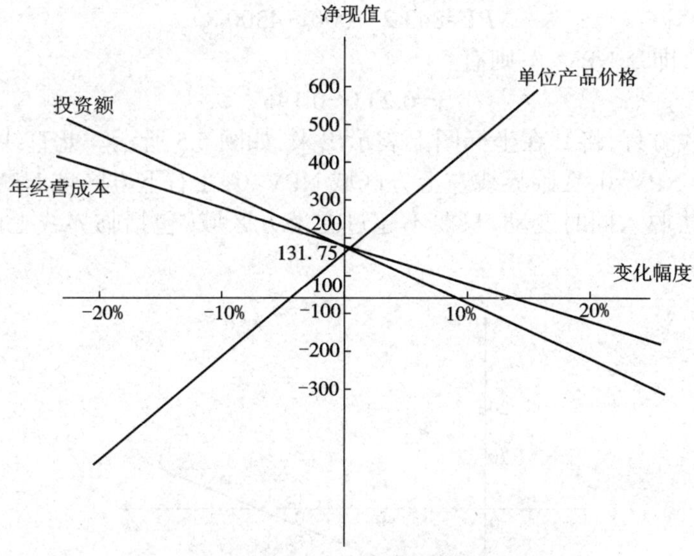

图 5.4　净现值对各因素的敏感性分析图

(3)计算产品价格的临界百分比。

①由图 5.4 可知,用几何方法求解

$$357.75:131.75=(X+10\%):X$$

$$131.75X+131.75\times 10\% =357.75X$$

$$X=131.75\times 10\% \div (357.75-131.75)=0.058\ 3=5.83\%$$

所以该项目产品价格的临界值为 -5.83%,即最多下浮 5.83%。

②用代数方法求解

设财务净现值 =0 时,产品价格的下浮率为 X,则 X 是产品价格下浮临界百分比。

$$-1200+[40(1+X)\times 10-170](P/A,12\%,10)+100\times (P/F,12\%,10)=0$$

$$-1200+(400+400X-170)\times 5.6502+100\times 0.322=0$$

$$-1200+2260.08X+1\ 299.55+32.20=0$$

$$2260.08X=1200-1299.55-32.20=-131.75$$

$$X=-131.75\div 2260.08=-0.058\ 3=-5.83\%$$

所以该项目产品价格下浮临界百分比为 -5.83%,即最多下浮 5.83%。

5.2.2 多因素敏感性分析

多因素敏感性分析是假设两个或两个以上互相独立的不确定性因素同时变化,分析这些变化的因素对经济效果评价指标的影响程度和敏感程度。

【例 5.4】 假设某项目初始投资为 1 000 万元,当年建成并投产,预计可使用 10 年,每年销售收入为 700 万,年经营费用为 400 万元,设基准折现率为 10%。如果可变因素为初始投资与销售收入,并考虑它们同时发生变化,试通过净现值指标对该项目进行敏感性分析。

解 设初始投资额为 K,年销售收入为 R,年经营成本为 C,并假设初始投资变动比例为 x,销售收入变动比例为 y,则

$$\text{NPV}=-K(1+x)+[R(1+y)-C](P/A,10\%,10)$$

将题目中相关数据代入上式计算得

$$NPV=843.2-1000x+4300.8y$$

取 NPV 的临界值,即令 NPV=0,则有

$$y=0.233x-0.196$$

这是一个直线方程,将其在坐标图上表示出来,如图 5.5 所示。此直线为 NPV= 0 的临界线,在临界线上 NPV=0,在临界线左上方区域 NPV>0,在右下方区域 NPV<0。也就是说,如果投资额与销售收入同时变动,只要不超过左上方区域(包括临界线上的点),方案都可接受。

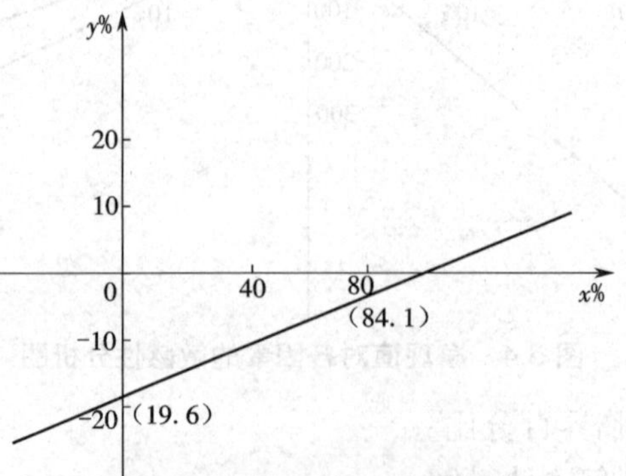

图 5.5 双因素敏感性分析图

在这个例子中，如果分析初始投资额、年销售收入、年经营费用三个因素同时变动对净现值的影响，可以假设初始投资变动比例为 x，年销售收入变动比例为 y，年经营费用变动比例为 z，则有

$$NPV=-K(1+x)+[R(1+y)-C(1+z)](P/A,10\%,10)$$

将题目中相关数据代入上式计算得

$$NPV=843.2-1000x+4300.8y-2457.6z$$

由于很难处理三维以上敏感性分析的表达式，为简化起见，我们可以按年经营费用变动的不同比例研究三个参数同时发生变化时净现值的相应变化。令 NPV(z)表示年经营费用变动比例为 z 的净现值，则

当 z=+20% 时，$y=0.233x-0.082$；

当 z=−20% 时，$y=0.233x-0.310$；

当 z=+10% 时，$y=0.233x-0.139$；

当 z=−10% 时，$y=0.233x-0.253$。

根据上面的等式，可以绘出一组平行线，如图 5.6 所示。

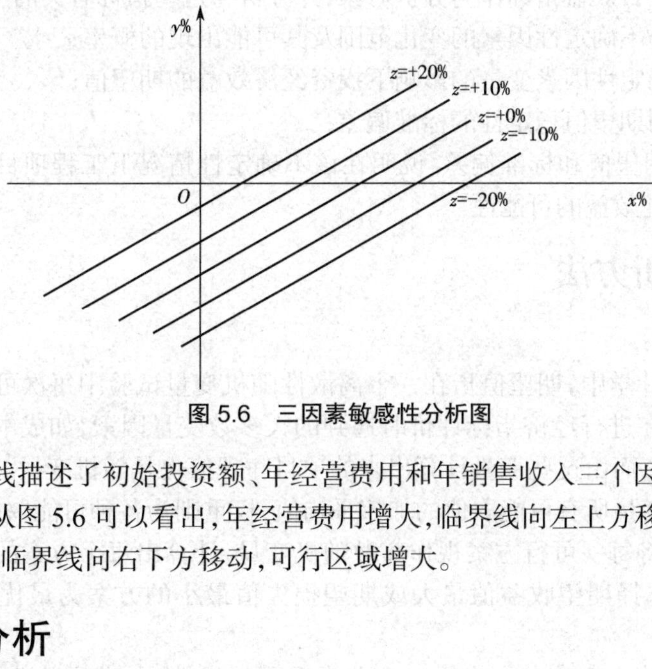

图 5.6　三因素敏感性分析图

这一组平行线描述了初始投资额、年经营费用和年销售收入三个因素同时变动对净现值的影响程度。从图 5.6 可以看出，年经营费用增大，临界线向左上方移动，可行区域变小；年经营费用减少，临界线向右下方移动，可行区域增大。

5.3　概率分析

5.3.1　概率分析概述

敏感性分析可指出项目评价指标对各不确定性因素的敏感程度，找出敏感因素，但它不能说明不确定性因素发生变动情况的可能性是大还是小，没有考虑不确定性因素在未来发生的概率，因而如需进一步指明不确定性因素的变化对项目经济评价指标影响产生的可能性大小，敏感性分析便无能为力，这就需要借助于概率分析。

概率分析又称为风险分析，是利用概率研究和预测不确定性因素对项目经济评价指标

影响的一种定量分析法。其目的在于确定影响方案投资效果的关键因素及其可能变动的范围,并确定关键因素在此变动范围内的概率,然后计算经济评价指标的期望值及评价指标可行时的累计概率,为在不确定情况下为决策投资项目或方案提供科学依据。概率分析方法很多,常用的方法是计算项目净现值的期望值及净现值大于或等于零的累计概率。概率分析是研究各种不确定性因素按一定概率值变动时,对项目方案经济评价指标影响的一种定量分析方法。

概率分析的关键是确定各种不确定性因素变动的概率。概率分析的内容应该根据经济评价的要求和项目方案的特点确定,一般是计算项目方案某个确定性分析指标的概率分布等。应特别注意概率分析时所选定的分析指标,应与确定性分析的评价指标保持一致。

概率分析的基本原理是在对现金流量进行概率估计的基础上,通过投资效果指标的期望值、累计概率、标准差及离差系数来反映方案的风险程度。在对投资方案进行不确定性分析时,有时需要评估方案经济效果指标发生在某一范围内的可能性。例如净现值大于或等于零的累计概率越大,表明方案的风险越小;反之,则风险越大。

概率分析的一般计算步骤:

(1)选定工程项目效益指标作为分析对象,并分析与这些指标有关的不确定性因素;

(2)估计出每个不确定性因素的变化范围及其可能出现的概率;

(3)估算在不确定性因素变量的影响下投资经济效益的期望值;

(4)计算出表明期望值稳定性的标准偏差;

(5)综合考虑期望值和标准偏差,说明在该不确定性情况下工程项目的经济效益指标的期望值以及获取此效益的可能性。

5.3.2 概率分析方法

1. 期望值法

在概率论和统计学中,期望值指在一个离散性随机变量试验中每次可能结果的概率乘以其结果的总和。在进行经济指标评价时遇到的大多数变量因素,如成本、产品价格、投资额等,都是随机变量,而由这些变量计算出来的项目净现值也是随机变量。期望值就是在大量重复事件中随机变量所有可能取值的加权平均值,权重则为各种可能取值出现的概率。

期望值法就是将每一可行方案视作离散随机变量,计算出每个方案的收益或损失的期望值再进行比较,选择期望收益值最大或期望损失值最小的方案为最优方案的一种决策方法。

净现值的期望值在概率分析中是一个非常重要的指标,在对项目进行概率分析时,一般都要计算项目净现值的期望值及其累计概率,净现值大于或等于零的累计概率越大,表明项目承担的风险越小。

净现值期望值的计算公式为

$$E(\text{NPV})=\sum_{i=1}^{n}\text{NPV}_iP_j \tag{5.11}$$

式中 $E(\text{NPV})$——净现值的期望值;

NPV_i——第 i 种状态的净现值;

P_j——净现值 NPV_i 所对应的概率值。

通常用期望值进行决策必须具备以下条件：

(1)存在一个明确的决策目标；

(2)存在两个或两个以上的可行方案供选择；

(3)存在两个或两个以上的自然状态，并且其发生的概率可以估计；

(4)各种不同自然状态下，不同可行方案的期望损益值可以计算出来。

【例 5.5】 已知某方案的净现值及概率如表 5.6 所示，试计算该方案净现值的期望值。

表 5.6　某方案的净现值及其概率

净现值 / 万元	23.5	26.2	32.4	38.7	42	46.8
概　率	0.1	0.2	0.3	0.2	0.1	0.1

解　$E(\text{NPV})=23.5\times 0.1+26.2\times 0.2+32.4\times 0.3+38.7\times 0.2+42\times 0.1+46.8\times 0.1$

$=33.93$(万元)

即这一方案净现值概率平均值为 33.93 万元。

2. 标准差分析法

有时在多方案决策时，仅根据期望值进行决策是不够的，必要时还要进一步分析期望值的标准差以及变异系数，并据此做出决策。

标准差反映了一个随机变量实际值与其期望值偏离的程度。而这种偏离程度在一定意义上反映了投资方案风险的大小。一般用 σ 表示标准差，则其计算公式为

$$\sigma=\sqrt{\sum_{i=1}^{n}P_i[X_i-E(X)]^2} \tag{5.12}$$

【例 5.6】 根据例 5.5 中数据，计算该投资方案净现值的标准差。

解

$$\sigma=[0.1\times(23.5-33.93)^2+0.2\times(26.2-33.93)^2+0.3\times(32.4-33.93)^2+0.2\times(38.7-33.93)^2+0.1\times(42-33.93)^2+0.1\times(46.8-33.93)^2]^{\frac{1}{2}}$$

$=7.498$(万元)

3. 离差系数法

标准差虽然可以反映随机变量的离散程度，但它是一个绝对量，其大小与变量的数值及期望值大小有关。一般而言，变量的期望值越大，其方差也越大。特别是需要对不同方案的风险程度进行比较时，标准差往往不能完全反映风险程度的差异，因此我们引入另一个指标，称作离散系数，用 V 表示。它是标准差与期望值之比，其计算公式为

$$V=\frac{\sigma}{E(X)} \tag{5.13}$$

由于离散系数是一个相对数，不会受变量和期望值绝对值大小的影响，能更好地反映投资方案的风险程度。

当进行方案比较时，如果期望值相同，则标准差较小的方案风险较低；如果方案的期望值和标准差均不相同，则离散系数较小的方案风险较低。

【例 5.7】 根据例 5.5 和例 5.6 中数据，计算该投资方案净现值的离差系数。

解 $V=\dfrac{\sigma}{E(X)}=\dfrac{7.498}{33.93}=0.221$

4. 蒙特卡罗分析法

一般分析是在已知参数的概率分布条件下进行的，在实际投资评价中往往缺少足够的信息来判断参数的概率分布，或者概率分布无法用典型分布来描述。此时，可以采用蒙特卡罗分析法来对方案进行风险分析。

蒙特卡罗分析法又称为统计模拟法，是用随机抽样的方法抽取一组输入变量的数值，并根据这组输入变量的数值计算项目评价指标，通过多次抽样计算可获得评价指标的概率分布及累计概率分布、期望值、方差、标准差，计算项目可行或不可行的概率，从而估计项目投资所承担的风险。

由于模拟分析要通过反复抽样来模拟项目的各种随机状态，且样本数量需足够大，因而计算工作量非常大，用手工计算进行大样本模拟是很困难的，一般需借助计算机进行模拟计算。在此不详细介绍，只是大概了解该方法的实施步骤。

蒙特卡罗分析法的实施步骤一般如下：

(1)确定风险分析所采用的评价指标，如净现值、内部收益率等；

(2)确定影响项目评价指标的主要风险因素，如建设投资、销售价格、经营成本等；

(3)估计主要风险因素的概率分布，并用数学模型表示；

(4)为各风险因素独立抽取随机数；

(5)将抽得的各随机数转化为各风险因素的抽样值；

(6)将抽样值组成一组项目评价基础数据，并据此计算相应的评价指标；

(7)重复步骤(1)~(6)，直至达到预定的模拟次数；

(8)整理模拟结果，计算评价指标的期望值、方差、标准差、离散系数以及累计概率等，并可绘制累计概率图。

5.4 风险决策

概率分析可以给出方案经济效果评价指标的期望值和标准差以及经济效果评价指标的实际值发生在某一区间的概率，这为人们在风险条件下决定方案取舍提供了依据。但是，概率分析并没有给出风险条件下方案取舍的原则和多方案比选方法，这正是我们下面要讨论的问题。

5.4.1 决策树法

决策树分析是利用一种树形决策网络来描述与求解风险型决策问题的方法。它的优点是能使决策问题形象直观，便于思考与集体讨论；特别是在多级决策活动中，能起到层次分明、一目了然、计算简便的作用。

1. 决策树的结构与决策过程

决策树是以方框与圆圈为节点，由直线连接而形成的一种树形图，如图 5.7 所示。在决策树中，方框节点称为决策点；由决策点引出若干条直线，每一条直线代表一个方案，称为方案枝；在每条方案枝的末端有一个圆圈节点，称为状态点；由状态点引出若干条直线，每一条直线代表一个客观状态及其可能出现的概率，称为概率枝；在每条概率枝的末端标有相应方案在该状态下的损益值，称为可能结果。

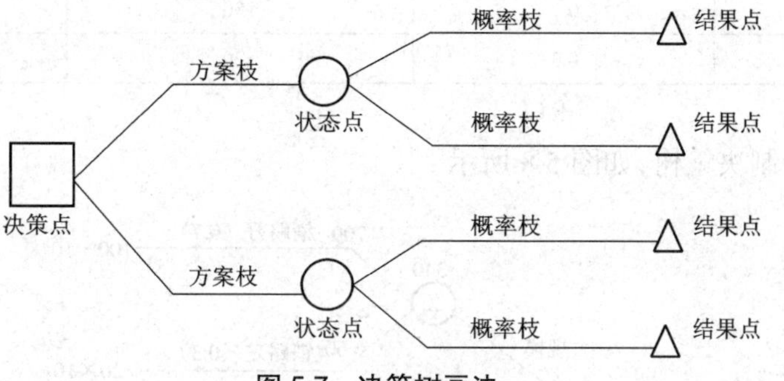

图 5.7　决策树画法

决策准则

决策问题一般都具有多个备选方案，每个方案又有多种客观状态，因此决策树都是由左向右、由简入繁，形成一个树形的网络图。

运用决策树进行决策通常分为两个过程，首先是从左向右的建树过程，即根据决策问题的内容（备选方案、客观状态及其概率损益值等）从左向右逐步分析并绘制决策树；其次是从右向左的计算过程，即决策树绘制完后，从右向左计算各个方案在不同状态下的期望损益值，根据不同方案期望损益值的大小做出选择，“剪去”被淘汰的方案枝，决策点留下的唯一一条方案枝即代表最优方案。

2. 决策树的分析过程

（1）根据问题的条件，由左至右逐步绘制决策树　为方便以后的计算和分析，对决策点“□”和自然状态点“○”进行编号，编号的原则是从左至右、从上至下。

（2）计算期望值　按照编号的逆顺序逐步计算各个自然状态点“○”的期望损益值，然后根据不同方案的期望值结果做出选择，舍弃某些方案，称作“剪枝”，在被舍弃的方案枝上用“//”做记号，最后决策点“□”上只留下一条方案枝，即为最优方案。

决策树分析分为单级决策和多级决策两种。在整个决策期中只需进行一次决策，就可选出最佳方案的决策，称为单级决策；多级决策是由若干个单级决策构成的，有若干个决策点，需要逐级进行分析和计算，每一级都是一个单级决策。

决策树分析特别适用于多级决策活动，因为它形象直观、思路清晰、层次分明、一目了然。决策树分析计算简便，应用较为广泛，是十分有效的决策辅助工具。

3. 单级决策

只需要进行一次决策就可以选出最优方案的决策，称为单级决策。

【例 5.8】 某投资者欲投资兴建一座工厂，建设方案有两个，大规模投资 300 万元；小规模投资 160 万元。两个方案的生产期均为 10 年，其每年的损益值及销售状态的概率见表 5.7。试用决策树法选择最优方案。

表 5.7 每年的损益值及销售状态的概率

销售状态	概率	损益值/(万元/年)	
		大规模投资	小规模投资
销路好	0.7	100	60
销路差	0.3	−20	20

解 (1)绘制决策树,如图 5.8 所示

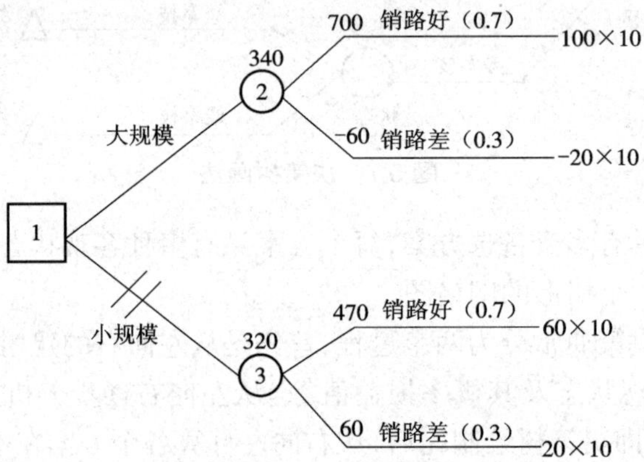

图 5.8 单级决策树

(2)计算各状态点的期望收益值

节点 2:$(100\times0.7+(-20)\times0.3)\times10-300=340$(万元)

节点 3:$(60\times0.7+20\times0.3)\times10-160=320$(万元)

将各状态点的期望收益值标在对应圆圈上方。

(3)决策 比较节点 2 与节点 3 的期望收益值可知,大规模投资方案优于小规模投资方案,故应选择大规模投资方案,用符号“//”在决策树上“剪去”被淘汰的方案。

4. 多级决策

一个决策问题如果需要进行两次或两次以上的决策,才能选出最优方案,达到决策目的,则称为多级决策。

【例 5.9】 在例 5.8 基础上,为了适应市场的变化,投资者又提出了第三个方案,即先小规模投资 160 万元,生产 3 年后,如果销路差,则不再投资,继续生产 7 年;如果销路好,则再作决策是否继续投资 140 万元扩建至大规模(总投资 300 万元),后继续生产 7 年。三个方案前 3 年和后 7 年销售状态的概率如表 5.8 所示,大、小规模投资的年损益值同例 5.8。试用决策树法选择最优方案。

表 5.8 前 3 年和后 7 年销售状态的概率

	前三年		后七年	
销售状态	好	差	好	差
概率	0.7	0.3	0.9	0.1

解　(1)绘制决策树,如图 5.9 所示

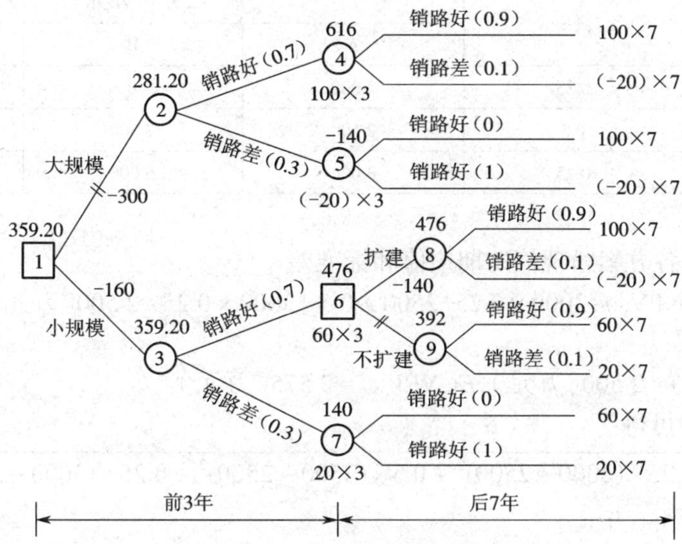

图 5.9　多级决策树

(2)计算各节点的期望收益值并选择方案

节点 4:100×7×0.9+(-20)×7×0.1=616(万元)

节点 5:100×7×0+(-20)×7×1=-140(万元)

节点 2:(616+100×3)×0.7+[(-140)+(-20)×3]×0.3-300=281.20(万元)

节点 8:100×7×0.9+(-20)×7×0.1-140=476(万元)

节点 9:60×7×0.9+20×7×0.1=392(万元)

节点 8 的期望收益值为 476 万元,大于节点 9 的期望收益值 392 万元,所以选择扩建方案,“剪去”不扩建方案,因此节点 6 的期望收益值取扩建方案的期望收益值 476 万元。

节点 7:60×7×0+20×7×1.0=140(万元)

节点 3:(476+60×3)×0.7+(140+20×3)×0.3-160=359.20(万元)

节点 3 的期望收益值为 359. 20 万元,大于节点 2 的期望收益值 281. 20 万元,所以“剪去”大规模投资方案。

综上所述,投资者应该先进行小规模投资,3 年后如果销售状态好则再扩建,否则不扩建。本例进行了两次决策才选出最优方案,属于两级决策问题。

5.4.2　标准差及离差系数决策方法

根据标准差评价决策技术项目方案时,一般认为如果两个方案某个指标的期望值相等,则标准差较小的技术方案风险比较小,可以考虑作为决策方案;如果期望值不等,则还需要计算它们的离差系数,离差系数比较小的方案风险比较小,较为经济合理,可以考虑接受。

【例 5.10】　某公司要从三个互斥方案中选择一个方案,各个方案的净现值及其概率如表 5.9 所示,试选择最优投资方案。

表 5.9　各方案净现值、市场情况及概率　　单位:万元

市场情况	概率	方案净现值		
		A	B	C
销路差	0.25	2 000	0	1 000
销路好	0.5	2 500	2 500	2 800
销路一般	0.25	3 000	5 000	3 700

解　(1)计算各方案净现值的期望值和标准差

$$E(\mathrm{NPV_A})=2000\times0.25+2500\times0.5+3000\times0.25=2\,500(万元)$$

同理可得

$$E(\mathrm{NPV_B})=2\,500(万元),E(NPV_C)=2\,575(万元)$$

根据式(5.12)可得

$$\sigma_A=\sqrt{0.25\times(2000-2500)^2+0.5\times(2500-2500)^2+0.25\times(3000-2500)^2}$$
$$=353.55(万元)$$

同理可得

$$\sigma_B=1\,767.77(万元),\sigma_C=980.75(万元)$$

(2)根据方案净现值的期望值和标准差评价方案

由于 $E(\mathrm{NPV_A})=E(\mathrm{NPV_B})=2\,500$ 万元,所以只能通过比较两方案的标准差来取舍。显然,由前面的计算可以看出 $\sigma_A<\sigma_B$,即方案 A 的风险较小,故选择方案 A。

比较方案 A 和方案 C。由于两者净现值的期望值不同,不能直接比较,必须通过计算它们各自的离散系数,才能进一步确定各自的风险大小。

(3)计算离散系数

$$V_A=\frac{353.5}{2500}=0.141,\ V_C=\frac{980.75}{2575}=0.381$$

因为 $V_A<V_C$,所以方案 A 的投资风险较小,而两方案的净现值的期望值差别不是很大,所以最后应选择方案 A 作为最优投资方案。

【例 5.11】 某建设项目有 A、B、C 三个投资方案。其中 A 方案投资额为 2 000 万元的概率为 0.6,投资额为 2 500 万元的概率为 0. 4;在这两种投资额情况下,年净收益额为 400 万元的概率为 0.7,年净收益额为 500 万元的概率为 0. 3。通过对 B 方案和 C 方案的投资额及发生概率、年净收益额及发生概率的分析,得到该两方案的投资效果、发生概率及相应的净现值数据,见表 5.10。

表 5.10　B 方案和 C 方案评价参数表

方　案	效果	概率	净现值 / 万元
B 方案	好	0.24	900
	较好	0.06	700
	较差	0.56	500
	很差	0.14	-100

表 5.10(续)

方　案	效果	概率	净现值 / 万元
C 方案	好	0.24	1 000
	较好	0.16	600
	较差	0.36	200
	很差	0.24	−300

假定 A、B、C 三个投资方案的建设投资均发生在期初,年净收益额均发生在各年的年末,寿命期均为 10 年,基准折现率为 10%。在计算净现值时取年金现值系数(P/A,10%,10)=6. 145。

问题:

(1)简述决策树的概念;

(2)A 方案投资额与年净收益额四种组合情况的概率分别为多少;

(3)A 方案净现值的期望值为多少;

(4)试运用决策树法进行投资方案决策。

解　(1)决策树是以方框和圆圈为节点,并由直线连接而成的一种像树枝形状的结构,其中方框表示决策点,圆圈表示机会点;从决策点画出的每条直线代表一个方案,叫作方案枝;从机会点画出的每条直线代表一种自然状态,叫作概率枝。

(2)计算组合概率。

投资额为 2 000 万元与年净收益为 400 万元组合的概率: $0.6\times0.7=0.42$

投资额为 2 000 万元与年净收益为 500 万元组合的概率: $0.6\times0.3=0.18$

投资额为 2 500 万元与年净收益为 400 万元组合的概率: $0.4\times0.7=0.28$

投资额为 2 500 万元与年净收益为 500 万元组合的概率: $0.4\times0.3=0.12$

(3)首先计算各组合的净现值。

投资额为 2 000 万元与年净收益为 400 万元组合的净现值为

$$\mathrm{NPV}_1=-2000+400\times6.145=458(\text{万元})$$

投资额为 2 000 万元与年净收益为 500 万元组合的净现值为

$$\mathrm{NPV}_2=-2000+500\times6.145=1\,072.5(\text{万元})$$

投资额为 2 500 万元与年净收益为 400 万元组合的净现值为

$$\mathrm{NPV}_3=-2500+400\times6.145=-42(\text{万元})$$

投资额为 2 500 万元与年净收益为 500 万元组合的净现值为

$$\mathrm{NPV}_4=-2500+500\times6.145=572.5(\text{万元})$$

再计算 A 方案净现值的期望值。

$$E(\mathrm{NPV}_A)=458\times0.42+1072.5\times0.18-42\times0.28+572.5\times0.12=442.35(\text{万元})$$

或者直接按下式计算

$$E(\mathrm{NPV}_A)=-(2000\times0.6+2500\times0.4)+(400\times0.7+500\times0.3)\times6.145$$
$$=442.35(\text{万元})$$

(4)首先画出决策树,标明各方案的概率和相应的净现值,如图 5.10 所示。

其次计算图 5.10 中各机会点净现值的期望值(将计算结果标在各机会点上方)。

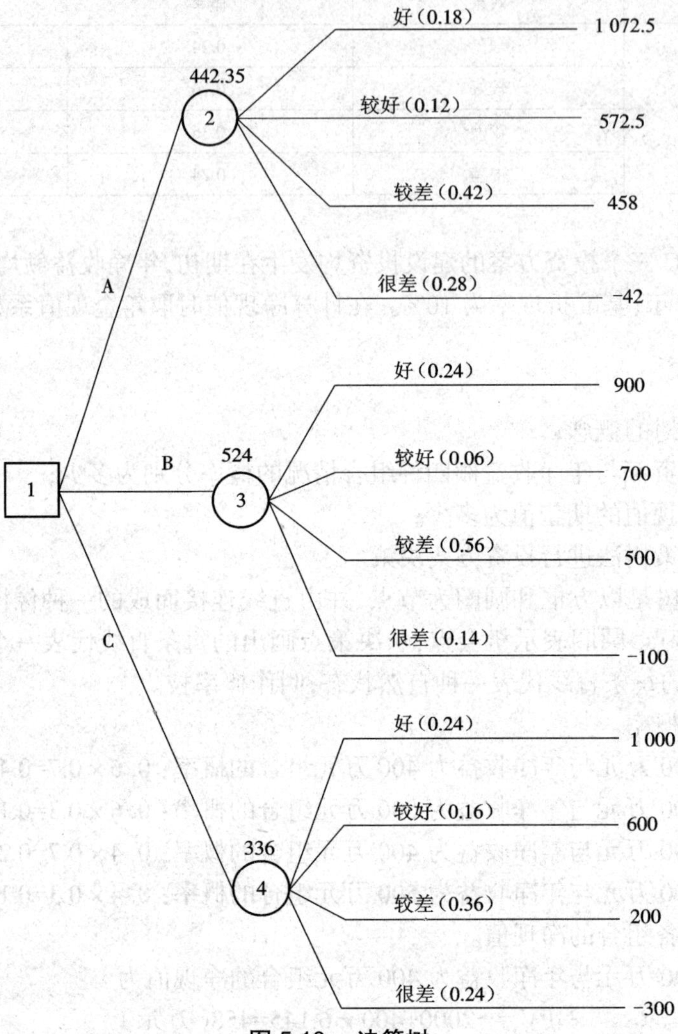

图 5.10 决策树

机会点 2:$E(\mathrm{NPV}_A)$=442.35(万元)(直接用问题 3 的计算结果)

机会点 3:$E(\mathrm{NPV}_B)=900\times0.24+700\times0.06+500\times0.56-100\times0.14=524$(万元)

机会点 4:$E(\mathrm{NPV}_C)=1000\times0.24+600\times0.16+200\times0.36-300\times0.24=336$(万元)

最后选择最优方案,因为机会点 3 净现值的期望值最大,所以应选择 B 方案。

综合案例

法国兴业银行巨亏

法国兴业银行曾收到一封来自另一家大银行的电子邮件,要求确认此前约定的一笔交易,但法国兴业银行和这家银行根本没有交易往来,因此法国兴业银行进行了一次内部清查,结果发现这是一笔虚假交易,伪造邮件的是法国兴业银行交易员凯维埃尔,而法国兴业银行因凯维埃尔的行为损失了 49 亿欧元,约合 71 亿美元。

凯维埃尔从事的是什么业务,能导致如此巨额的损失?早在几年前,凯维埃尔利用自己高超的计算机技术,绕过法国兴业银行的五道安全限制,开始了违规的欧洲股指期货交易。凯维埃尔回忆道:“我在安联保险上建仓,赌股市会下跌。不久伦敦地铁发生爆炸,股市真的大跌。我就像中了头彩——盈利50万欧元。”而后凯维埃尔再赌市场下跌,结果他又赌赢了,他的账面盈余达到了14亿欧元,而当年法国兴业银行的总盈利不过55亿欧元。从2008年开始,凯维埃尔认为欧洲股指会上涨,于是开始买涨。然而,欧洲乃至全球股市都在暴跌,凯维埃尔的巨额盈利转眼变成了巨大损失。

案例分析

法国兴业银行的案例提醒人们,在关注企业控制活动时,不仅要注意将不相容的岗位相分离,同时也要慎重对待不相容岗位之间的人员流动问题,应尽可能采取特别审查或有效监控的措施。风险存在于管理过程中,若管理不善,会产生极大的风险,对公司的经营活动产生极大影响。

风险产生的原因复杂,发现和监管难度大。衍生金融工具风险的产生既有金融自由化、金融市场全球化等宏观因素,也有管理层疏于监督、金融企业内部控制不充分等微观因素,形成原因比较复杂,即使是非常严格的监管制度,也不能完全避免风险。

故在风险控制的过程中,要时刻提高警惕,运用多种方法全过程、全方位的控制风险。

思考与练习

一、简答题

1. 什么是不确定性分析?
2. 不确定性分析的主要内容有哪些?
3. 什么是盈亏平衡分析,什么是盈亏平衡点,盈亏平衡点的表示方式有哪些?
4. 什么是敏感性分析,敏感性分析的步骤是什么?
5. 什么是决策树分析,如何画决策树?

二、计算题

1. 某钢铁企业设计生产能力为年产5 000吨,预计每吨售价8 000元,总固定成本为1 000万元,单位产品可变成本为4 000元,试通过盈亏平衡分析对该方案做出评价,并画出盈亏平衡分析图。

2. 某方案第1年投资300万元,第1~7年年经营成本60万元,第1~7年年经营收益120万元,第8年年末回收残值70万元。设敏感性因素为初始投资、年经营收益、年经营成本,各按 ±20%、±15%、±10%、±5% 的幅度变动,试对该方案进行净现值的单因素敏感性分析(基准折现率为10%)。

3. 某项目需投资250万元,建设期为1年。据预测,项目生产期的年收入为5万元、10万元和12.5万元的概率分别为0.3、0.5和0.2,在每一收入水平下生产期为2年、3年、4年和5年的概率分别为0.2、0.2、0.5和0.1,按基准折现率为10%,试进行概率分析。

4. 某承包商拟对某项工程投标。预测此项工程投高标的中标概率为0.3,投低标的中标概率为0.7,中标后预期损益值如表5.11所示,未中标的损失为3万元。试用决策树法进行决策。

表 5.11　中标后预期损益值

单位:万元

方案	效果	概率	损益值
高标	好	0.4	120
	中	0.5	80
	差	0.1	35
低标	好	0.2	70
	中	0.7	30
	差	0.1	-8
不投			0

项目 6　设备更新

知识目标

1. 熟悉设备更新的概念、原则和程序。
2. 掌握设备磨损的不同类型。
3. 掌握设备更新的经济分析。
4. 掌握设备租赁的经济分析。

能力目标

1. 具备对工程设备更新意义的理解能力。
2. 具备不同条件下设备选择的经济分析能力。
3. 具备判断方案优劣的能力。

引例

某企业 5 年前购置的一台设备为 12 000 元，预计可使用 8 年，净残值为零，若将该设备出售，估计售价为 9 000 元；如保留使用 3 年，前两年年末净残值分别为 6 000 元、3 000 元，第三年年末为零，各年使用费分别为 3 000 元、5 000 元、7 000 元。现在市场上推出一种新设备，设备的价格为 15 000 元，使用过后的净残值为 2 500 元，年运行成本为 1 900 元，寿命为 5 年，资金年利率为 10%。

思考

设备是否需要更新？如要更新，何时更新最好？

分析

在技术不断进步的条件下，由于磨损的作用，很可能在设备运行成本尚未升高到该用原型设备替代之前，就已经出现工作效率更高和经济效果更好的设备。新型设备更新分析就是要在继续使用旧设备和购置新型设备的方案中，选择在经济上最有利的方案。新型设备更新分析不仅需要确定设备的更新方案个数，还需要同时确定设备更新的时机，即旧设备剩余经济寿命年数。

本例可采用年值成本对寿命期不同的更新方案进行比选。

$$原设备\ AC=[9000+3000(P/F,10\%,1)+5000(P/F,10\%,2)+7000(P/F,10\%,3)](A/P,10\%,3)=8\,491.71(元)$$

$$新设备\ AC=[15000-2500(P/F,10\%,5)](A/P,10\%,5)+1900=5\,447.52(元)$$

$$原设备第一年\ AC=[9000-6000(P/F,10\%,1)+3000(P/F,10\%,1)](A/P,10\%,1)=6\,899.97(元)$$

结论：应立即更新。

6.1 设备更新概述

设备是现代工业企业生产的重要物质和技术基础，各种机器设备的质量和技术水平是衡量一个国家工业现代化水平的重要标志，也是影响工程项目的经济效益和国民经济发展的重要因素。企业购置设备之后，从投入使用到最后报废，通常要经历一段较长的时期，在这段时期内，设备会逐渐磨损，当设备因物理损坏或技术落后而不能继续使用时，就需要对其进行更新，而设备更新是发展生产能力、改善产品质量、提高劳动生产率、提高经济效益、促进技术进步的重要手段。但如果设备更新策略失误，不符合经济规律，不仅不会提高经济效益，还会阻碍生产力的发展，因此企业必须根据企业的具体情况，考虑设备使用过程中费用变化的规律，对设备整个运行期间的技术经济状况进行分析和研究，对更新的策略进行经济分析，找到最佳的设备更新方案，以提高项目的经济效益。

6.1.1 设备更新的概念

设备更新指在设备的使用过程中，由于有形磨损和无形磨损的作用，致使其功能受到一定的影响而有所降低，因而需要用新的、功能类似的资产去进行替代，即用新的设备或技术进步的设备去更换在技术上或经济上不宜继续使用的设备。从广义上来说，设备更新包括设备大修、设备更换、设备更新和设备的现代化改装。设备大修是指通过零件更换与修复，全部或部分恢复设备的原有性能。设备更换是指以与原设备性能相同的设备更换旧设备。设备更新是指以结构更先进、功能更完善、性能更可靠、生产率更高、产品质量更好、更降低产品成本的新设备代替原有的不能继续使用或继续使用在经济上和环境上已不合理的设备。设备的现代化改装是指通过设备现代化改造，改善原设备性能，提高生产能力和劳动效率，降低使用费用。从狭义上来说，设备更新仅指以与原设备性能相同的设备更换旧设备。

从发达国家经济发展的经验，尤其是近几十年日本的经济发展可以看出，积极采用新技术、新设备可使一个国家的经济力量得到突飞猛进的发展。在我国，有一些大型企业基本上是 20 世纪中叶建成的，由于不重视技术改造和设备更新，导致企业长期陷于高耗费、低质量和产品落后的状况，这严重阻碍了我国经济的发展。在我国，老企业的设备更新和技术改造是一项十分重要而又迫切的任务。

(1)设备更新改造是促进科学技术和生产发展的重要因素。设备是工业企业生产的物质基础，落后的技术装备必将限制科学和生产的高速发展。科学技术的进步促使生产设备不断改进和提高，生产设备是科学技术发展的结晶，随着科学技术的迅速发展，新技术、新材料、新工艺、新设备不断涌现，沿用陈旧工艺的老设备在产品质量、数量等方面已缺乏竞争力，因此要依靠更新设备来实现高产、优质、低成本，取得较好的经济效益。

(2)设备更新改造是产品更新换代、提高劳动生产率、获得最佳经济效益的有效途径。设备更新改造后，技术水平有所提高，使得生产率和产品质量大幅度提高，产品成本和工人劳动强度降低。此外，为适应新产品高性能的要求，也必须采用高性能的设备。

(3)设备更新改造是扩大再生产、节约能源的根本措施。我国能源的有效利用率比先进国家低 20% 左右，更新设备可以有效地节约能源，提高产品的生产能力，提高产品质量和降低成本。

（4）设备更新改造是搞好环境保护及改善劳动条件的主要方法。生产中常见的污染物等会对环境造成污染，使工人劳动条件恶劣。大多数这方面的问题可通过改造或更新设备得到解决。

6.1.2 设备更新的原因

在竞争激烈的当代，有无淘汰旧设备更换新设备的政策，往往是企业成败的关键。未经深思熟虑的更新，不但会造成企业资金运作上的困难，也使资源未能得到最有效的运用。反之，不能及时更新，会使企业丧失成本优势，无法应对激烈的价格竞争，继而陷入不能自拔的境地。

更新设备的原因并非是设备的损坏。事实上，由于经济或运营环境的改变，常常促使企业淘汰一些实质上并不旧的设备。例如房地产的自然寿命很长，有时甚至超过 100 年，其经济寿命通常达到 40 年以上，而附着在建筑物上的电梯、集中空调、供水和排水等设备的寿命往往很难达到这么长的年限，因此在房地产使用过程中，普遍存在设备更新的决策问题。

6.1.3 设备更新的特点

1. 设备更新的中心内容是确定设备的经济寿命

（1）自然寿命（物理寿命） 它是指设备从全新状态下开始使用，直到报废的全部时间过程。自然寿命主要取决于设备有形磨损的速度。

（2）技术寿命 它是指设备在开始使用后持续能够满足使用者需要功能的时间。技术寿命的长短主要取决于无形磨损的速度。

（3）经济寿命 它是从经济角度确定设备最合理的使用期限，它是由有形磨损和无形磨损共同决定的。具体来说，经济寿命是指能使投入使用的设备等额年总成本（包括购置成本和运营成本）最低或等额年净收益最高的期限。在设备更新分析中，经济寿命是确定设备最优更新期的主要依据。

2. 设备更新分析应站在咨询师的立场分析问题

设备更新问题的要点是站在咨询师的立场上，而不是站在旧资产所有者的立场上考虑问题。咨询师并不拥有任何资产，故若要保留旧资产，首先要付出相当于旧资产当前市场价值的现金，才能取得旧资产的使用权。这是设备更新分析的重要概念。

3. 设备更新分析只考虑未来发生的现金流量

旧设备经过磨损，其实物资产的价值已有所降低，但旧设备经过折旧后所剩的账面价值并不一定等于其当前的市场价值，即更新旧设备会产生一笔沉没成本。沉没成本等于旧设备的账面价值减去其当前市场价值（或残值）后的差值。

在分析中只考虑今后所发生的现金流量，对以前发生的现金流量应计入沉没成本，因为它们都属于不可恢复的费用，与更新决策无关，故不需再参与经济计算。

知识链接

沉没成本是指过去已经发生，无法由现在或将来的任何决策改变的成本。

4. 设备更新分析只比较设备的费用

通常在比较更新方案时,假定设备产生的收益是相同的,因此只对它们的费用进行比较。

5. 设备更新分析以费用年值法为主

由于不同设备方案的服务寿命不同,因此通常都采用费用年值法进行比较。新设备往往具有较高的购置费用和较低的运营费用,而需要更新的旧设备往往具有较低的重置费用和较高的运营成本。

6.1.4 设备更新的程序

设备更新应在全面系统了解企业现有设备的性能、服务年限、残值以及现在市场上同类设备的价格、技术进步等情况后,根据企业自身的经济实力和行业内其他企业的设备使用情况,分轻、重、缓、急,有重点地进行。

1. 设备更新经济分析一般需要解决的问题

(1)设备的磨损通过大修理进行补偿,在经济上是否合理。

(2)对企业来说,设备使用多少年最经济合理。

(3)什么时间更新设备最经济合理。

(4)用什么方式更新设备最经济合理。

2. 设备更新经济分析一般应遵循的程序(图 6.1)

(1)确定目标:确定分析的具体设备。

(2)收集资料:设备使用多少年最经济合理。

(3)计算经济寿命,确定最佳更新时间。

(4)列出所有可能的更新方式。

(5)选择最佳的更新方式。

(6)实施。

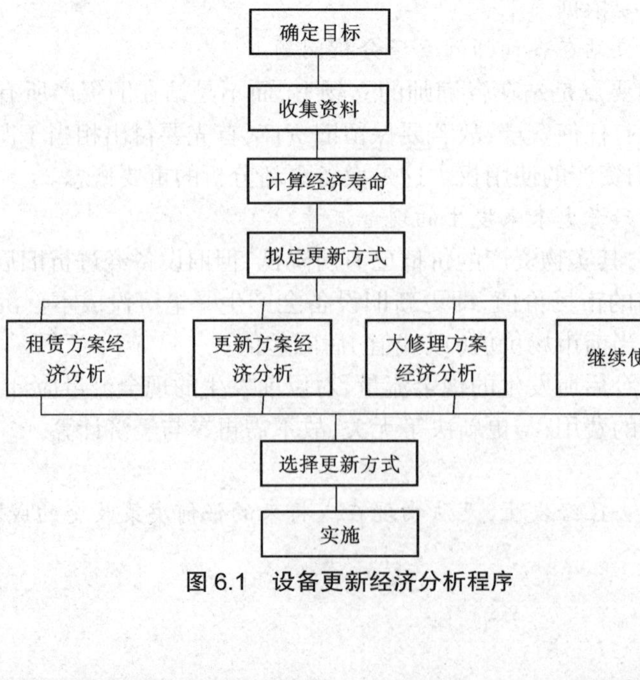

图 6.1 设备更新经济分析程序

6.2　设备磨损及寿命计算

设备是企业生产的重要物质条件，企业为了进行生产，必须花费一定的投资，用以购置各种设备。设备购置后，无论是使用还是闲置，都会发生磨损。设备磨损分为两大类四种形式。

6.2.1　有形磨损

1. 有形磨损的概念和分类

机械设备在使用（或闲置）的过程中，都会发生实体的磨损，这种磨损称为有形磨损（又称为物质磨损）。有形磨损分为以下两种形式。

（1）设备在使用过程中，在外力的作用下会发生摩擦、振动和疲劳等现象，使得实体产生磨损、变形和损坏，称为第一种有形磨损。这种磨损的程度与使用强度和使用时间长度有关。发生这种有形磨损，会使设备零部件受损，精度降低。当这种有形磨损达到一定程度时，整个设备的功能会下降，导致废品率上升，甚至难以继续正常工作等。

（2）设备在闲置过程中，受自然力的作用而产生的实体磨损，如金属件生锈、腐蚀，橡胶件老化等，称为第二种有形磨损。这种磨损与闲置的时间长度和所处环境有关。

上述两种有形磨损都会造成设备的性能、精度等降低，使设备的运行费用和维修费用增加，效率低下，反映为设备使用价值的降低。

2. 有形磨损的度量

我们可以用经济指标对设备的有形磨损加以度量，其计算公式为

$$\alpha_{\mathrm{p}} = \frac{\sum_{i=1} \alpha_i k_i}{\sum_{i=1} k_i} \tag{6.1}$$

式中 α_{p} 表示设备的有形磨损程度；k_i 表示设备中零件 i 的价值；α_i 表示零件 i 的实体磨损程度。

3. 有形磨损的规律

研究设备磨损的规律有助于正确计算设备的磨损程度，从而能够在设备磨损后采取正确的决策，如是修理还是更换或是改装。

（1）初期磨损阶段　这一阶段主要是相对运动的零件表面的微观几何形状在受力的情况下迅速磨损，特点是磨损速度快、时间短。

（2）正常磨损阶段　此时设备处于最佳技术状态，设备的生产率、产品质量最有保证，特点是磨损速度平稳，磨损量增加缓慢。

（3）剧烈磨损阶段　此时零件的正常磨损被破坏，磨损量急剧增加，设备的性能迅速降低，如果不进行修理、更换或停止使用，将会产生质量事故和生产事故。

6.2.2 无形磨损

1. 无形磨损的概念和分类

机器设备除受到有形磨损外,还受到无形磨损。无形磨损不是由于生产过程中的使用或自然力的作用造成的,因此它不表现为设备实体的变化,而表现为原始价值的贬值。

无形磨损又称为精神磨损或经济磨损,是由社会经济环境变化造成的设备价值贬值,是技术进步的结果。无形磨损有以下两种形式。

(1)设备的技术结构和性能并没有变化,但由于技术进步,设备制造工艺不断改进,社会劳动生产率水平提高,同类设备的再生产价值降低,导致设备的市场价格降低,致使原设备相对贬值,这种磨损称为第一种无形磨损。这种无形磨损的后果只是现有设备原始价值部分贬值,设备本身的技术特性和功能即使用价值并未发生变化,故不会影响现有设备的使用,因此不会产生提前更换现有设备的问题。

(2)由于科学技术的进步,不断创新出结构更先进、性能更完善、效率更高、耗费原材料和能源更少的新型设备,使原有设备相对陈旧落后,导致其经济效益相对降低而发生贬值,这种磨损称为第二种无形磨损。这种无形磨损的后果不仅是使原有设备价值降低,而且由于技术上更先进的新设备的发明和应用,会使原有设备的使用价值局部或全部丧失,这就产生了是否用新设备代替现有陈旧落后设备的问题。

2. 无形磨损的度量

设备的无形磨损可以用以下方法加以度量。

在技术进步的影响下,用设备价值降低系数来衡量设备的无形磨损程度,其计算公式为

$$\alpha_1 = \frac{k_0 - k_1}{k_0} \tag{6.2}$$

式中 α_1 表示设备的无形磨损程度;k_0 表示设备的原始价值;k_1 表示考虑设备的两类无形磨损后的再生产价值。

在计算设备的无形磨损程度时,k_1 必须既考虑技术进步使生产同样设备的效率提高而导致的贬值,也考虑由于出现了更高性能和技术水平的设备而使现有设备价值的降低,因此,k_1 的计算过程为

$$k_1 = K_n \left(\frac{q_o}{q_n}\right)^a \left(\frac{c_o}{c_n}\right)^b \tag{6.3}$$

式中 K_n 表示新设备的价值;q_o、q_n 分别表示旧、新设备的年生产率指标;c_o、c_n 分别表示使用旧、新设备的单位产品消耗;a、b 分别表示劳动生产率提高指数和单位成本降低指数。

有形和无形两种磨损都引起设备原始价值的贬值,在这一点上两者是相同的。不同的是,遭受有形磨损的设备,特别是有形磨损严重的设备,在修理之前,常常不能工作;而遭受无形磨损的设备,并不表现为设备实体的变化和损坏,即使无形磨损很严重,其固定资产物质形态却可能没有磨损,仍然可以使用,只不过继续使用它在经济上是否合算需要分析研究。

设备发生磨损后,需要进行补偿,以恢复生产能力。由于机器设备遭受磨损的形式不

同,补偿磨损的方式也不一样。设备有形磨损的局部补偿是修理,无形磨损的局部补偿是现代化改装。修理是更换部分已磨损的零部件和调整设备,以恢复设备的生产功能和效率为主;现代化改装是对设备的结构做局部的改进和技术上的革新,如增添新的、必需的零部件,以增加设备的生产功能和效率为主。有形模塑和无形磨损的完全补偿则是设备更新,设备更新是对整个设备进行更换。设备更新又包括设备购置和设备租赁两种方式。

6.2.3　设备寿命及计算

1. 设备寿命的概念

设备寿命周期是指设备从开始投入使用时起,一直到因设备功能完全丧失而最终退出使用的总的时间长度。从不同角度可以将设备寿命划分为物资寿命、经济寿命、技术寿命和折旧寿命。

(1)物资寿命　物资寿命也称为自然寿命或物理寿命,是根据设备的物资磨损而确定的使用寿命,即从设备投入使用到因物资磨损使设备老化损坏,直到报废拆除为止的年限。这种寿命取决于设备的质量、使用和维修的质量。一般来说,设备的质量越高、日常使用和维修工作做得越好,设备的物资寿命会越长。

知识链接

搞好设备的维修和保养可以延长设备的物资寿命,但不能从根本上避免设备的磨损。任何一台设备磨损到一定程度时,都必须进行更新。因为随着设备使用时间的延长,设备不断老化,维修支出的费用也逐渐增加,从而出现恶性使用阶段,即经济上不合理的使用阶段,所以设备的物资寿命不能成为设备更新的估算依据。

(2)经济寿命　经济寿命是指设备的使用费处于合理界限之内的设备寿命。在设备物资寿命的后期,因设备故障频繁而引起的损失急剧增加。购置设备后,使用的年数越多,每年分摊的投资越少,设备的保养和操作费用却越多。

(3)技术寿命　技术寿命是指由于科学技术的发展,不断出现技术上更先进、经济上更合理的替代设备,使现有设备在物资寿命或经济寿命尚未结束之前就提前报废。这种从设备投入使用到因技术进步而使其丧失使用价值所经历的时间称为设备的技术寿命。技术寿命主要是由无形磨损所决定的,它一般自然寿命要短,而且技术进步越快,技术寿命就越短,所以在估算设备寿命时,必须考虑设备技术寿命期限的变化特点及其使用的制约和影响。

(4)折旧寿命　折旧寿命是指按国家有关部门规定或企业自行规定的折旧率,把设备总值扣除残值后的余额折旧到接近于零时所经历的时间。折旧寿命的长短取决于国家或企业所采取的政策和方针。

设备的寿命通常是设备进行更新和改造的重要决策依据。设备更新改造通常是为提高产品质量,促进产品升级换代,节约能源而进行的,其中设备更新也可以是从设备经济寿命来考虑,设备改造有时也是从延长设备的技术寿命、经济寿命的目的出发的。

2. 设备寿命的影响因素

影响设备寿命的因素较多,其中主要包括设备的技术构成、设备成本、生产产品类型、操作水平和维护质量。

3. 经济寿命的计算

从图 6.2 可以看出，在 N_0 点年度费用最小，设备的经济寿命就是 N_0 年。

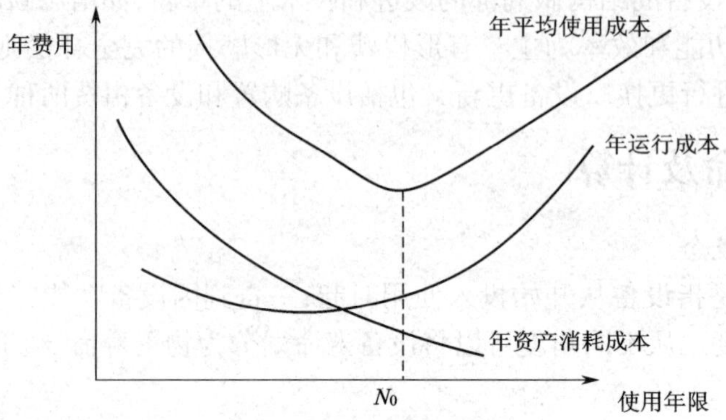

图 6.2 年度费用曲线

（1）设备使用费的计算

一般来说，设备的年度费用包括资金恢复费用和年度使用费用。资金恢复费用是指设备的原始费用扣除设备更新时的预计净残值后分摊到设备使用年限各年的费用，即每年所分摊的设备购置费和净残值。

①资金恢复费用的计算

设 P 代表原始费用，F 代表预计净残值，n 代表使用年限，i 代表利率，则设备的资金恢复费用可用下列两式表示。

静态模式下的资金恢复费用的计算公式为

$$资金恢复费用=(P-F)/n \tag{6.4}$$

动态模式下的资金恢复费用的计算公式为

$$资金恢复费用=P(A/P,i,n)-F(A/F,i,n) \tag{6.5}$$

从资金恢复费用的计算公式可以看出，设备的资金恢复费用随着服务年限的增长而变小。

②年度使用费用的计算

设备的年度使用费用由年运行费（人工、材料、动力、机油等消耗）和维修费组成。设 C 代表年度费用，O 代表年运行费用，M 代表年修理费，在不考虑资金时间价值时，有

$$C=(P-F)/n+O+M \tag{6.6}$$

从上面可知，设备更新的最佳时间取决于设备的经济寿命，而设备的经济寿命的长短主要取决于年度费用的变化，当设备的 P、F、n 一定时，资金恢复费用基本上也一定，年度费用的变化主要取决于年度使用费用的变化。年度使用费用的变化通常分为 3 种情况，即固定不变的、不规则变化的以及不断增加的。

通常，设备在使用过程中逐渐磨损，其性能和工作效率逐年变化。为了恢复其正常的功能，必须进行维护和修理，而且维护和修理的费用随着设备使用年限的增加是逐年增加的，因而年度使用费用也是逐年增加的。由于年度使用费用的逐年上升，在设备的使用年限中才存在一个年度费用最小的年份，才能计算出设备的经济寿命。

（2）设备经济寿命的计算

确定设备的经济寿命的方法可以从静态模式和动态模式两方面进行。

①静态模式下设备的经济寿命的确定方法

静态模式下，设备经济寿命的确定方法是指在不考虑资金时间价值的基础上计算设备的经济寿命。

假设净残值为零，如果设备的使用费呈线性增长，即每年增加一个固定额，则其经济寿命的计算公式为

$$N=(2p/q)^{1/2} \tag{6.7}$$

式中 q 表示使用费用的逐年增加额；p 表示设备的原始费用。

【例 6.1】 某企业的一台设备的原始费用为 1 500 元，第一年使用费为 200 元，以后每年增加 150 元。假设其净残值为零，不计算利息，试计算其经济寿命。

解 $N=(2p/q)^{1/2}=(2\times1500/150)^{1/2}=4.47$（年）

②动态模式下设备的经济寿命的确定方法

动态模式下，设备经济寿命的确定方法是指在考虑资金时间价值的基础上计算设备的经济寿命，设备的年使用费仍然是不断增长的，但逐年增长额是不规则的，且年末估计净残值也是变化的，则其年度使用费用不能用公式来表示。一般根据企业的记录或者对实际情况进行预测，然后用列表法来求经济寿命。

【例 6.2】 某公司现有一条生产线，目前实际价值为 40 000 元，有关统计资料如表 6.1 所示，假设年利率为 6%，试求该生产线在动态模式下的经济寿命。

表 6.1　某设备各年使用费用及残值　单位：元

使用年数	1	2	3	4	5	6	7
使用费用	4 000	5 000	6 000	7 000	10 000	12 000	17 000
年末残值	20 000	10 000	5 000	2 500	1 000	1 000	1 000

解 计算过程如表 6.2 所示。从表 6.2 中最后一列可以看出，年度费用最小的为 15 058.5 元，即设备使用 6 年最为经济。

表 6.2　动态模式下生产线经济寿命的计算表　单位：元

使用年限	年度使用费	现值系数	年度使用费现值	累计使用费现值	资金恢复系数	等值的年度使用费	年末残值	资金恢复费用	年度费用
（1）	（2）	（3）	（4）=（2）×（3）	（5）=$\sum$（4）	（6）	（7）=（6）×（5）	（8）	（9）=[40 000 −（8）]×（6）+（8）×6%	（10）=（7）+（9）
1	4 000	0.943 4	3 773.6	3 773.6	1.060	4 000	20 000	22 400	26 400
2	5 000	0.890 0	4 450	8 223.6	0.545 4	4 485.2	10 000	16 962	21 447.2
3	6 000	0.839 6	5 037.6	13 261.2	0.347 1	4 603	5 000	12 448.5	17 051.5
4	7 000	0.792 1	5 544.7	18 805.9	0.288 6	5 427.4	2 500	10 972.5	16 399.9
5	10 000	0.747 3	7 473	26 278.9	0.237 4	6 238.6	1 000	9 318.6	15 557.2

表 6.2(续)

使用年限	年度使用费	现值系数	年度使用费现值	累计使用费现值	资金恢复系数	等值的年度使用费	年末残值	资金恢复费用	年度费用
6	12 000	0.705 0	8 460	34 738.9	0.203 4	7 065.9	1 000	7 992.6	15 058.5
7	17 000	0.665 1	11 306.7	46 045.6	0.179 1	8 246.8	1 000	7 044.9	15 291.7

6.3 设备更新方案

设备更新指对在技术上或经济上不宜继续使用的设备,用新的原型设备更换现有设备,或者是以结构更先进、技术更完善、效率更高、耗能更少的新设备来代替物质上无法继续使用或经济上不宜继续使用的陈旧设备,因此设备更新包括原型设备更新和新型设备更新两种方式。

(1)原型设备更新又称更换,即用同型号的新设备代替磨损严重不能继续使用的旧设备。这种更新主要是解决设备的损坏问题,不具有更新技术的性质。

(2)新型设备更新是指以结构更先进、功能更完善、性能更可靠、生产效率更高、产品质量更好、产品成本更低的新设备代替已磨损不能继续使用或者虽可以继续使用但在经济上继续使用已经不合理的旧设备。通常所说的设备更新主要是指新型设备更新,它是技术发展的基础。

6.3.1 设备更新方案比选的原则

设备是否更新,需要进行设备更新的决策。设备更新决策是指确定一套正在使用的设备应何时以及应怎样用更经济的设备来替代。对企业来说,设备更新决策绝不能轻率从事。设备更新决策应遵循以下几个原则。

(1)如果设备采用修理的方式经济上比较合理的,就不要急于更新,可以采用维修改进。

(2)通过改进工艺设备,能够用经济实效的方式满足生产要求的,就不需要更新设备。

(3)只需要对个别关键部件或者单台设备进行技术改造的,就不用考虑更新整机或者整条生产线设备。

6.3.2 设备更新方案比选的方法

1. 原型设备更新分析

如果设备在其整个使用期内使用功能和生产性能不变,该设备的未来替换物仍然是同一种设备,则设备不存在技术上提前报废的问题。当该设备达到经济寿命时,再继续使用,经济上已经不合算,于是可以用原型设备进行更换,所以对于设备的原型更新,主要是以设备的经济寿命为依据,最优的更新时机就是设备的经济寿命年限。

【例 6.3】 某企业在 4 年前投资 50 000 元安装了一台起重机械,根据设计要求该机械尚可使用 5 年,其年度使用费估算第一年为 17 000 元,以后逐年增加 500 元。现在又出现了一种新设备,原始费用为 20 000 元,年度使用费第一年为 9 000 元,以后每年增加 1 000

元，新设备的使用年限估计为 12 年。由于这两种机械是专业设备，其任何时候的残值都等于零。若基准收益率为 10%，试判断该企业该如何对现有设备进行更新？

解　原设备的 50 000 元投资是 4 年前发生的，属于沉没成本，不予考虑。要做出更新决策，就要计算出原设备和新设备的经济寿命。

根据公式可以计算出新设备的经济寿命如表 6.3 所示。

表 6.3　新设备的年度费用数据表　　单位：元

使用年限	资金恢复费用	年度使用费	年度费用
1	11 200	9 000	20 200
2	5 917	9 470	15 387
3	4 164	9 920	14 084
4	3 292	10 360	13 652
5	2 774	10 775	13 549
6	2 432	11 170	13 602

从表 6.3 可以看出，第 5 年的年度费用最低，即新设备的经济寿命为 5 年。

旧设备经济寿命为 1 年，新设备经济寿命为 5 年时的年度费用计算如下：

$$AC_{旧}=17\ 000（元/年）$$

$$AC_{新}=20000(A/P,10\%,5)+9000+1000(A/P,10\%,5)=16\ 086.1（元/年）$$

依据上述计算，该企业应对原有设备进行更新。

设备在使用过程中，其性能一般会逐年降低。设备性能降低的表现为运行费用过多、维修费用增加、废品率上升等。当设备使用费增加时，就需要对设备进行更新分析。

2. 新型设备更新分析

新型设备更新分析就是要在继续使用旧设备和购置新型设备的方案中，选择在经济上最有利的方案。新型设备更新的分析不仅需要确定设备的更新方案有几个，还需要同时确定设备更新的时机，即旧设备剩余经济寿命年数。

在有新型设备出现的情况下，常用的设备更新比较方法是年值成本法、现值成本法和边际成本法。本节主要介绍年值成本法和现值成本法。

在新型设备更新分析决策中，可以直接计算各设备方案的年值成本，年值成本最低的方案为最优方案。实际上，继续使用旧设备方案的寿命期与购置新设备方案的寿命期常常不同，对于寿命期不同的更新方案比选，最简单的方法是采用年值成本法进行比较。

【例 6.4】　某机器 A 目前正在使用，其残值估计为 3 000 元。据估计，这部机器还可使用 5 年，每年的使用费为 1 000 元，第 5 年年末的残值为 0。企业对这部机器的更新提出两种方案。

方案甲：5 年之后，用机器 B 来代替机器 A，机器 B 的原始费用估计为 10 000 元，寿命估计为 15 年，残值为零，每年使用费为 700 元。

方案乙：现在就用机器 C 来代替机器 A，机器 C 的原始费用估计为 7 000 元，寿命为 15 年，残值为零，每年使用费为 900 元。

详细数据如表 6.4 所示，折现率为 10%。试比较方案甲与方案乙的经济效果。

表 6.4　更新方案数据表　　单位:元

年末	方案甲		方案乙	
	原始费用	年使用费	原始费用	年使用费
0	机器 A 3 000		机器 C 7000	
1		1 000		900
2		1 000		900
3		1 000		900
4		1 000		900
5	机器 B 10 000	1 000		900
6		700		900
7		700		900
8		700		900
9		700		900
10		700		900
11		700		900
12		700		900
13		700		900
14		700		900
15		700		900

解　(1)选定研究期为 15 年　由于对更远的估计较为困难，选定 15 年为研究期，这相当于机器 C 的寿命。

方案甲：15 年研究期包括机器 A 使用 5 年和机器 B 使用 10 年。

机器 B 的年值成本 =10000 ×（A/P，10%，15）+700=10000 × 0.1315+700=2 015（元）

方案甲在 15 年内发生的费用现值 =3000+1000 ×（P/A，10%，5）+2015 ×（P/A，10%，10）×（P/F，10%，5）=14 478.39（元）

方案乙：方案乙在 15 年内发生的费用现值 =900 ×（P/A，10%，15）+7 000=13 845.5（元）

显然，方案乙优。

（2）选定研究期为 5 年　如果资料不足，未来的情况难以估计和预测，这时往往不得不采用较短的研究期。如在表 6.4 中采用什么机器来继续机器 A 的工作并不清楚，就只能选定机器 A 还可使用的时期 5 年作为研究期。

方案甲在 5 年内的年值成本 =3000 ×（A/P，10%，5）+1000=1 791.4（元）

方案乙即机器 C 按照寿命为 15 年计算的年度费用 =7000 ×（A/P，10%，15）+900=1 820.5（元）

显然，方案甲优。也就是说，在前 5 年中采用机器 A 比采用机器 C 每年可以节约 29.1（1820.5-1791.4）元，至于 5 年以后的情况则未加以考虑。

一般来说，研究期越长，所得的结果越重要，但是所做的估计也越可能是错误的，因此研究期的选定必须根据掌握的资料和实际情况来估计和判断。

6.4 设备的租赁

6.4.1 设备租赁的概念与形式

1. 设备租赁的定义

设备租赁是随着企业资产所有权和使用权的分离应运而产生的设备使用形式，设备的租赁是一种契约性协议。这一协议规定设备的所有者（出租人）在一定时期内，根据一定的条件，将设备交给使用者（承租人）使用，承租人按协议分期支付租金，并享有对租赁资产的使用权。设备租凭是投资设备的一种方式。

对于承租人来说，设备租赁与设备购买相比的优越性体现在以下几个方面：

（1）可以节省设备投资，在资金不足和借款受到限制的情况下，也能使用设备；

（2）可加快设备的更新，避免技术落后的风险；

（3）可避免通货膨胀的冲击，减少投资风险；

（4）可获得良好的技术服务，提高设备的利用率，从而获得更多的效益；

（5）设备租金可在所得税前扣除，能享受税费上的利益。

其不足之处体现在以下几个方面：

（1）在租赁期间承租人对租用的设备无所有权，只有使用权，所以承租人无权随意对设备进行改造，不能处置设备，也不能用于担保或抵押贷款；

（2）设备租赁的总费用比购置费用高；

（3）租赁合同规定严格，违约要赔偿损失，罚款较多等。

2. 设备租赁的形式

设备租赁主要有经营租赁和融资租赁两种方式。

（1）经营租赁

经营租赁又称为运行租赁，指出租者除向承租者提供租赁物外，还承担设备的保养、维修、贬值及不再续租的风险，任何一方可以随时以一定方式在通知对方后的规定时间内取消或中止租约。该类租赁具有可撤销性、短期性、租金高等特点，适用于技术进步快、用途较广泛、使用具有季节性的设备。临时使用的设备（如车辆、仪器等）通常采用这种租凭方式。经营租赁设备的租赁费计入企业成本，可减少企业所得税。

（2）融资租赁

融资租赁通常又称为长期租赁，指由双方明确租赁的期限和付费义务，出租者按照要求提供规定的设备，然后以租金形式回收设备的全部资金，出租者对设备的整机性能、维修保养、老化风险等不承担责任。该种租赁方式是以融资和对设备的长期使用为前提的，租赁期相当于或超过设备的寿命期，具有不可撤销性、租期长等特点，适用于大型机床、重型施工等贵重设备。融资租入的设备属承租方的固定资产，可以计提折旧计入企业成本，而租赁费一般不直接计入企业成本，由企业税后支付。但租赁费中的利息和手续费可在支付时计入企业成本，作为纳税所得额中准予扣除的项目。融资租赁是现代租赁的主要形式。

由于租赁具有把融资和融物结合起来的特点，使得租赁能够提供及时而灵活的资金融通方式，减少设备陈旧过时的风险，还可以使承租人享受设备试用及使企业获得税收减免等优惠，因此租赁是企业取得设备进行生产经营的一个重要手段。

6.4.2 影响设备租赁的因素

企业在决定进行设备投资之前，必须充分考虑影响设备购置与租赁的主要因素，才能获得最佳的经济效益。

1. 影响设备租赁的主要因素

(1)项目的寿命期。

(2)企业是否需要长期占有设备，还是只希望短期占有这种设备。

(3)设备的技术性能和生产效率。

(4)设备对工程质量(产品质量)的保证程度，对原材料、能源的消耗量以及设备生产的安全性。

(5)设备的成套性、灵活性、耐用性、环保性和维修的难易程度。

(6)设备的经济寿命。

(7)技术过时风险的大小。

(8)设备的资本预算计划、资金可获量(包括自有资金和融通资金)，融通资金时借款利息或利率高低。

(9)提交设备的进度。

2. 影响设备租赁的其他因素

(1)租赁期长短。

(2)设备租金，包括总租金和每租赁期租金。

(3)租金的支付方式，包括租赁期起算日、支付日期、支付币种和支付方法等。

(4)企业经营费用减少与折旧费和利息减少的关系，租赁的节税优惠。

(5)预付资金、租赁保证金和租赁担保费用。

(6)维修方式，即是由企业自行维修，还是由租赁机构提供维修服务。

(7)租赁期满，资产的处理方式。

(8)租赁机构的信用度、经济实力以及与承租人的配合情况。

6.4.3 设备租赁与购买方案的分析

采用购置设备或采用租赁设备应取决于这两种方案在经济上的比较，比较的原则和方法与一般的互斥投资方案的比选方法相同。

1. 设备租赁与购买方案分析的步骤

(1)根据企业生产经营目标和技术状况，提出设备更新的投资建议。

(2)拟订若干设备投资、更新方案，包括租赁、购买。

(3)定性分析筛选方案，包括企业财务能力分析、设备技术风险分析和使用维修特点。

(4)定量分析并优选方案，结合其他因素，做出租赁还是购买的投资决策。

设备租赁的经济分析是对设备租赁和设备购置进行经济比选，也是互斥方案选优问题，其方法与设备更新方案选择无实质上的差别，故可运用费用现值法、费用年值法、NPV 法等进行优选。

2. 设备租赁与购买方案的经济分析方法

1）设备经营租赁方案的净现金流量

净现金流量 = 销售收入 − 经营成本 − 租赁费用 − 销售相关税金 − 所得税税率 ×（销售收入 − 经营成本 − 租赁费用 − 销售相关税金）

式中租赁费用主要包括租赁保证金、担保费、租金。

对于租金的计算主要有附加率法和年金法。

（1）附加率法

附加率法是在租赁资产的设备货价或概算成本上再加上一个特定的比率来计算租金。

每期租金 R 表达式为

$$R = P(1+N\times i)/N + P\times r \tag{6.8}$$

式中 R 表示每期支付租金；P 表示租赁资产的价格；N 表示租赁资产的还款期数；i 表示与还款期数相对应的折现率；r 表示附加率（由额外的服务增加的租金收益）。

【例 6.5】 租赁公司拟出租给某企业一台设备，设备价格为 60 万元，租期为 7 年，协商租金在每年年末支付，折现率为 8%，附加率为 3%，计算每年的租金是多少？

解　$R=60\times(1+7\times 8\%)\div 7+60\times 3\%=15.17$（万元）

即每年所收的租金应该为 15.17 万元。

（2）年金法

年金法是将一项租赁资产价值按相同比率分摊到未来各租赁期间内的租金的计算方法。

①期末支付方式是在每期期末等额支付租金。每期租金 R 的表达式为

$$R = P\times i(1+i)^n/[(1+i)^n-1] \tag{6.9}$$

式中 P 表示租赁资产的价格；R 表示每期支付租金；n 表示租赁资产的还款期数；i 表示与还款期数相对应的折现率。

②期初支付方式是在每期期初等额支付租金。每期租金 R 的表达式为

$$R = P\times i(1+i)^{n-1}[(1+i)^n-1] \tag{6.10}$$

【例 6.6】 某企业租赁使用的一台设备价格为 70 万元，租期为 5 年，如果折现率为 10%，试分别按每年年末、每年年初支付方式计算租金。

解　按年末支付方式计算租金为

$$R=70\times 10\%(1+10\%)^5/[(1+10\%)^5-1]=70\times 0.2638=18.47\text{（万元）}$$

按年初支付方式计算租金为

$$R=70\times 10\%(1+10\%)^{5-1}/[(1+10\%)^5-1]=70\times 0.2398=16.79\text{（万元）}$$

2）购买设备方案的净现金流量

在与租赁相同条件下，购买设备方案的净现金流量每期为

净现金流量 = 销售收入 − 经营成本 − 设备购置费 − 贷款利息 − 销售相关税金 − 所得税税率 ×（销售收入 − 经营成本 − 折旧 − 贷款利息 − 销售相关税金）

3)设备租赁与购置方案的经济比选

对于承租人来说,关键的问题是决定租赁还是购买设备。而设备租赁与购买的经济比选也是互斥方案选优问题,一般设备寿命相同时可以采用净现值法,设备寿命不同时可以采用年值法。无论用净现值法还是年值法,均以收益效果较大或成本较低的方案为最佳。

在工程经济互斥方案分析中,为了简化计算,常常只需要比较它们之间的差异部分。而设备租赁与购买方案的经济比选,最简单的方法是在假设所得到设备的营业收入相同的条件下,将租赁方案和购买方案的费用进行比较。根据互斥方案比选的增量原则,只需比较它们之间的差异部分。

比较两个现金流量公式,实际上设备租赁与购买只需比较:

设备租赁　所得税税率 × 租赁费用 - 租赁费用

设备购买　所得税税率 ×(折旧 + 贷款利息)- 设备购置费 - 贷款利息

如果设备有残值,则设备购置费等于设备购买价格减去设备残值。

由于每个企业都要根据利润缴纳所得税,按财务制度规定,租赁设备的租金允许计入成本;购买设备每期计提的折旧费也允许计入成本;若用借款购买设备,其每期支付的利息也可以计入成本。在其他费用保持不变的情况下,计入成本越多,则利润总额越少,企业缴纳的所得税也越少。因此在充分考虑各种方式的税收优惠影响下,应该选择税后收益更大或者税后成本更小的方案。

【例 6.7】A 生产线是某企业生产所必需的设备,其购置费为 30 万元,可贷款 10 万元,贷款利率为 8%,在贷款期 3 年内每年年末等额还本付息。设备使用期为 5 年,期末设备残值为 10 000 元。这种设备也可以租赁到,每年年末租赁费为 70 000 元。企业所得税税率为 25%,采用直线法折旧,基准折现率为 10%,试为企业选择更经济的方案。

解　(1)若企业采用购置方案

年折旧费 =(300000-10000)/5=58 000(元)

各年支付的本利和 A 按下式计算,则各年的还本付息如表 6.5 所示。

$$A=100000\times8\%(1+8\%)^3/[(1+8\%)^3-1]=100000\times0.38803=38\,803(\text{元})$$

表 6.5　各年的还本付息　　单位:元

年份	期初剩余本金	本期还款金额	其中本期支付本金	其中本期支付利息
1	100 000	38 803	30 803	8 000
2	69 197	38 803	33 267	5 536
3	35 930	38 803	35 929	2 874

计算设备购置费方案的现值:当贷款购买设备时,企业可以将所支付的利息及折旧从成本中扣除而免税,并且可以回收残值。

$$P=300000-58000\times0.25(P/A,10\%,5)-10000(P/F,10\%,5)-8000\times0.25(P/F,10\%,1)-5536\times0.25(P/F,10\%,2)-2874\times0.25(P/F,10\%,3)$$
$$=235\,322.65(\text{元})$$

(2)若企业采用租凭方案　计算设备租赁方案的现值:当租赁设备时,承租人可以将租金计入成本而免税。

$$\begin{aligned}P&=70000(P/A,10\%,5)-0.25\times 70000(P/A,10\%,5)\\&=70000\times 3.7908-0.25\times 70000\times 3.7908\\&=199\ 017(元)\end{aligned}$$

从经济角度出发，应该选择租赁设备的方案。

知识链接

由于每个企业都要根据利润的大小缴纳所得税，按财务制度的规定，经营性租赁设备的租金允许计入成本；购买设备每年计提的折旧费也允许计入成本；若用借款购买设备，其每年支付的利息也可以计入成本。在其他费用保持不变的情况下，计入成本越多，则利润总额越少，企业缴纳的所得税也越少，因此在充分考虑各种方式的税收优惠影响下，应该选择税后收益更大或税后成本更小的方案。

综合案例

甲公司是境内盈利企业，为增值税一般纳税人，适用企业所得税税率为25%，未享受所得税优惠政策。2009年5月，甲公司计划加大技术投入力度，增强自主创新能力，拟对一组因技术进步而产品更新较快的关键设备进行置换。该组设备固定资产原值为3 000万元，已使用9年，折旧年限为10年，预计净残值为150万元，已无多大使用价值。类似的新设备市场价格仍为3 000万元。甲公司管理层在决策时认为，依据企业固定资产5年投资规划，计划在2010年报废该组设备并同时购置新设备。如果提前更新购置该组设备，将大大提高产品更新水平和市场竞争力。但按照年初财务资金预算，并没有安排该部分资金，如需购置，应调整年度财务预算，并增加银行贷款3 000万元。企业从资金角度对提前购置该组设备进行了分析。假设基准利率为6%，该公司固定资产折旧采用年限平均法。

案例分析

根据国税发〔2009〕81号文件的规定，企业拥有并使用的固定资产符合本文件第一条规定的，在原有的固定资产未达到《中华人民共和国企业所得税法实施条例》（以下简称《企业所得税法实施条例》）规定的最低折旧年限前，使用功能相同或类似的新固定资产替代旧固定资产的，企业可根据旧固定资产的实际使用年限和本文件的规定，对新替代的固定资产采取缩短折旧年限或者加速折旧的方法。《企业所得税法实施条例》第六十条规定，除国务院财政、税务主管部门另有规定外，固定资产计算折旧的最低年限如下。

（1）房屋、建筑物，为20年。

（2）飞机、火车、轮船、机器、机械和其他生产设备，为10年。

（3）与生产经营活动有关的器具、工具、家具等，为5年。

（4）飞机、火车、轮船以外的运输工具，为4年。

（5）电子设备，为3年。

为此，甲公司新购置的设备应尽量享受加速折旧的税收优惠政策。甲公司现有设备已使用9年多，《企业所得税法实施条例》规定的最低折旧年限为10年，企业如选择在最低折旧年限到期3个月前购置该组设备，则符合上述政策要求，可享受采取缩短折旧年限或者加速折旧的税收优惠政策，具体分析如下。

（1）银行贷款利息　因银行利息可在税前扣除，甲公司因支付利息而净流出的资金

=3000×6%×1÷4×(1-25%)×0.9434=31.839 8(万元)。

(2)采取通常折旧方法　甲公司不考虑税收优惠政策而按通常折旧方法计提折旧,以平均年限法计提折旧,即将固定资产的应计折旧额均衡地分摊到固定资产预计使用寿命内。

年折旧额=(3000-150)÷10=285(万元)

累计折旧现值合计=285×(P/A,6%,10)=285×7.3601=2 097.628 5(万元)

相应抵税=2097.6285×25%=524.407 1(万元)

(3)采取缩短折旧年限方法　甲公司选择最低折旧年限为固定资产预计使用寿命的60%,则该固定资产最低折旧年限=10×60%=6(年)。

年折旧额=(3000-150)÷6=475(万元)

累计折旧现值合计=475×(P/A,6%,6)=475×4.9173=2 335.717 5(万元)

相应抵税=2335.717 5×25%=583.93(万元)

甲公司提前3个月购置新设备,因银行贷款而支付利息,资金净流出31.839 8万元,但可享受到采取缩短折旧年限方法的税收优惠政策,较采取通常折旧方法多抵税而少流出资金583.93-524.4071=59.522 9(万元)。两项因素合计,因提前3个月购置新设备可减少资金净流出59.522 9-31.8398=27.683 1(万元),可见企业提前更新设备为佳。另外,甲公司提前更新设备,报废原有设备,根据《财政部、国家税务总局关于企业资产损失税前扣除政策的通知》(财税〔2009〕57号)的规定,应提供能够证明资产损失已实际发生的合法证据包括具有法律效力的外部证据、具有法定资质的中介机构的经济鉴证证明、具有法定资质的专业鉴定证明等在企业所得税前申报扣除。因此,企业在享受企业所得税优惠期间,选择加速折旧税收优惠政策不一定为佳,企业应具体分析。

点评

(1)适时提前购置更新设备　企业在未享受企业所得税优惠期间,如更新购置的固定资产符合税法规定的可以采取缩短折旧年限或者加速折旧方法的条件,在原有设备使用价值不大且对生产经营没有影响的前提下,可考虑适当提前进行设备更新,以符合享受加速折旧的税收优惠政策条件。

(2)合理选择加速折旧的方法　国税发〔2009〕81号文件规定,对于采取缩短折旧年限的固定资产,足额计提折旧后继续使用而未进行处置(包括报废等情形)超过12个月的,今后对其更新替代、改造改建后形成的功能相同或者类似的固定资产,不得再采取缩短折旧年限的方法。为此企业可根据设备使用情况,合理估计使用年限,如预期在缩短折旧年限后还要使用的,可考虑选择加速折旧的方法。

(3)及时报送有关资料　国税发〔2009〕81号文件规定,企业确需对固定资产采取缩短折旧年限或者加速折旧方法的,应在取得该固定资产后1个月内,向其企业所得税主管税务机关(以下简称主管税务机关)备案,并报送以下资料:固定资产的功能、预计使用年限短于实施条例规定计算折旧的最低年限的理由、证明资料及有关情况的说明;被替代的旧固定资产的功能、使用及处置等情况的说明;固定资产加速折旧拟采用的方法和折旧额的说明;主管税务机关要求报送的其他资料。

(4)正确进行调整　在实际工作中,企业设定的固定资产折旧年限与税法所规定的最低折旧年限不一定相同,对此企业应具体情况具体分析,将会计核算计提的折旧方法与税法规定不一致的进行纳税调整。

思考与练习

一、单项题

1. 设备从开始使用到其年度费用最小的使用年限称为(　　)。

A. 经济寿命　B. 物理寿命　C. 折旧寿命　D. 技术寿命

2. 设备更新方案的比较和选优与互斥方案的比选相同,在实际比选时,人们经常假定不同方案中的设备产生的(　　)相同。

A. 年度费用　B. 投资总额　C. 收益　D. 总成本

3. 关于设备的租赁与购买,购买优于租赁的条件是(　　)。

A. 年折旧额大于租金

B. 年租金大于年贷款利息

C. 企业能筹集到足够的资金

D. 购买方案的费用现值小于租赁方案的费用现值

4. 某企业现需要一套机器设备,若购置设备,总投资为 27 000 元,寿命为 8 年,期末残值为 1 500 元。这种设备也可以在市场租到,每年的租金为 4 500 元,运行费用均为每年 1 800 元,所得税税率为 25%,年末纳税,则该公司(　　)较为有利。

A. 租赁设备　B. 购买设备　C. 租赁或购买　D. 不确定

5. 某公司现有一套原值为 15 000 元的设备,估计还可以使用 5 年, 5 年后残值为 1 000 元,年运行费用为 600 元。在市场上同种功能的设备,其总价为 20 000 元,可使用 12 年,残值为 1 000 元,年运行费用为 400 元。已知在市场上原来设备的折买价值为 10 000 元,该企业有两种选择,即继续使用原设备或改用新设备,折现率为 10%,则(　　)更合适。

A. 使用原设备　B. 改用新设备

C. 使用原设备或改用新设备　D. 不确定

二、多项题

1. 设备寿命从不同角度可以划分为(　　)。

A. 经济寿命　B. 物理寿命　C. 折旧寿命　D. 技术寿命

E. 自然寿命

2. 一般来讲,设备的年度费用包括(　　)。

A. 沉没成本　B. 年度使用费

C. 折旧费　D. 年度资金恢复费用

E. 原始总投资

3. 设备租赁的主要形式有(　　)。

A. 运行租赁　B. 融资租赁　C. 经营性租赁　D. 生产租赁

4. 现有两种购置设备的方案 A 和 B。方案 A:设备总价 20 000 元,寿命期为 8 年,年运行费用为 1 500 元。方案 B:设备总价 28 000 元,寿命期为 10 年,年运行费比 A 方案少 500 元。若残值率为 5%,基准收益率为 10%,则下列说法正确的是(　　)。

A. 方案 A 优于 B　B. 方案 A 的年度费用为 5 461 元

C. 方案 B 的年度费用为 5 469 元　D. 方案 B 优于 A

5. 下列关于设备的租赁与购买,说法正确的是(　　)。

A. 购买方案与租赁方案税后的净现金流量的年值比较，年值大者为优

B. 购买方案的现金流量中，折旧是现金流入的一项

C. 购买方案优于租赁方案的条件是年计提折旧大于年租赁费用

D. 购买方案中，折旧额越大，所交的税就越少

三、简答题

1. 设备的磨损分为那几种；分别以什么方式补偿？

2. 什么是设备的大修、更新和现代化改装？分别简述它们的优缺点。

3. 设备的寿命类型有哪些？什么是设备的经济寿命；如何确定设备的经济寿命？

4. 设备更新方案的特点和原则有哪些？

5. 设备租赁的方式和特点有哪些；如何进行设备租赁与购置分析？

6. 某设备原始价值为 10 000 元，预计残值为 1 000 元，年运行成本劣化值为 260 元/年，试求该设备的经济寿命。

7. 某设备初始投资为 8 000 元，残值为 0，第一年运行费用为 1 800 元，以后每年递增 800 元，利润为 6%，试求该设备的经济寿命与最小年均费用。

8. 某单位 3 年前花 8 000 元购买了一台设备 A，估计还可以使用 5 年。第 5 年年末估计残值为 600 元，年使用费为 1 100 元。现市场上出现了一种新型设备 B，售价为 10 000 元，估计可以使用 10 年，第 10 年年末估计残值为 500 元，年使用费为 900 元。该单位现有两个方案：甲方案是继续使用设备 A；乙方案是把旧设备 A 以 1 200 元卖掉，然后购买新设备 B。如果基准折现率为 10%，该单位选择哪个方案更经济？

项目 7　价值工程

知识目标

1. 掌握价值工程的基本概念。
2. 了解价值工程的工作程序。
3. 掌握提高价值的途径。

能力目标

1. 能够运用价值工程方法解决建筑工程的实际问题。
2. 深刻理解价值工程的现代科学管理观念与思想。
3. 能够运用适当方法提高产品的价值。

引例

河北省某酒店是一家集 SPA 沐浴、名仕餐饮、格调客房、概念休闲、养生保健为一体的假日休闲酒店，是引进欧美现代休闲概念而投资兴建的新型假日酒店。总营业面积 10 000 多平方米，是目前冀中地区建筑装饰档次较高、服务功能较为齐全的休闲娱乐场所。

作为休闲服务行业，宾客的满意度是影响酒店运营的最为关键的一点。酒店的任何一个部门都或多或少地与宾客有联系接触，但与宾客接触最多的部门当属酒店的运营部（包括前厅部、男宾部、女宾部、综合部），从酒店整个洗浴服务价值链来看，运营部是贯穿整个价值链之中的。其中运营部中的前厅部作为酒店的"门脸"，是对宾客迎来送往最多的一个部门，其服务质量的高低直接影响着酒店的形象和效益。由于服务行业存在客流高峰与低峰之别的特性，当客流高峰时，往往存在客人来了，没有人接待的现象，而当客流低峰时，往往是一个客人来了，好几个人围着服务，导致客流高峰期间，宾客满意度极低，员工忙得团团转也接待不周，而客流低峰期间，员工都闲着无所事事。另外，在工作过程中，要想将接待工作做好，往往还需要主管上级一直在现场盯着，并安排不同情况下人员具体该做什么，十分牵扯管理人员的精力。到底应该配置多少服务人员才能保证宾客多时可以忙得过来，而又不至于宾客少时闲着没事，是困扰该酒店管理人员的一个难题？到底该怎么分工，才可以保证员工明白自己到底该干什么，也是让酒店管理人员头疼的事情。

思考

从成本与功能的角度出发，你能提出一系列让该酒店提高工作效率和提升管理价值的方法吗？

分析

对于服务行业所存在的客流量高低峰的差异，在人员配置方面确实是一种挑战，既不能全保证高峰期的人员配置，以实现宾客的一对一接待，也不能采取控制人工成本的低峰期的人员配置，因而解决高低峰期的人员配置问题，首先就是要针对不同的接待情况配置不同数量的人员,即高峰期时配置人员多,低峰期时配置人员少。在酒店实际操作中,就是要将工作的班次设定好,根据宾客高峰期的不同时间段,排开不同的班次,如分为早、中、晚三班,不同班次的人员配置不同,可有效降低酒店的人工成本。其次,在每个班次中,由于人员配置不同,每个人员的工作职责范围也就会有所不同,此时需要根据不同人员配置情况,确定每个岗位的人员在不同班次中的工作职责范围。在前厅部接待中,更为精细化的方法就是在不同班次中,分别划定每位员工的工作区域范围以及其工作内容和标准,形成不同人员配置情况下的工作分工明细,这样每位员工就可以清晰明白自己的工作内容,不再需要上级领导的现场督导而自觉地按照工作标准的要求去完成工作。既明确了员工的工作职责,又节省了上级领导的精力,正所谓一举两得。

企业提高工作效率、降低成本离不开价值工程在管理过程中的应用。

7.1 价值工程概述和工作原则

7.1.1 价值工程概述

价值工程(Value Engineering, VE)是 1947 年由美国通用电器公司工程师拉里·迈尔斯首先提出并研究的。在第二次世界大战期间,他在寻找急需而无法获得的石棉板时,找到了它的替代物并降低了成本,从中发现了商品的功能与成本之间的关系,由此他提出了“如果得不到所需的材料或物品,可以想办法得到它的功能”的思想。经过研究他认为,要设计出物美价廉的产品,必须认识到用户需要的不是产品本身,而是它的功能,并且是按照功能的必要程度来付款的,因此要以研究用户对产品所要求的功能为基础进行产品设计。于是设计物美价廉的产品这一问题,变成以最低费用(成本)提供用户所要求的功能的问题,改变了以产品为中心的传统观念,确立了以功能分析为中心的新思想。迈尔斯对此进行了大量研究,创立了功能分析、功能定义和功能评价的方法——价值工程(VE)。

价值工程通过“价值”的概念把技术和经济统一起来,谋求用最低的成本获得必要的功能。在满足使用者需要的同时,可以使企业和社会都获得最佳的经济效果,使有限的资源得到充分合理的利用。

1. 价值工程的目的、核心和组织特性

价值工程是以提高产品(或作业)价值和有效利用资源为目的,通过有组织的创造性工作,寻求用最低的寿命周期成本,可靠地实现使用者所需功能,以获得最佳的综合效益的一种管理技术。其中“产品”泛指以实物形态存在的各种产品,如材料、制成品、设备、建设工程等;“作业”是指提供一定功能的工艺、工序、作业、活动等。

(1)价值工程的目的是提高对象的价值。即用最低的寿命周期成本实现产品的必要功能,使用户和企业都得到最大的经济效益。这里的寿命周期成本是指产品从开发、设计、制造、使用、维修直至报废的经济寿命周期的总费用。

(2)价值工程的核心是对产品进行功能系统分析。即对功能与成本之间的关系进行定性和定量的分析,搞清产品的基本功能和辅助功能,哪些是用户需要的,哪些是用户不需要的,分析各功能之间的关系,找出新的解决办法。

（3）价值工程的组织特性是依靠集体智慧进行有组织的创造性活动。VE 活动不应该是个别人或个别科室的独立活动，而是依靠由各方面人员组织起来的智慧和力量，开展有组织有领导、按一定工作程序进行的集体设计活动。

2. 价值

价值工程所述的“价值”也是一个相对的概念，是指作为某种产品（或作业）所具有的功能与获得该功能的全部费用的比值。它不是对象的使用价值，也不是对象的交换价值，而是对象的比较价值，是作为评价事物有效程度的一种尺度。这种尺度可以表示为一个数学公式

$$V=\frac{F}{C} \tag{7.1}$$

式中　V——价值；

F——研究对象的功能，广义上讲是指产品或作业的功用和用途；

C——成本，即寿命周期成本。

价值工程中“价值”的含义比较接近人们通常口语中“价值”的概念。例如我们在日常生活中购买商品，特别是消费品，首先要看看或了解该商品有什么作用、是干什么的、质量如何，再看看要花多少钱，然后两者比较一下，判断值不值得买。如果质量很好、价钱还可以，或者质量一般但价钱便宜，就认为值得买；否则就不值得买。这就是说，用户在购买商品时，一般要同时考虑商品的质量和价格，来评定商品的价值。

3. 功能

价值工程认为，功能对于不同的对象有着不同的含义：对于物品来说，功能就是它的用途或效用；对于作业或方法来说，功能就是它所起的作用或要达到的目的；对于人来说，功能就是他应该完成的任务；对于企业来说，功能就是它应为社会提供的产品和效用。总之，功能是对象满足某种需求的一种属性。

任何产品都具有使用价值，即任何产品的存在是由于它们具有能满足用户所需求的特有功能，这是存在于产品中的一种本质。人们购买物品的实质是为了获得产品的功能。

4. 全寿命周期成本

价值工程中的成本指全寿命周期成本，即产品从构思、设计、生产、流通、使用、维护直至该产品报废这一过程中的全部成本费用。全寿命周期成本由生产成本和使用成本构成。生产成本是指产品在研究开发、设计制造、运输施工、安装调试过程中发生的成本；使用成本是用户在使用产品的过程中所发生的费用总和，包括产品的维护、保养、管理、能耗等方面的费用。图 7.1 所示为产品功能与成本关系图。

$$C=C_1+C_2 \tag{7.2}$$

式中　C——全寿命周期成本；

C_1——生产成本；

C_2——使用成本。

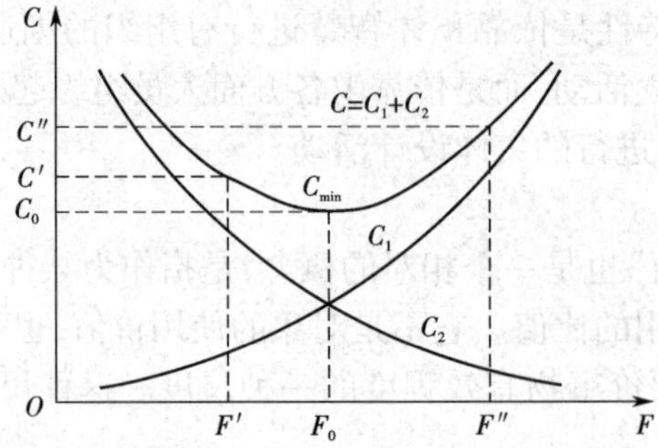

图 7.1 产品功能与成本关系图

7.1.2 价值工程工作原则

迈尔斯在长期实践过程中，总结了一套开展价值工程工作的原则，用于指导价值工程活动的各步骤的工作，这些原则如下。

(1)分析问题要避免一般化、概念化，要做具体分析；

(2)收集一切可用的成本资料；

(3)使用最好、最可靠的情报；

(4)打破现有框架，进行创新和提高；

(5)发挥真正的独创性；

(6)找出障碍，克服障碍；

(7)充分利用有关专家，扩大专业知识面；

(8)对于重要的公差，要换算成加工费用来认真考虑；

(9)尽量采用专业化工厂的现成产品；

(10)利用和购买专业化工厂的生产技术；

(11)采用专门生产工艺；

(12)尽量采用标准；

(13)以“我是否这样花自己的钱”作为判断标准。

这 13 条原则中，(1)~(5)条是属于思想方法和精神状态的要求，提出要实事求是，要有创新精神；(6)~(12)条是组织方法和技术方法的要求，提出要重专家、重专业化、重标准化；第(13)条则提出了价值分析的判断标准。

7.2 价值工程工作程序

价值工程也像其他技术一样具有自己独特的一套工作程序。在工程建设中，价值工程的工作程序实质就是针对工程产品(或作业)的功能和成本提出问题、分析问题、解决问题的过程。其工作步骤如表 7.1 所示。

表 7.1　价值工程的工作程序

工作阶段	设计程序	工作步骤		对应问题
		基本步骤	详细步骤	
准备阶段	制定工作计划	确定目标	1. 对象选择	1. 价值工程的研究对象是什么
			2 信息资料搜集	
分析阶段	功能评价	功能分析	3. 功能定义	2. 这是干什么用的
			4. 功能整理	
		功能评价	5. 功能成本分析	3. 成本是多少
			6. 功能评价	4. 价值是多少
			7. 确定改进范围	
创新阶段	初步设计	制定创新方案	8. 方案创造	5. 有无其他方法
			9. 概略评价	6. 新方案的成本有多少
	评价各设计方案,改进、优化方案		10. 调整完善	
			11. 详细评价	
	方案书面化		12. 提出方案	7. 新方案能满足功能的需求吗
实施阶段	检查实施情况,并评价活动成果	方案实施与成果评价	13. 方案审批	8. 偏离目标了吗
			14. 方案实施与检查	
			15. 成果评价	

7.2.1　价值工程对象选择

开展价值工程首先是要确定对象。价值工程的对象就是生产中存在的问题,包括产品和工作过程。能否正确选择价值工程对象是价值工程活动收效大小甚至成败的关键。

在工程建设中,并不是对所有的工程产品(或作业)都进行价值分析,而是主要根据企业的发展方向、市场预测、用户反映、存在问题、薄弱环节以及提高劳动生产率、提高质量、降低成本等方面来选择分析对象,因此价值工程的对象选择过程就是收缩研究范围的过程,最后明确分析研究的目标即主攻方向。一般来说,可从以下几方面考虑价值工程对象的选择。

(1)从设计方面看,对结构复杂、性能和技术指标差、体积和质量大的工程产品进行价值工程活动,可使工程产品结构、性能、技术水平得到优化,从而提高工程产品价值。

(2)从施工生产方面看,对量大面广、工序烦琐、工艺复杂、原材料和能源消耗高、质量难以保证的工程产品,进行价值工程活动可以最低的寿命周期成本可靠地实现必要功能。

(3)从市场方面看,选择用户意见多和竞争力差的工程产品进行价值工程活动,以赢得消费者的认同,占领更大的市场份额。

(4)从成本方面看,选择成本高或成本比重大的工程产品进行价值工程活动,可降低工程产品成本。

价值工程对象选择的方法有很多种,不同方法适宜于不同的价值工程对象,根据企业条件选用适宜的方法,就可以取得较好的效果。常用的方法有经验分析法、百分比法、ABC 分析法、强制确定法、价值系数法等。

1. 经验分析法

经验分析法又称为因素分析法，是根据有丰富实践经验的设计人员、施工人员以及企业的专业技术人员和管理人员对产品中存在的问题的直接感受，经过主观判断确定价值工程对象的一种方法。运用该方法进行对象选择，要对各种影响因素进行综合分析，区分主次轻重，既考虑需要，也考虑可能，以保证对象选择的合理性。

经验分析法是对象选择的定性分析方法，其优点是简单易行，考虑问题综合全面，是目前实践中采用较为普遍的方法；其缺点是缺乏定量分析，在分析人员经验不足时准确程度降低，但用于初选阶段是可行的。

2. 百分比法

企业通常为社会提供多个产品或服务，每种产品为企业带来的收益以及所占用的成本往往是有差异的。百分比法是通过分析备选对象对企业的两个或两个以上技术经济指标的影响程度来确定价值工程对象的方法。

【例 7.1】 某厂有 6 种产品，它们各自的成本和利润占总成本和总利润的百分比如表 7.2 所示。该厂现需提高利润水平，试确定可能的价值工程对象。

表 7.2 某厂产品成本和利润百分比

产品种类	A	B	C	D	E	F	合计
成本 / 万元	85	10	5	25	8	7	140
成本百分比 /%	60.7	7.1	3.6	17.9	5.7	5.0	100.0
利润 / 万元	28	4	2	3	5	4	46
利润百分比 /%	60.9	8.7	4.3	6.5	10.9	8.7	100.0
利润百分比 / 成本百分比	1.00	1.22	1.22	0.37	1.90	1.74	
从大到小排序	5	3	3	6	1	2	

解 由计算得到各产品和利润的百分比如表 7.2 所示。一般来说，某种产品的收益能力应该与该产品的成本相适应。根据经济学原理，企业投资在每件产品或者服务上的研究边际成本应该相同，都接近企业的边际成本，这是最优资源分配。由表 7.2 可见，产品 D 的成本占产品总成本的 17.9%，而其利润仅占总利润的 6.5%。显然，产品 D 应作为价值工程分析的重点对象。

百分比法只对事先选定的某几项技术经济指标进行各产品影响程度的定量分析。企业在一定时期要提高某些技术经济指标，且在拟选对象数目不多的情况下，运用这种方法有较强的针对性和有效性。

3.ABC 分析法

ABC 分析法是意大利经济学家帕累托在研究人口和收入分配规律时总结出来的一种方法。帕累托发现占总人口百分比不大的少数人的收入要占总收入的极大部分，而占人口百分比大的多数人的收入却只占总收入的很少一部分。类似这种现象在社会和经济生活中屡见不鲜。在企业中，不同产品对总收益的贡献水平也是不同的，总有少数的产品贡献了绝大多数份额的收益，而绝大多数的产品只贡献了少数的收益。其基本原理是在选择价值工程对象时，要分清主次、轻重，区别关键的少数和次要的多数，根据不同的情况进行分类对待，如分成 A、B、C 三类，类别划分参考值如表 7.3 所示。

表 7.3　A、B、C 类别划分参考值

类别	数量占总数百分比	成本占总成本百分比
A 类	10% 左右	70% 左右
B 类	20% 左右	20% 左右
C 类	70% 左右	10% 左右

ABC 分析法具体步骤：

(1)将研究对象(全部产品或一种产品的零部件)按成本大小依次排队；

(2)按排队的累计件数求出占产品或零部件总数的百分比；

(3)计算研究对象的累计成本；

(4)计算累积成本占总成本的百分比；

(5)按 ABC 分析法的分类原则将研究对象分为 A、B、C 三类；

(6)画出 ABC 分析曲线图，如图 7.2 所示；

(7)将 A 类作为价值工程的主要研究对象，其次再选 B 类。

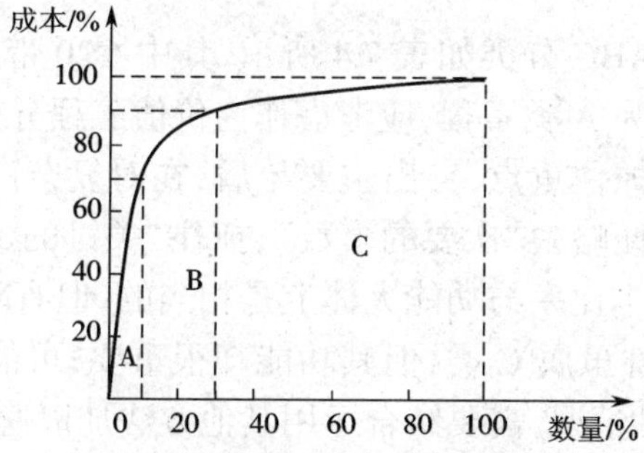

图 7.2　ABC 分析曲线图

【**例 7.2**】　某住宅楼工程基础部分包含 17 个分项工程，各分项工程的造价及基础部分的直接费用见表 7.4，试采用 ABC 分析法确定该基础工程中可作为价值工程研究对象的分项工程。

表 7.4　某住宅楼基础工程分项工程 ABC 分类

分项工程名称	成本 / 元	累计分项工程数	累计分项工程数百分比	累计成本 / 元	累计成本百分比	分类
1.C20 带形钢筋混凝土基础	63 436	1	5.88%	63 436	39.50%	*A*
2. 干铺土石屑垫层	29 119	2	11.76%	92 555	57.64%	
3. 回填土	14 753	3	17.65%	107 308	66.83%	

表 7.4(续)

分项工程名称	成本/元	累计分项工程数	累计分项工程数百分比	累计成本/元	累计成本百分比	分类
4. 商品混凝土运费	10 991	4	23.53%	118 299	73.67%	B
5.C10 混凝土基础垫层	10 952	5	29.41%	129 251	80.49%	
6. 排水费	10 487	6	35.29%	139 738	87.02%	
7.C20 独立式钢筋混凝土基础	6 181	7	41.18%	145 919	90.87%	
8.C10 带形钢筋混凝土基础	5 638	8	47.06%	151 557	94.38%	C
9.C20 矩形钢筋混凝土柱	2 791	9	52.94%	154 348	96.12%	
10.M5 砂浆砌筑砖基础	2 202	10	58.82%	156 550	97.49%	
11. 挖土机挖土	2 058	11	64.71%	158 608	98.77%	
12. 推土机场外运费	693	12	70.59%	159 301	99.20%	
13. 履带式挖土机场外运费	529	13	76.47%	159 830	99.53%	
14. 满堂脚手架	241	14	82.35%	160 071	99.68%	
15. 平整场地	223	15	88.24%	160 294	99.82%	
16. 槽底钎探	197	16	94.12%	160 491	99.94%	
17. 基础防潮底	89	17	100%	160 580	100%	
总成本	160 580					

解 基础分项工程的 ABC 分类如表 7.4 所示,其中 C20 带形钢筋混凝土基础、干铺土石屑垫层、回填土三项工程为 A 类工程,应考虑作为价值工程分析的对象。

ABC 分析法的优点是抓住重点,突出主要矛盾,在对复杂产品的零部件作对象选择时常用该法进行主次分类,以便略去“次要的多数”,抓住“关键的少数”。

不足之处是,对象的成本比率与功能大体上是相当的,但有时也会因成本和其他要素分配不合理造成产品或零部件虽属 C 类,但其功能却很重要,可能会因为排在后面而未能选为价值工程的对象。对这种情况,需要结合运用其他方法加以避免。

4. 强制确定法

强制确定法简称 FD 法,是以功能重要程度作为选择价值工程对象决策指标的一种分析方法。它的出发点为功能重要程度高的零部件是产品中的关键,因此应当是重点分析对象。强制确定法不仅能用于产品,也可用于工程项目、工序、作业、服务项目或管理环节的分析。强制确定法分为 01 评分法和 04 评分法两种,评分时由熟悉产品的 5~15 名专家参加,并各自独立打分。

(1)01 评分法

01 评分法是先将构成产品的各零件(或项目因素)排列成矩阵,并站在用户的角度按功能重要程度进行一对一循环对比,两两打分,功能相对重要的零件得 1 分,相对不重要的得 0 分,每做一次比较有一个得 1 分,另一个得 0 分,合计各零件的得分值后除以全部零件的得分值总和,就得出各零件的功能评价系数,该系数大者,表明此零件重要,应该列为重点。

有时某一零件的得分总值为 0,但实际上不能说该零件没有价值,为了避免这种误差,往往可对评分值加以修正，修正的方法是在全部零件得分基础上都各加 1 分，用修正后的得分值作为计算功能重要系数的参数，具体做法见表 7.5。

表 7.5　01 评分表

	F_1	F_2	F_3	F_4	F_5	得分	修正得分	权　重
F_1	×	0	1	1	1	3	4	4/15=0.267
F_2	1	×	1	1	1	4	5	5/15=0.333
F_3	0	0	×	0	1	1	2	2/15=0.133
F_4	0	0	0	×	1	1	3	3/15=0.200
F_5	0	0	0	0	×	0	1	1/15=0.067
合计						10	15	1.000

（2）04 评分法

01 评分法虽然能判别零件的功能重要程度，但评分规定过于绝对，准确度不高，可以采用 04 评分法来计算功能重要系数，见表 7.6。

表 7.6　04 评分表

	F_1	F_2	F_3	F_4	F_5	得分	权　重
F_1	×	3	3	4	4	14	14/40=0.350
F_2	1	×	2	3	3	9	9/40=0.225
F_3	1	2	×	3	3	9	9/40=0.225
F_4	0	1	1	×	2	4	4/40=0.100
F_5	0	1	1	2	×	4	4/40=0.100
合计						40	1.000

04 评分法的步骤、方法与 01 评分法基本相同，它也是采用一对一比较打分的方法，但两零件得分之和为 4 分。04 评分法的评分规则：功能非常重要的零件得 4 分，另一个相对很不重要的零件得 0 分；功能比较重要的零件得 3 分，另一个功能比较不重要的零件得 1 分；功能相同的两个零件各得 2 分；功能很不重要的零件得 0 分，另一个相对很重要的零件得 4 分。各零件的得分值除以全部零件的得分值的总和，就得到该零件的功能评价系数。

强制确定法虽然在逻辑上不十分严密，又含有定性分析的因素，但却有一定的实用性，只要运用得当，在多数情况下所指示的方向与实际大致相同。

5. 价值系数法

价值系数法是根据零部件的功能重要程度进行评分，并确定功能评价系数和成本系数进而确定价值系数，据此选择价值工程对象，这种方法也可用于功能评价和方案评价，具体做法如下。

（1）计算功能评价系数　主要采用强制确定法中的 01 评分法和 04 评分法计算零件的功能评价系数，其公式表示为

$$某零件功能评价系数\ F_i=\frac{该零件的功能分数}{全部零件功能总分数} \tag{7.3}$$

（2）计算成本系数　成本系数是每个零件的现实成本占产品总成本的比值，其公式表示为

$$某零件成本系数\ C_i=\frac{该零件的成本}{全部零件总成本} \tag{7.4}$$

（3）计算价值系数　价值系数是该零件的功能评价系数与其成本系数之比，其公式表示为

$$某零件价值系数\ V_i=\frac{该零件的功能评价系数}{该零件的成本系数} \tag{7.5}$$

（4）根据价值系数对零件进行分析评价，并选择价值工程对象

V_i=1，表明零件的功能与成本相当，这样的零件不必进行价值分析。

V_i<1，表明零件实现的功能所分配的成本偏高，应该把这样的零件作为价值工程重点对象。

V_i>1，表明零件功能很重要、成本低，也可以选为价值工程的对象，可进一步提高该零件质量，增大价值。

【例 7.3】 某房地产公司对某公寓项目的开发征集到若干设计方案，经筛选后对其中较为出色的 4 个设计方案作进一步的技术经济评价。有关专家决定从 5 个方面（分别以 F_1~F_5 表示）对不同方案的功能进行评价，并对各功能的重要性达成以下共识：F_2 和 F_3 同样重要，F_4 和 F_5 同样重要，F_1 相对于 F_4 很重要，F_1 相对于 F_2 较重要。此后，各专家对该 4 个方案的功能满足程度分别打分，其结果见表 7.7。

表 7.7　方案功能得分表

功能	方案功能得分			
	A	B	C	D
F_1	9	10	9	8
F_2	10	10	8	9
F_3	9	9	10	9
F_4	8	8	8	7
F_5	9	7	9	6

据估算，A、B、C、D 四个方案的造价分别为 1 420 元 /m²、1 230 元 /m²、1 150 元 /m²、1 360 元 /m²。

问题：

（1）计算各功能权重；

（2）计算各方案的功能系数、成本系数和价值系数；

（3）选择最优方案。

解　（1）各功能权重的计算结果见表 7.8。

表 7.8　各功能权重计算表

	F_1	F_2	F_3	F_4	F_5	得分	权　重
F_1	×	3	3	4	4	14	14/40=0.350
F_2	1	×	2	3	3	9	9/40=0.225
F_3	1	2	×	3	3	9	9/40=0.225
F_4	0	1	1	×	2	4	4/40=0.100
F_{15}	0	1	1	2	×	4	4/40=0.100
合计						40	1.000

（2）计算各方案的功能系数、成本系数和价值系数。

①计算各方案的功能系数　将各方案的各功能得分分别与该功能的权重相乘，然后汇总即为该方案的功能加权得分，见表 7.9。各方案的功能加权得分分别为

$$W_A=9\times0.350+10\times0.225+9\times0.225+8\times0.100+9\times0.100=9.125$$

$$W_B=10\times0.350+10\times0.225+9\times0.225+8\times0.100+7\times0.100=9.275$$

$$W_C=9\times0.350+8\times0.225+10\times0.225+8\times0.100+9\times0.100=8.900$$

$$W_D=8\times0.350+9\times0.225+9\times0.225+7\times0.100+6\times0.100=8.150$$

各方案功能的总加权得分为

$$W=W_A+W_B+W_C+W_D=9.125+9.275+8.900+8.150=35.45$$

因此各方案的功能系数为

$$F_A=9.125/35.45=0.257$$

$$F_B=9.275/35.45=0.262$$

$$F_C=8.900/35.45=0.251$$

$$F_D=8.150/35.45=0.230$$

②计算各方案的成本系数

$$C_A=1\,420/(1420+1230+1150+1360)=1420/5160=0.275$$

$$C_B=1230/5160=0.238$$

$$C_C=1150/5160=0.223$$

$$C_D=1360/5160=0.264$$

③计算各方案的价值系数

$$V_A=F_A/C_A=0.257/0.275=0.935$$

$$V_B=F_B/C_B=0.262/0.238=1.101$$

$$V_C=F_C/C_C=0.251/0.223=1.126$$

$$V_D=F_D/C_D=0.230/0.264=0.871$$

各方案功能系数、成本系数、价值系数表见表 7.9。

表 7.9　成本系数、价值系数表

方案	功能系数	现实成本 / 元	成本系数	价值系数
A	0.257	1 420	0.275	0.935

表 7.9(续)

方案	功能系数	现实成本/元	成本系数	价值系数
B	0.262	1 230	0.238	1.101
C	0.251	1 150	0.223	1.126
D	0.230	1 360	0.264	0.871
合计	1 000	5 160	1.00	

(3)根据表 7.9 可知,C 方案的价值系数最大,所以 C 方案为最佳方案。

7.2.2 价值工程工作具体程序

1. 分析阶段

价值工程分析阶段主要工作是功能定义、功能整理与功能评价。

(1)功能定义

任何产品都具有使用价值,即任何产品的存在是由于它们具有能满足用户所需求的特有功能,这是存在于产品中的一种本质。人们购买产品的实质是为了获得产品的功能。

功能定义就是根据收集到的信息资料,透过对象产品或构配件的物理特征(或现象),找出其效用或功用的本质东西,并逐项加以区分和规定,以简洁的语言描述出来,通常用一个动词加一个名词表述,如传递荷载、分隔空间、保温、采光等。这里要求描述的是产品的"功能",而不是对象的结构、外形或材质,因此对产品功能进行定义,必须对产品的作用有深刻的认识和理解,功能定义的过程就是解剖分析的过程,如图 7.3 所示。

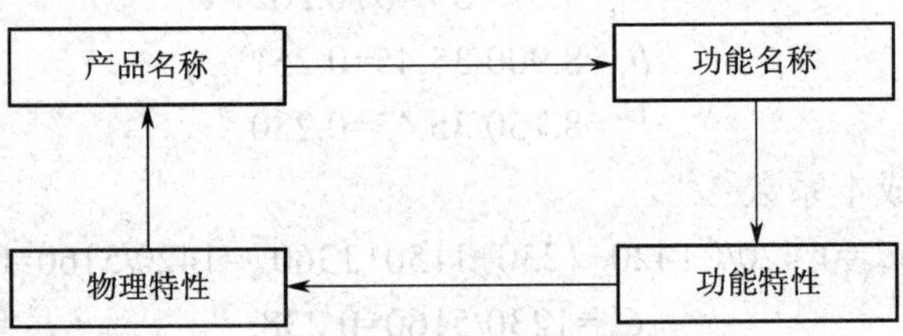

图 7.3 功能定义过程

功能定义的目的是:

①明确对象产品和组成产品各构配件的功能,借以弄清产品的特性;

②便于进行功能评价,通过评价弄清哪些是价值低的功能和有问题的功能,实现价值工程的目的;

③便于构思方案,对功能下定义的过程实际上也是为对象产品改进设计的构思过程,为价值工程的方案创造工作阶段作了准备。

为了弄清功能的定义,根据功能的不同特性,可以先将功能分为以下几类。

①按功能的重要程度分类,分为基本功能和辅助功能。基本功能就是要达到这种产品的目的所必不可少的功能,是产品的主要功能,如果不具备这种功能,这种产品就失去了其存在的价值。例如承重外墙的基本功能是承受荷载,室内间壁墙的基本功能是分隔空间。基本功能一般是必不可少的。辅助功能是为了更有效地实现基本功能而添加的功能,是次

要功能,是为了实现基本功能而附加的功能。如墙体的隔声、隔热就是墙体的辅助功能。

②按用户的需求分类,分为必要功能和不必要功能。在价值工程分析中,功能水平是功能的实现程度。但并不是功能水平越高就越符合用户的要求,价值工程强调产品的功能水平必须符合用户的要求。必要功能就是指用户所要求的功能以及与实现用户所要求功能有关的功能,使用功能、美学功能、基本功能、辅助功能等均为必要功能;不必要功能是指不符合用户要求的功能。不必要功能包括三类,一是多余功能,二是重复功能,三是过剩功能。

③按功能的性质分类,分为使用功能和美学功能。使用功能从功能的内涵上反映其使用属性(包括可用性、可靠性、安全性、易维修性等),如住宅的使用功能是提供人们居住的空间,桥梁的使用功能是交通,使用功能最容易为用户所了解。美学功能是从产品外观(造型、形状、色彩、图案等)反映功能的艺术属性。无论是使用功能还是美学功能,它们都是通过基本功能和辅助功能来实现的。

④按功能的量化标准分类,分为过剩功能与不足功能。过剩功能是指某些功能有必要,但在数量上超过了用户要求或标准功能水平,这将导致成本增加,给用户造成不合理的负担。不足功能是相对于过剩功能而言的,表现为产品整体功能或构配件功能水平在数量上低于标准功能水平,不能完全满足用户需要,将影响产品正常安全使用,最终也将给用户造成不合理的负担,因此不足功能和过剩功能要作为价值工程的对象,通过设计进行改进和完善。

⑤按总体与局部分类,分为总体功能和局部功能。总体功能和局部功能是目的与手段的关系,产品各局部功能是实现产品总体功能的基础,而产品的总体功能又是产品各局部功能要达到的目的。

⑥按功能整理的逻辑关系分类,分为并列功能和上下位功能。并列功能是指产品功能之间属于并列关系,如住宅必须具有遮风、避雨、保温、隔热、采光、通风、隔声、防潮、防火、防震等功能均属于并列关系。上下位功能也是目的与手段的关系,上位功能是目的性功能,下位功能是实现上位功能的手段性功能。例如住宅的最基本功能是居住,是上位功能。但上下位关系是相对的,如为达到居住的目的必须通风,则居住是目的,是上位功能;通风是手段,是下位功能。而为了通风必须组织自然通风,则通风又是目的,是上位功能;组织自然通风是手段,是下位功能。

(2)功能整理

产品中各功能之间都是相互配合、相互联系,都在为实现产品的整体功能而发挥各自的作用,因此功能整理是用系统的观点将已经定义了的功能加以系统化,找出各局部功能相互之间的逻辑关系是并列关系还是上下位关系,并用图表形式表达,以明确产品的功能系统,从而为功能评价和方案构思提供依据,如图7.4所示。

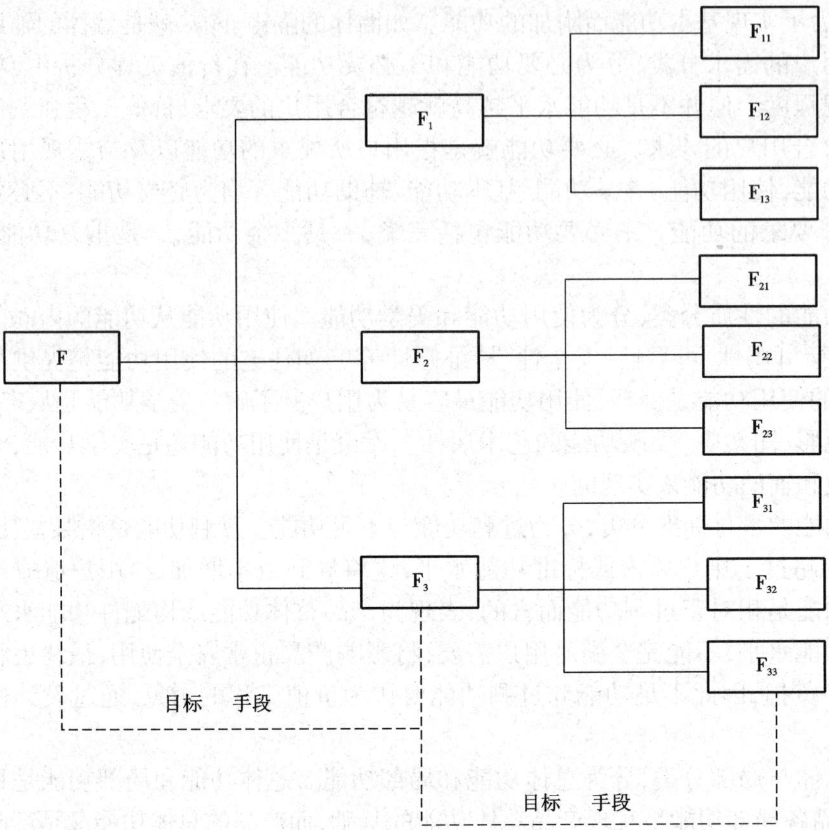

图 7.4 功能系统示意图

(3)功能评价

功能评价是在功能定义和功能整理完成之后,在已定性确定问题的基础上进一步作定量的确定,即评定功能的价值。

①功能评价的程序

价值工程的成本有两种,一种是现实成本,是指目前的实际成本;另一种是目标成本。功能评价就是找出实现功能的最低费用作为功能目标成本,以功能目标成本为基准,通过与功能现实成本的比较,求出两者的比值(功能价值)和两者的差异值(改善期望值),然后选择功能价值低、改善期望值大的功能作为价值工程活动的重点对象。功能评价的程序如图7.5所示。

②功能现实成本的计算

功能现实成本的计算与一般传统的成本核算既有相同点,也有不同之处。两者的相同点指它们在成本费用的构成项目上是完全相同的;而两者的不同之处在于功能现实成本的计算是以对象的功能为单位,而传统的成本核算是以产品或构配件为单位,因此在计算功能现实成本时,就需要根据传统的成本核算资料,将产品或构配件的现实成本换算成功能的现实成本。具体来讲,当一个构配件只具有一个功能时,该构配件的成本就是它本身的功能成本;当一项功能要由多个构配件共同实现时,该功能的成本就等于这些构配件的成本之和。当一个构配件具有多项功能或同时与多项功能有关时,就需要将构配件成本分摊给各项有关功能,至于分摊的方法和分摊的比例,可根据具体情况决定。

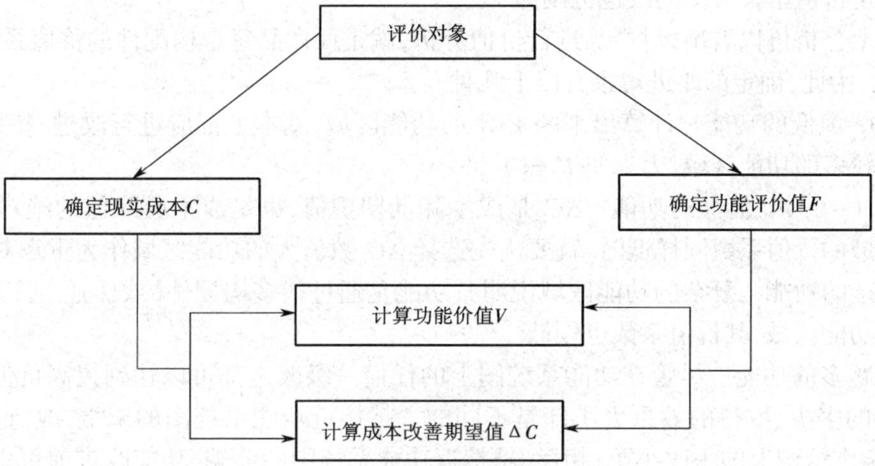

图 7.5　功能评价的程序

③功能评价值 F 的计算

对象的功能评价值 F(目标成本)指可靠地实现用户要求功能的最低成本,可以根据图纸和定额,也可以根据国内外先进水平或根据市场竞争的价格等来确定。它可以理解为是企业有把握,或者说应该达到的实现用户要求功能的最低成本。从企业目标的角度来看,功能评价值可以看成企业预期的、理想的成本目标值,常用功能重要性系数评价法计算。

④计算功能价值 V,分析成本功能的合理匹配程度

应用功能成本法计算功能价值 V,它是通过一定的测算方法,测定实现应有功能所必须消耗的最低成本,同时计算为实现应用功能所消耗的现实成本,经过分析、对比,求得对象的价值系数和成本降低期望值,确定价值工程的改进对象,其表达式为

$$V_i = \frac{F_i}{C_i} \tag{7.6}$$

式中　V_i——第 i 个评价对象的价值系数;

F_i——第 i 个评价对象的功能评价值(目标成本);

C_i——第 i 个评价对象的现实成本。

根据上述计算公式,功能的价值系数有以下几种结果:

V_i=1,表示功能评价值等于功能现实成本。这表明价值对象的功能实现成本与实现功能所必需的最低成本大致相当,说明评价对象的价值为最佳,一般无须改动。

V_i<1,表示功能现实价值大于功能评价值。这表明评价对象的现实成本偏高,而功能要求不高,一种可能是存在过剩的功能;另一种可能是功能虽无过剩,但实现功能的条件或方法不佳,以致实现功能的成本大于功能的实际需要。

V_i>1,说明该部件功能比较重要,但分配的成本较少,即功能现实成本低于功能评价值。应具体分析,可能功能与成本分配已较理想,或者有不必要的功能,或者应该提高成本。

因为只有分子为 0 或分母为∞时,才能是 V_i=0。根据上述功能评价值 F 的定义,分子不应为 0,而分母也不会为∞,要进一步分析。如果是不必要的功能,该部件则取消;如果是

最不重要的必要功能，则要根据实际情况处理。

⑤确定价值工程对象的改进范围

从以上分析可以看出，对产品进行价值分析，就是使产品每个构配件的价值系数尽可能趋近于1。为此，确定的改进对象有以下几种。

a. F_i/C_i 值低的功能　计算出来的 $V_i<1$ 的功能区域，基本上都应进行改进，特别是 V_i 值比1小得较多的功能区域，力求使 $V_i=1$。

b. $\Delta C_i(=C_i-F_i)$值大的功能　ΔC_i 是成本降低期望值，也是成本应降低的绝对值。当 n 个功能区域的价值系数同样低时，就要优先选择 ΔC_i 数值大的功能区域作为重点对象。

c. 复杂的功能　复杂的功能区域说明其功能是通过很多构配件（或作业）来实现的，通常复杂的功能区域，其价值系数也较低。

d. 问题多的功能　尽管在功能系统图上的任何一级改进都可以达到提高价值的目的，但是改进的多少、取得的效果大小却是不同的。越接近功能系统图的末端，改进的余地越小，越只能作结构上的小改小革；相反，越接近功能系统图的前端，功能改进就可以越大，就越有可能作原理上的改变，从而带来显著效益。

2. 创新阶段

（1）方案创造

方案创造是从提高对象的功能价值出发，在正确的功能分析和评价的基础上，针对应改进的具体目标，通过创造性的思维活动，提出能够可靠地实现必要功能的新方案。方案创造的理论依据是功能载体具有替代性，价值工程活动能否取得成功关键是在正确的功能分析和评价的基础上能否提出可靠地实现必要功能的新方案。方案的创造通常可选用下列方法。

①头脑风暴法　在群体决策中，由于群体成员心理相互作用影响，易屈于权威或大多数人意见，形成所谓的“群体思维”。群体思维削弱了群体的批判精神和创造力，损害了决策的质量。为了保证群体决策的创造性，提高决策质量，管理上发展了一系列改善群体决策的方法，头脑风暴法是较为典型的一个。采用头脑风暴法组织群体决策时，要集中有关专家召开专题会议，主持者以明确的方式向所有参与者阐明问题，说明会议的规则，尽力创造融洽轻松的会议气氛。主持者一般不发表意见，以免影响会议的自由气氛，由专家们“自由”提出尽可能多的方案。其特点是10~15个人参加事先已知议题的会议，并遵循会议规则，自由奔放地提出思考意见，提出多种方案，不评价别人的意见，结合别人的构思提出新的方案。

②歌顿法　这种方法由美国人歌顿于1964年提出。该法与头脑风暴法相类似，先由会议主持人把决策问题向会议成员作笼统的介绍，然后由会议成员（专家成员）海阔天空地讨论解决方案；当会议进行到适当时机时，决策者将决策的具体问题展示给小组成员，使小组成员的讨论进一步深化，最后由决策者汇总讨论结果，进行决策。其特点是不让与会者直接讨论问题本身，而只讨论问题的某一局部或某一侧面，或者讨论与问题相似的某一问题，或者用“抽象的阶梯”把问题抽象化后向与会者提出。主持人对提出的构想加以分析研究，一步步地将与会者引导到问题本身上来。

③德尔菲法　德尔菲法又名专家意见法或专家函询调查法。这种方法是由主管人员或部门将构思方案函寄给有关的专业人员，征询专家的意见，然后专家组成员以匿名的方式（函件）提交意见，之后将反馈意见汇总，统计和整理之后再函寄给专家，进一步征询意见，

如此反复若干次，使原来比较分散的意见在一定程度上集中一致，最终形成统一的集体讨论，作为新的替代方案。该方法具有匿名性、反馈性和统计性等特点，往往最后能获得具有很高准确率的集体判断结果。

（2）方案评价

方案评价是在方案创造的基础上对若干新构思的方案进行技术、经济、社会和环境效果等方面的评价，以便于选择最佳方案。方案评价分为概略评价和详细评价两个阶段，其过程如图 7.6 所示。

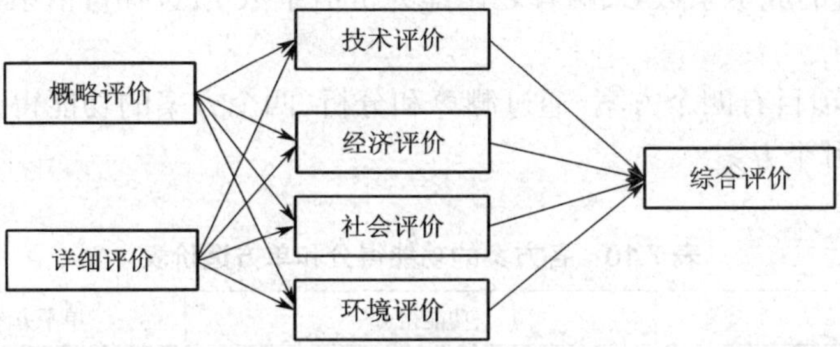

图 7.6　方案评价步骤示意图

①概略评价　概略评价是对已创造出来的方案从技术、经济和社会三个方面进行初步研究。其目的是从众多的方案中进行粗略的筛选，减少详细评价的工作量，使精力集中于优秀方案的评价。

②详细评价　方案的详细评价就是对概略评价所得的比较抽象的方案进行调查和收集信息资料，使其在材料、结构、功能等方面进一步具体化，然后对他们做最后的审查和评价。

在详细评价阶段，对产品或服务的成本究竟是多少，能否可靠地实现必要的功能，都必须得到准确的解答。总之，要证明方案在技术和经济方面是可行的，而且价值必须得到真正的提高。

方案评价，不论概略评价和详细评价都包括技术评价、经济评价、社会评价和环境评价四方面。其中技术评价围绕功能进行，内容是方案能否实现所需功能以及实现程度，包括功能实现程度（性能、质量、寿命等）、可靠性、可维修性、可操作性、安全性、系统协调性、环境协调性等；经济评价围绕经济效果进行，内容是以成本为代表的经济可行性，包括费用的节省、对企业或公众产生的效益，同时还应考虑产品的市场情况，同类竞争企业、竞争产品，产品盈利的多少和能保持盈利的年限；社会评价围绕社会效果进行，内容是方案对社会有利或有害的影响；环境评价围绕环境效果进行，内容是方案对环境的影响，如污染、噪声、能源消耗等。最后进行综合评价，选出最佳方案。

①技术评价　技术评价主要评估方案是否满足产品功能的要求及方案在技术上的可行性。评价以各项技术性能指标作为标准，评价产品的整体功能及技术性能，产品的操作性能、安全性和可靠性，产品的使用期限及可维修性，产品生产工艺的可实施性及生产流程的协调性等。

②经济评价　经济评价通常是以各项经济指标如成本指标、利润指标、投资回收指标来衡量方案的经济效益，评估降低成本的可能性及实现预期目标成本的可能性。

③社会评价　社会评价是从宏观角度评价方案的社会效益，评估方案是否符合国家政

策、法规和标准，是否符合本地区发展规划的要求，对生态环境的影响等。

④综合评价 综合技术评价、经济评价和社会评价，比较各方案整体价值，选择整体价值最大的方案作为最优方案。

提交方案获得审查通过后，需要制订计划，从组织、经费、物质条件、时间方面落实方案实施。对方案的实施情况，严格监督检查并及时解决问题。方案实施完成后，要进行总结评价和验收。

在进行方案评价时，也可以采用前文介绍的功能系数法，分别求出表示各备选方案的功能系数 F 与相对应的成本系数 C，两者之比即为价值系数 V，选择价值系数最大的方案作为最优方案。

【例 7.4】 某项目有四个方案，通过测算和分析，四个方案的功能得分和单方造价如表 7.10 所示，应选择哪个方案？

表 7.10 各方案的功能得分和单方造价表

方案	功能得分	单平方米造价 /(元 / ㎡)
甲	98	2 500
乙	96	2 700
丙	99	2 600
丁	94	2 450

解 先分别计算出甲方案的功能系数、成本系数，然后得出甲方案的价值系数。

甲：功能系数 F=98/(98+96+99+94)=0.253

成本系数 C=2500/(2500+2700+2600+2450)=0.244

价值系数 =0.253/0.244=1.04

同理可算出，乙为 0.94，丙为 1.01，丁为 1.02。

由于甲方案的价值系数最高，应优选甲方案。

3. 实施阶段

价值工程实施阶段的主要工作是方案实施与成果评价，包括检查、评价与验收。在方案实施过程中，应该对方案的实施情况进行检查，发现问题及时解决。方案实施完成后，要进行总结评价和验收。

7.3 价值工程的应用

7.3.1 提高价值的途径

价值工程致力于提高价值，如前所述，根据公式 $V = F/C$，只能在功能与成本两个方面下功夫。但是，采取什么途径来提高产品的价值，不仅是一个技术和经济的问题，更重要的是一个经营思想和策略的问题。以下是提高价值的五种基本途径。

（1）通过改进设计，保证功能不变，而使实现功能的成本有所下降，即

$$\frac{F \rightarrow}{C \downarrow}=V \uparrow \tag{7.7}$$

(2)通过改进设计,保持成本不变,而使功能有所提高,如提高产品的性能、可靠性、寿命、维修性等以及在产品中增加某些用户希望的功能,即

$$\frac{F \uparrow}{C \rightarrow}=V \uparrow \tag{7.8}$$

(3)通过改进设计,虽然成本有所上升,但换来功能大幅度的提高,即

$$\frac{F \uparrow\uparrow}{C \uparrow}=V \uparrow \tag{7.9}$$

这种情况下,顾客可以用稍高的价钱买到比原来质量高很多的产品。这种途径适用于中、高档产品和多功能产品,特别是升级换代产品。因为只要使产品具有某些独特的功能,就会比同类产品更具有竞争力,这种产品即使价格稍贵些,顾客也愿意购买。

(4)对于某些消费品,在不严重影响使用要求的情况下,适当降低产品功能的某些非主要方面的指标,以换取成本较大幅度的降低,即

$$\frac{F \downarrow}{C \downarrow\downarrow}=V \uparrow \tag{7.10}$$

这样的产品在当前人们生活水平中讲究"实惠",对价格较为敏感的情况下,还是有广阔的市场。

(5)通过改进设计,既提高功能,又降低成本,从而使价值大幅度提高,即

$$\frac{F \uparrow}{C \downarrow}=V \uparrow\uparrow \tag{7.11}$$

这是最理想的途径,也是对资源最有效的利用。当然,要做到这一点,需要在技术上有所突破,在管理上有所改善。

以上运用价值公式和经营管理常识,分析了提高价值的几种可能途径。但是,每个企业究竟应该采用哪一种途径,要从本企业的实际条件出发,加强市场调查,分析消费者的心理及对产品特性的要求,然后才能做出正确的决策。

总之,在产品形成的各个阶段都可以应用价值工程提高产品的价值。但在不同的阶段进行价值工程活动,其经济效果的提高幅度却是大不相同的。对于建设工程,应用价值工程的重点是在规划和设计阶段,因为这两个阶段是提高技术方案经济效果的关键环节。一旦设计完成并施工,建设工程的价值就基本确定了,这时再进行价值工程分析就变得更加复杂,不仅原来的许多工作成果要付诸东流,而且更改可能会造成很大的浪费,使价值工程活动的技术经济效果大大下降。当然,在施工阶段建造师也可开展大量价值工程活动,以寻求技术、经济、管理的突破,获得最佳的综合效果。如对施工项目展开价值工程活动,可以更加明确业主的要求,更加熟悉设计要求、结构特点和项目所在地的自然地理条件,从而更利于施工方案的制订,更能有效地组织和控制项目施工;通过价值工程活动,可以在保证质量的前提下,为用户节约投资,提高功能,降低寿命周期成本,从而赢得业主的信任,有利于甲乙双方关系的和谐与协作,同时提高自身的社会知名度,增强市场竞争能力;通过对施工项目进行价值工程活动,对提高项目组织的素质,改善内部组织管理,降低不合理消耗等,也有积

极的直接影响。

目前,价值工程在我国建筑业中的应用还处于比较初级的阶段。但从世界范围来看,建筑业一直是价值工程实践的热点领域,究其原因是它能适应建筑业发展的自身需求,在降低工程成本、保证业主投资效益方面具有显著的功效。美国建筑业应用价值工程的统计结果表明,一般情况下,应用价值工程可以降低整个建设项目初始投资 5%~10%,同时可以降低项目建成后的运行费用 5%~10%。而在某些情况下这一节约的比例更是可以高达 35% 以上,对整个价值工程研究的投入经费仅为项目建设成本的 0.1%~0.3%,因此推动价值工程在我国建筑业中的发展和应用,不仅可以获得良好的经济效益,而且也可以提高我国建筑业的整体经营管理水平。

7.3.2 价值工程应用领域

1. 价值工程在施工方案选择过程中的应用

【例 7.5】 承包商 B 在某高层住宅楼的现浇楼板施工中,拟采用钢木组合模板体系或小钢模体系施工。经有关专家讨论,决定从模板总摊销费用(F_1)、楼板浇筑质量(F_2)、模板人工费(F_3)、模板周转时间(F_4)、模板装拆便利性(F_5)等五个技术经济指标对该两个方案进行评价,并采用 01 评分法对各技术经济指标的重要程度进行评分,其部分结果见表 7.11,两方案各技术指标的得分见表 7.12。

经造价工程师估算,钢木组合模板在该工程中的总摊销费用为 40 万元,每平方米楼板的模板人工费为 8.5 元;小钢模在该工程中的总摊销费用为 50 万元,每平方米楼板的模板人工费为 6.8 元。改住宅楼的楼板工程量为 2.5 万平方米。

表 7.11 指标重要程度评分表

	F_1	F_2	F_3	F_4	F_5
F_1	×	0	1	1	1
F_2		×	1	1	1
F_3			×	0	1
F_4				×	1
F_5					×

表 7.12 指标得分表

指　标	钢木组合模板	小钢模
总摊销费用	10	8
模板浇筑质量	8	10
模板人工费	8	10
模板周转时间	10	7
模板装拆便利性	10	9

问题:

(1)试确定各技术经济指标的权重(计算结果保留三位小数);

（2）若以楼板工程的单方模板费用作为成本比较对象，试用价值指数法选择较经济的模板体系（功能指数、成本指数、价值指数的计算结果均保留三位小数）；

（3）若该承包商准备参加另一幢高层办公楼的投标，为提高竞争能力，公司决定模板总摊销费用仍按本住宅楼考虑，其他有关条件均不变，该办公楼的现浇楼板工程量至少要达到多少平方米才应采用小钢模体系（计算结果保留两位小数）。

解 （1）根据 01 评分法的计分办法，两指标（或功能）相比较时，较重要的指标得 1 分，另一较不重要的指标得 0 分。例如在表 7.11 中，F_1 相对于 F_2 较不重要，故得 0 分（已给出），而 F_2 相对于 F_1 较重要，故应得 1 分（未给出）。各技术经济指标得分和权重计算结果见表 7.13。

表 7.13 指标权重计算表

	F_1	F_2	F_3	F_4	F_5	得分	修正得分	权 重
F_1	×	0	1	1	1	3	4	4/15=0.267
F_2	1	×	1	1	1	4	5	5/15=0.333
F_3	0	0	×	0	1	1	2	2/15=0.133
F_4	0	0	1	×	1	2	3	3/15=0.200
F_5	0	0	0	0	×	0	1	1/15=0.067
合计						10	15	1.000

（2）计算两方案的功能指数，结果见表 7.14。

表 7.14 功能指数计算表

技术经济指标	权重	钢木组合模板	小钢模
总摊销费用	0.267	10×0.267=2.67	8×0.267=2.14
模板浇筑质量	0.333	8×0.333=2.66	10×0.333=1.33
模板人工费	0.133	8×0.133=1.06	10×0.133=1.33
模板周转时间	0.200	10×0.200=2.00	7×0.200=1.40
模板装拆便利性	0.067	10×0.067=0.67	9×0.067=0.60
合计	1.000	9.06	8.80
功能指数		9.06/（9.06+8.80）=0.507	8.80/（9.06+8.80）=0.493

计算两方案的成本指数：

钢木组合模板的单平方米模板费用为 40/2.5+8.5=24.5（元 / ㎡）

小钢模的单平方米模板费用为 50/2.5+6.8=26.8（元 / ㎡）

则钢木组合模板的成本指数为 24.5/（24.5+26.8）=0.478

小钢模的成本指数为 26.8/（24.8+26.8）=0.522

计算两方案的价值指数：

钢木组合模板的价值指数为 0.507/0.478=1.061

小钢模的价值指数为 0.493/0.522=0.944

因为钢木组合模板的价值指数高于小钢模的价值指数，所以应选用钢木组合模板体系。

（3）单平方米模板费用函数为

$$C=C_1/Q+C_2$$

式中 C——单平方米模板费用（元/㎡）；

C_1——模板总摊销费用（万元）；

C_2——每平方米楼板的模板人工费（元/㎡）；

Q——现浇楼板工程量（10^4 m^2）。

则钢木组合模板的单平方米模板费用为 $C_z=40/Q+8.5$

小钢模的单平方米模板费用为 $C_x=50/Q+6.8$

令该两模板体系的单平方米模板费用之比（即成本指数之比）等于其功能指数之比，有（$40/Q+8.5$）/（$50/Q+6.8$）=0.507/0.493，即

$$0.507(50+6.8Q)-0.493(40+8.5Q)=0$$

得 $Q=7.58\times10^4\ m^2$

因此该办公楼的现浇楼板工程量至少达到 $7.58\times10^4\ m^2$ 才应采用小钢模体系。

2. 价值工程在设计方案选择过程中的应用

【例 7.6】 某市高新技术开发区拟开发建设集科研和办公于一体的综合大楼，其设计方案主体土建工程结构形式对比如下。

A 方案：结构方案为大柱网框架剪力墙体系，采用预应力大跨度叠合楼板，墙体材料采用多孔砖及移动式可拆装式分室隔墙，窗户采用中空玻璃断桥铝合金窗，面积利用系数为 93%，单平方米造价为 1 438 元/㎡。

B 方案：结构方案同 A 方案，墙体采用内浇外砌，窗户采用双玻塑钢窗，面积利用系数为 87%，单平方米造价为 1 108 元/㎡。

C 方案：结构方案采用框架结构，采用全现浇楼板，墙体材料采用标准黏土砖，窗户采用双玻铝合金窗，面积利用系数为 79%，单平方米造价为 1 802 元/㎡。

方案各功能的权重及各方案的功能得分见表 7.15。

表 7.15 各方案功能的权重及得分表

功能项目	功能权重	各方案功能得分		
		A	B	C
结构体系	0.25	10	10	8
模板类型	0.05	10	10	9
墙体材料	0.25	8	9	7
面积系数	0.35	9	8	7
窗户类型	0.10	9	7	8

问题：

（1）试应用价值工程方法选择最优设计方案；

(2)为控制工程造价和进一步降低费用,拟针对所选的最优设计方案的土建工程部分,以分部分项工程费用为对象开展价值工程分析,将土建工程划分为四个功能项目,各功能项目得分值及其目前成本见表 7.16,按限额和优化设计要求,目标成本额应控制在 12 170 万元,试分析各功能项目的目标成本及其可能降低的额度,并确定功能改进顺序。

表 7.16　各功能项目得分及目前成本表

功能项目	功能得分	目前成本 / 万元
桩基围护工程	10	1 520
地下室工程	11	1 482
主体结构工程	35	4 705
装饰工程	38	5 105
合计	94	12 812

解　(1)分别计算各方案的功能指数、成本指数和价值指数,并根据价值指数选择最优方案。

计算各方案的功能指数,如表 7.17 所示。

表 7.17　功能指数计算表

方案功能	功能权重	各方案功能加权得分		
		A	B	C
结构体系	0.25	10 × 0.25=2.50	10 × 0.25=2.5	8 × 0.25=2.00
模板类型	0.05	10 × 0.05=0.50	10 × 0.05=0.50	9 × 0.05=0.45
墙体材料	0.25	8 × 0.25=2.00	9 × 0.25=2.25	7 × 0.25=1.75
面积系数	0.35	9 × 0.35=3.15	8 × 0.35=2.80	7 × 0.35=2.45
窗户类型	0.10	9 × 0.10=0.90	7 × 0.10=0.70	8 × 0.10=0.80
合计		9.05	8.75	7.45
功能指数		9.05/25.25=0.358	8.75/25.25=0.347	7.45/25.25=0.295

注:表中各方案功能加权得分之和为 9.05+8.75+7.45=25.25。

计算各方案的成本指数,如表 7.18 所示。

表 7.18　各方案的成本指数

方　案	A	B	C	合计
单平方米造价 /(元 /m³)	1 438	1 108	1 082	3 628
成本指数	0.396	0.305	0.298	0.999

计算各方案的价值指数,如表 7.19 所示。

表 7.19 各方案的价值指数

方 案	A	B	C
功能指数	0.358	0.347	0.295
成本指数	0.396	0.305	0.298
价值指数	0.904	1.138	0.990

由表 7.19 的计算结果可知，B 方案的价值指数最高，为最优方案。

(2)根据表 7.16 所列数据，分别计算桩基围护工程、地下室工程、主体结构工程和装饰工程的功能指数、成本指数和价值指数；再根据给定的总目标成本额，计算各工程内容的目标成本额，从而确定其成本降低额度。具体计算结果汇总见表 7.20。

表 7.20 各工程功能指数、成本指数、价值指数和目标成本降低额计算表

功能项目	功能评分	功能指数	目前成本 / 万元	成本指数	价值指数	目标成本 / 万元	目标成本降低额 / 万元
桩基围护工程	10	0.106 4	1 520	0.118 6	0.897 1	1 295	225
地下室工程	11	0.117 0	1 482	0.115 7	1.011 2	1 424	58
主体结构工程	35	0.372 3	4 705	0.367 2	1.013 9	4 531	174
装饰工程	38	0.404 3	5 105	0.398 5	1.014 6	4 920	185
合计	94	1.000 0	12 812	1.000 0		12 170	642

由表 7.20 的计算结果可知，桩基围护工程、地下室工程、主体结构工程和装饰工程均应通过适当方式降低成本。根据目标成本降低额的大小，功能改进顺序依次为桩基围护工程、装饰工程、主体结构工程、地下室工程。

综合案例

洗衣机成本价值工程分析

洗衣机是一种用来清洗脏衣物的日常家用电器。某洗衣机厂面对激烈的市场竞争，从日本引进了新型技术和关键设备，安装全自动装配线，更新喷漆生产线，开发新产品洗衣机，准备专用于出口俄罗斯。这款新型洗衣机以 8 个月的时间高速完成了从试制样机到正式投产的全过程。由于注重产品质量，而忽视了成本，使单台成本高于国际市场价格近 60 元，显然缺乏竞争力。但对俄罗斯市场预测结果表明，俄罗斯市民对洗衣机的需求量很大，这是一个很好的投资机会。在这种情况下，降低成本就成为生产此种类型洗衣机的关键。价值工程研究的目的就是在不影响原有质量和功能的情况下，改进洗衣机成本与功能的构成，大幅度降低成本，使成本尽可能地降低到国际市场的平均价格以下。任何变动的结果都是为了两个目的：既要保证洗衣机的质量，又要尽可能地降低单台成本。

价值研究小组的研究成果包括在不降低盖圈质量的前提下，洗衣机盖圈所用材料用另一种成本较低的材料取代；洗衣机电机的购买价格高，该厂成立了性能测试组，通过对国内几家电机厂生产的 16 台样机的全面测试，然后进行分析对比，从中选出了 3 种性能好、价格

低的电机作为订货对象;通过稍微加大洗衣机风扇轮的尺寸就可以起到挡水和防止电机绕组受潮的作用,因此决定取消挡水板;将内筒冲压车间的下角边料,经重熔配成高强度铝合金,用来铸造皮带轮和风扇轮,既节省了铝,又大幅度降低了成本;最后,改革了加工工艺,使单台的工时下降到 27 小时,工时定额下降 40% 以上。最终,每台洗衣机的成本降低了大约 32%,为洗衣机厂创造了巨大的价值。

案例分析

价值工程是一门显著降低成本、提高效率、提升价值的资源节约型管理技术。价值工程从技术和经济相结合的角度,以独有的多学科团队工作方式,注重功能分析和评价,通过持续的创新活动来优化方案,降低项目、产品或服务的全寿命期费用,提升各利益相关方的价值。价值工程可以为建设节约型社会及企业持续创新提供新的思路和科学方法,在国民经济建设的很多方面,尤其是在企业成本核算和增强产品竞争力方面得到广泛应用。产品的价值高,竞争力相对就强,要想提高产品的价值,从功能和成本两方面出发都能达到目的。上述的洗衣服价值分析就是利用了功能不变、降低成本的方法提高了洗衣机的价值。

思考与练习

一、简答题

1. 什么是价值工程,价值工程中的价值含义是什么?
2. 提高价值的基本途径?
3. 价值功能的特点是什么?
4. 什么是寿命周期和寿命周期成本费用?
5. 常用的功能评价有哪些?
6. 方案的创造有哪些方法?

二、计算题

1. 某产品主要由 4 个零部件组成,经过专家 01 评分法得到的各零部件功能评分值及现实成本如表 7.21 所示。

表 7.21 零部件的功能评分值及现实成本

零部件	功能评分值	现实成本 / 元	功能重要性系数	成本系数	价值系数	功能评价值
A	10	5				
B	20	5				
C	30	4				
D	40	6				
合计	100	20				

求:(1)各零部件功能重要性系数、成本系数、价值系数;

(2)若该产品的目标成本为 18 元,计算该产品各零部件功能评价值及成本改善幅度;

(3)说明哪些零部件应作为价值工程重点改进的对象。

2. 某市对其沿江流域进行全面规划，划分出商务区、风景区和学院区等区段进行分段设计招标。其中商务区用地面积 80 000 m²，专家组综合各界意见确定了商务区的主要评价指标，按照相对重要程度依次为与流域景观协调一致（F_1）、充分利用空间增加商用面积（F_2）、各功能区的合理布局（F_3）、保护原有古建筑（F_4）、保护原有林木（F_5）。经逐层筛选后，有两个设计方案进入最终评审。

A 方案：建筑物单平方米造价为 2 180 元 /m²，以用地面积计算的单位绿化造价为 1 800 元 /m²。

B 方案：建筑物单平方米造价为 2 030 元 /m²，以用地面积计算的单位绿化造价为 1 700 元 /m²。

专家组对各方案的评分结果见表 7.22。

表 7.22　各方案评价指标得分表

功　能　名　称	方案功能得分	
	A	B
与流域景观协调一致（F_1）	8	7
充分利用空间增加商用面积（F_2）	9	10
各功能区的合理布局（F_3）	8	8
保护原有古建筑（F_4）	9	8
保护原有林木（F_5）	8	6

问题：

（1）用 01 评分法对各评价指标打分，并计算权重；

（2）若以方案总造价作为成本比较对象，运用价值工程理论，按照容积率应如何选择方案？

项目 8　工程项目的可行性研究

知识目标

1. 熟悉可行性研究的步骤和依据。
2. 熟悉可行性研究的内容。

能力目标

1. 掌握项目可行性研究的含义及阶段划分。
2. 掌握可行性研究报告的格式和内容。

引例

广东岭澳核电站位于大亚湾西海岸的大鹏半岛东南侧，距已建成的大亚湾核电站约 1 km，厂区按 4×100 万千瓦机组规划，一期考虑两台 100 万千瓦机组，相应的海域工程包括一和二期取排水海上建筑物、厂区防护建筑物等。类似规模的核电海域工程规划研究在国内尚无先例。相邻的大亚湾核电站的海域工程是全部由法国人设计的。

该项研究要求在对自然条件充分调查研究的基础上，在大量缜密科学试验的支持下，依据有关法律、法规和规范对众多方案进行系统的综合比较研究，提出技术可行、经济合理、安全可靠、工期达标的工程建议方案。天津市海岸带工程有限公司（以下简称海岸带公司）承担了广东岭澳核电站海域工程可行性研究项目。

为了完成该项可行性研究，海岸带公司派出了 300 多位专业技术人员进行了系统的调查分析和综合论证，历时 8 个月，以同类项目中最短的时间，完成各类咨询研究报告 8 本，近 400 万字。其主要工作内容包括作为可行性研究基础的海上作业调查；对论证的中间和推荐主案验证和支持的试验研究；经济技术分析和综合论证工作。针对上述工作内容，在项目执行中除采用了专业领域常规的技术手段外，还采用了高新技术手段，如在海洋地质研究调查中，采用 PS 转换波测量做海域岩性判别；以数学模型和物理模型综合研究抛石斜坡堤的抗震性能等。在整个项目运作中，计算机技术应用贯穿始终，包括从计划和进度管理到数值模拟等各个方面。

通过可行性研究，海岸带公司为广东岭澳核电站的海域工作提出了符合要求的工程技术方案，这些最终推出的方案是通过对大量方案进行综合论证比较和优化形成的。现已用于广东岭澳核电站施工。

同时，通过对比国际和国内标准，结合国情和国内技术水平，在国内首次系统地提出了核电站海域工程的设计标准。此外，海岸带分公司在项目执行过程中还分阶段向业主提供了咨询建议，为广东岭澳核电站的顺利开工创造了条件。作为核电项目，质量保证是强制性要求，在运作该项目过程中建立了项目质保部，并按 HAF0400 要求制定和执行项目质保大纲，客观上促使海岸带公司率先在咨询行业中贯彻 ISO 9000 系列质量管理和质量保证标准,取得了良好效果和经验。

广东岭澳核电站海域工程的可行性研究是一个典型的咨询案例。

思考

(1)什么是可行性研究?

(2)你认为可行性研究能对一个未开始的工程项目达到什么样的效果?

(3)你认为可行性研究如何才能完成?

分析

(1)可行性研究是指在项目投资决策之前,调查、研究与拟建项目有关的自然、社会、经济和技术条件,分析、比较可行的投资建设方案,预测、评价项目建成后的社会经济效益,并在此基础上综合论证项目投资建设的必要性,财务上的盈利性和经济上的合理性,技术上的先进性和适用性以及建设条件上的可能性和可行性,从而为投资决策提供科学依据的工作。

(2)可行性研究可以通过广泛的调查研究,对项目进行全面的、综合的技术经济分析论证,为项目决策提供科学可靠的依据和可行的建议。通过做好可行性研究,使项目的投资决策工作建立在科学性和可靠性的基础之上,从而实现项目投资决策科学化,减少和避免投资决策的失误,提高项目投资的经济效益。

(3)按照国家规定的建设程序和国家计划委员会颁发的《关于建设项目进行可行性研究的试行管理办法》以及改革计划、投资体制的要求,我国可行性研究一般要经历以下几个工作程序:

① 投资建设单位提出项目建议书和初步可行性研究报告;

② 下达可行性研究任务或委托有关可行性研究工作;

③ 承担单位开展可行性研究工作;

④ 可行性研究报告的预审与复审;

⑤ 可行性报告的审批。

8.1 可行性研究概述

8.1.1 项目可行性研究的概念

1. 可行性研究的概念

可行性研究是指在项目投资决策之前,调查、研究与拟建项目有关的自然、社会、经济和技术条件,分析、比较可行的投资建设方案,预测、评价项目建成后的社会经济效益,并在此基础上综合论证项目投资建设的必要性,财务上的盈利性和经济上的合理性,技术上的先进性和适用性以及建设条件上的可能性和可行性,从而为投资决策提供科学依据的工作。

2. 可行性研究的任务

可行性研究的基本任务是通过广泛的调查研究,对项目进行全面的、综合的技术经济分析论证,为项目决策提供科学可靠的依据和可行的建议,广泛应用于新建、改建和扩建等项目。通过可行性研究,可使项目的投资决策工作建立在科学性和可靠性的基础之上,从而实现项目投资决策科学化,减少和避免投资决策的失误,提高项目投资的经济效益。

3. 可行性研究的起源

可行性研究的应用起源于 1902 年美国的航行事业，当时为了改善航道，根据《河港法》的要求，运用可行性研究来评价水域资源的工程项目。在 30 年代，美国又将之用于田纳西河流域开发的研究，效果也很显著。后来在几十年的实践过程中，经过不断充实和完善，可行性研究已逐步成为一套具有系统理论基础的科学分析方法，应用范围也不断扩大。

可行性研究不仅适用于建设项目的投资决策分析，还广泛地用于工农业的生产管理、科学试验、区域规划及自然与社会的改造等方面。目前，可行性研究作为一门学科，已被各国所公认，并在国际上广为应用。联合国工业发展组织编写的《工业可行性研究编制手册》《工业项目评价手册》以及世界银行编写的《项目经济分析方法》等，均对可行性研究的推广起到了很大作用。

4. 我国可行性研究的发展

20 世纪 80 年代初，我国开始学习和引进了可行性研究。1981 年 3 月国务院国发〔1981〕30 号文《关于加强基本建设计划管理、控制基本建设规模的若干规定》中规定，把可行性研究作为建设前期工作中的一个重要技术经济论证阶段，纳入基本建设程序。所有新建、扩建的大中型项目，不论采用何种资金安排，都必须先由主管部门提出项目可行性研究报告，所有利用外资进行基本建设的项目都要有批准的项目建议书和可行性研究报告。

1982 年 2 月国家计划委员会、国家基本建设委员会发布的《关于缩短建设工期、提高投资效益的若干决定》中规定，基本建设项目决策必须建立在科学、可靠的基础上。在项目列入计划之前一定要认真负责、精心细致地进行可行性研究和技术经济论证，提出可行性研究报告，作为编制设计任务书的基础。凡是没有经过可行性研究或可行性研究深度不够的建设项目，不应批准设计任务书。

1982 年 9 月国家计划委员会计基〔1982〕793 号文《关于编制基本建设前期工作计划的通知》中指出，将可行性研究纳入建设前期工作计划内容，并规定了建设项目可行性研究的主要内容。1983 年 2 月国家计划委员会以计资〔1983〕116 号文颁发了《关于建设项目进行可行性研究的试行管理办法》，将可行性研究纳入了国家基本建设程序。该文件规定可行性研究是建设前期工作的重要内容，是基本建设程序中的组成部分。利用外资的项目、技术引进和设备进口项目、大型工业交通项目(包括重大技术改造项目)，都应进行可行性研究。其他建设项目有条件时，也应进行可行性研究。同时，该文件还对可行性研究的工作程序、编制内容和审批办法等做了详细规定。

1987 年国家计划委员会、国家建设部颁发了《建设项目经济评价方法与参数》与《关于建设项目经济评价工作的暂行规定》，使项目投资决策开始进入科学化、规范化的阶段。

2006 年，国家发展和改革委员会、国家建设部联合发布了《建设项目经济评价方法与参数(第 3 版)》，为在社会主义市场经济条件下正确实行可行性研究、科学决策项目投资提供了指导原则。

8.1.2　项目可行性研究的特点

1. 先行性

可行性研究是在投资方案和工程项目建设之间完成的，而不是在项目确定之后再进行的。

2. 预测性

可行性研究是对还未实施的投资方案和工程建设项目建设所进行的研究,是对未来事物的分析和论证,因此可行性研究很重视社会需求和市场预测。

3. 不定性

可行性研究的结果包含可行和不可行两种。可行,则为项目的开始提供了科学的依据;不可行,则避免了投资的浪费和不必要的损失。

4. 决策性

可行性研究是为决策提供科学的依据。事实上,可行性研究的过程本身就是决策的过程。

8.1.3 项目可行性研究的作用

1. 作为工程项目投资决策的依据

由于可行性研究对与工程项目有关的各个方面都进行了调查研究和分析,并以大量数据论证了项目的先进性、合理性、经济性以及其他方面的可行性,这是工程项目投资建设的首要环节。项目主管机关主要是根据项目可行性研究的评价结果,并结合国家的财政经济条件和国民经济发展的需要,做出此项目是否应该投资和如何进行投资的决定。

2. 作为筹集资金和向银行申请贷款的依据

银行通过审查项目可行性研究报告,确认了项目的经济效益水平和偿还能力,并不承担过大的风险时,银行才能同意贷款。这对合理利用资金和提高投资的经济效益具有积极作用。

3. 作为工程设计的依据

按建设程序的规定,工程项目必须严格按批准的可行性研究报告内容进行设计,而不得随意变更可行性研究报告已确定的建设规模、产品方案、建设标准、建设地址和总投资等控制指标。

4. 作为该项目的科研试验、机构设置、职工培训、生产组织的依据

经批准的可行性研究报告是进行与工程项目有关的科研试验,设置相应的组织机构,进行职工培训以及合理的组织生产等工作安排的依据。

5. 作为向当地政府、规划部门、环境保护部门申请建设执照的依据

可行性研究报告经审查,符合市政当局的规定,对污染处理得当,不造成环境污染时,方能发给建设执照。

6. 作为该项目与有关部门互订协议、签订合同的依据

可行性研究报告中对于拟建项目的原材料、燃料、动力、运输、通信等需要协作的情况与供应量的详细说明以及提供有关的数据资料,是签订有关协议的依据。尤其是对引进技术设备的项目,国家有关部门规定,必须有批准的可行性研究报告,方可与外商签约。

7. 作为该项目工程建设的基础资料

工程项目的可行性研究报告是项目工程建设的重要基础资料。对于项目建设过程中的技术性更改,研究人员应认真分析其对项目经济效益指标的影响程度。

8. 作为对该项目考核的依据

工程项目竣工并正式投产后的生产考核，应以可行性研究所制定的生产纲领、技术标准及经济效果指标作为考核标准。

8.2 可行性研究的阶段和主要内容

8.2.1 可行性研究的阶段划分

通常把投资项目发展周期分为投资前期（建设前期）、投资时期（建设时期）、投资回收期（生产时期）三个时期，每一个时期又细分为若干个阶段。其中常把投资前期分为项目设想、项目初选、项目拟定、项目评估与决策四个阶段。与此相对应，联合国工业发展组织编写的《工业可行性研究手册》规定投资前期的可行性研究工作分为机会研究、初步可行性研究、详细可行性研究、项目评估与决策四个阶段。

1. 机会研究

投资机会研究是可行性研究的第一个阶段，主要是对项目或投资方向提出建议，并对各种设想的项目和投资机会做出鉴定，以确定是否要进行下一步详细研究工作。机会研究要解决两个方面的问题，一方面是社会是否需要，另一方面是有没有可以开展的基本条件。

任务：考虑投资目标，鉴别投资机会。比较粗略，不能直接用于决策。

内容：地区情况、工业政策、资源条件、劳动力状况、社会条件、地理环境、国内外市场情况及项目的社会影响。

要求：对投资额的估算精度为 ±30%，时间为 1~3 月，花费占总投资的 0.2%~1.0%。

2. 初步可行性研究

初步可行性研究又称预可行性研究，它是在投资机会研究的基础上进行的。当工程项目的规划设想经过投资机会研究的分析和鉴定，认为值得进一步研究时，才进入该研究阶段。

任务：对机会研究的投资建议具体化为多个比选方案，并进行初步评价，筛选方案，确定项目的初步可行性。

内容：市场、原材料及投入、厂址、经济规模及主要设备选型。

要求：投资及成本估算精度 ±20%，时间为 3~5 月，花费占总投资的 0.25%~1.25%。

3. 详细可行性研究

详细可行性研究简称为可行性研究，它是投资前期研究和评价的最后阶段。详细可行性研究不是最终目的，而是实现建设项目决策科学化、民主化，减少和避免投资决策失误，提高建设项目经济效益的一种手段，因此投资决策者或主管部门的最终决策结果不一定与详细可行性研究的评价结论完全一致。

任务：对工程项目进行深入的技术经济分析，重点是对项目进行财务评价和国民经济评价。

内容：选择出最优（或满意）方案，并提出研究结论，为正确进行投资决策提供依据。

要求：投资估算精度 ±10%，时间为几个月至 2 年，花费占总投资的 0.5%~3%。

4. 项目评估与决策

评估和投资决策阶段是由投资决策部门组织或授权专业银行、工程咨询公司,代表国家对上报的项目可行性研究报告进行全面审核和再评价。

任务:审核、分析、判断可行性研究报告的可靠性和真实性,提出项目评估(价)报告,为决策者提供最后决策依据。

内容:项目的必要性评价、可能性评价、技术评价、经济评价、综合评价,并编写评价报告。

要求:投资及成本估算精度为 ±10%,时间为 1~3 个月,从全局出发,客观、公正、可靠。

8.2.2 可行性研究的内容

1. 项目建设的必要性

(1)从项目层次分析拟建项目在实现企业自身可持续发展重要目标、重要战略和生存壮大能力的必要性。

(2)从国民经济和社会发展层次分析拟建项目是否符合合理配置和有效利用资源的要求,是否符合区域规划、行业发展规划、城市规划的要求,是否符合国家产业政策和技术政策的要求,是否符合保护环境、可持续发展的要求等。

2. 市场分析

市场分析的内容包括调查分析和预测拟建项目产品和主要投入品的国际、国内市场的供需状况和价格;研究确定产品的目标市场;在竞争力分析的基础上,预测可能占有的市场份额;研究产品的营销策略。

3. 项目建设方案研究

项目建设方案研究主要包括建设规模和产品方案,工艺技术和主要设备方案,场(厂)址选择,主要原材料、辅助材料和燃料的供应方案,总图运输和土建工程方案,公用、辅助工程方案及节能、节水措施,环境保护治理措施方案,职业安全卫生健康措施和消防设施方案,项目的组织机构与人力资源配置。

4. 投资估算

在确定项目建设方案的基础上估算项目所需的投资,分别估算建筑工程费、设备购置费、安装工程费、工程建设其他费用、基本预备费、涨价预备费、建设期利息和流动资金。

5. 融资方案

在投资估算确定投资额的基础上,研究分析项目的融资主体、资金来源渠道和方式、资金结构及融资成本和融资风险等。结合融资方案的财务分析,比较、选择和确定融资方案。

6. 财务分析

财务分析又称财务评价,其内容包括按规定科目详细估算营业收入和成本费用,预测现金流量;编制现金流量表等财务报表,计算相关指标;进行财务盈利能力、偿债能力及财务生存能力分析,评价项目的财务可行性。

7. 经济分析

对于财务现金流量不能全面、真实地反映其经济价值的项目,应进行经济分析。从社会经济资源有效配置的角度,识别项目产生的直接和间接的经济费用和效益,编制经济费用效益流量表,计算有关评价指标,分析项目建设对经济发展所做出的贡献及项目所耗费的社会资源,评价项目的经济合理性。

8. 经济影响分析

对于区域及宏观经济影响较大的项目,还应从区域经济发展、产业布局及结构调整、区域财政收支、收入分配以及是否可能导致垄断等角度进行分析。对于涉及国家经济安全的项目,还应从产业技术安全、资源供应安全、资本控制安全、产业成长安全、市场环境安全等角度进行分析。

9. 资源利用分析

对于高耗能、耗水、大量消耗自然资源的项目,应分析能源、水资源和自然资源利用效率。一般项目也应进行节能、节水、节地、节材分析。所有项目都要提出降低资源消耗的措施。

10. 土地利用及移民搬迁安置方案分析

对于新增建设用地的项目,应分析项目用地情况,提出节约用地措施。涉及搬迁和移民的项目,还应分析搬迁方案和移民安置方案的合理性。

11. 社会评价

对于涉及社会公共利益的项目,如农村扶贫项目,要在社会调查的基础上,分析拟建项目的社会影响,分析主要利益相关者的需求,分析对项目的支持和接受程度,分析项目的社会风险,提出防范和解决社会问题的方案。

12. 不确定性分析

不确定性分析包括进行敏感性分析,计算敏感度系数和临界点,找出敏感因素及其对项目效益的影响程度;进行盈亏平衡分析,计算盈亏平衡点,粗略预测项目适应市场变化的能力。

13. 风险分析

风险分析是对项目的主要风险因素进行识别,采用定性和定量分析方法估计风险程度,研究提出防范和降低风险的对策措施。

14. 结论与建议

在以上各项分析研究之后,应做出归纳总结,说明所推荐方案的优点,指出可能存在的主要问题和可能遇到的主要风险,做出项目是否可行的明确结论,并对项目下一步工作和项目实施中需要解决的问题提出建议。

8.3 可行性研究的程序及可行性研究报告的编制

8.3.1 可行性研究的步骤

按照国家规定的建设程序和国家计划委员会颁发的《关于建设项目进行可行性研究的试行管理办法》以及改革计划、投资体制的要求,我国可行性研究一般要经历以下工作程序。

(1)建设单位提出项目建议书和初步可行性研究报告。

(2)下达可行性研究任务或委托有关可行性研究工作。

(3)承担单位开展可行性研究工作。

(4)可行性研究报告的预审与复审。

(5)可行性报告的审批。

可行性研究报告的编制一般依据如下:

(1)国民经济发展的长远规划,国家经济建设的方针、任务和技术经济政策;

(2)项目建议书和委托单位的要求;

(3)国家对大中型重点项目批准的资源报告、国土开发规划等,交通运输项目的江河流域规划或路网规划;

(4)国家进出口贸易和关税政策;

(5)有关的基础资料;

(6)有关的技术经济方面的规范、标准、定额等指标;

(7)有关项目经济评价的基本参数和指标。

8.3.2 可行性研究报告的内容要点

根据《关于建设项目进行可行性研究的试行管理办法》的规定,一般工业建设项目的可行性研究应包括以下几个方面的内容。

1. 总论

总论,即项目的基本情况。在许多情况下,项目的评估、审批、贷款及对合作者的吸引的成败,在一定程度上取决于总论写作质量的好坏。总论一般主要包括以下几个方面的内容。

(1)说明项目提出的背景、投资环境,项目投资建设的必要性和经济意义,项目投资对国民经济的作用和重要性。

(2)提出项目调查的主要依据、工作范围和要求。

(3)分析项目的历史发展概况,说明项目建议书及有关审批文件。

(4)综述可行性研究的主要结论、存在的问题与建议,列表说明项目的主要技术经济指标。

2. 市场需求预测

(1)了解相关管理部门对有关项目产品的指令性安排、长远规划、产品开发政策和意向。

(2)调查、预测国内外市场对项目产品的需求。

(3)调查、预测项目产品的国内供应量。

(4)调查、预测项目产品的国外供应量。

(5)调查、预测产品进入国际市场的近况和出口前景。

(6)对项目产品市场供需的全面分析。

(7)销售预测。

(8)销售价格的预测和分析。

除以上对市场需求量的预测外,还可进行市场占有率预测、技术发展预测和资源预测等。

3. 拟建项目的规模选择

项目的规模是指劳动力和生产资料的集中程度。衡量项目规模的大小有多种指标,如生产能力、投资额及所需人数等。在可行性研究和项目评估中,评价项目规模的指标主要是生产能力。制约项目生产规模的主要因素有以下几个:

(1)国民经济发展规划;

(2)市场需求;

(3)各工业部门的技术经济特点;

(4)资源、设备制造能力、资金等供应的可能性;

(5)投资主体的风险承受能力。

4. 原材料、能源及公用设施情况

在项目的可行性分析中,还应对项目所需的原材料、辅助材料和燃料的品种、规格、成分、数量、价格、来源及供应方式进行分析论证,以确保项目建成后正常生产运营,并为计算生产运营成本提供依据。

(1)主要原材料供应方案分析

主要原材料是指项目建成后生产运营所需的主要投入物。在建设规模、产品方案、技术方案确定后,应对所需主要原材料的品种、规格、成分、质量、数量、价格、来源、供应方式和运输方式进行分析。

(2)燃料动力供应方案分析

项目所需燃料动力包括生产工艺燃料动力、公用和辅助设施用燃料动力及其他设施用燃料动力。

(3)主要原料材料、燃料供应方案比选

主要原材料、燃料供应方案应进行多方案比选。比选的内容主要有以下几个方面。

①满足生产要求的程度,即原材料、燃料动力在品种、质量、性能及数量上能否满足项目建设规格和生产工艺的要求。

②采购来源的可靠程度,包括原材料、燃料供应的稳定程度(包括数量、质量)和大宗原材料、燃料运输的保证程度。

③价格和运输费用是否经济合理。

(4)交通运输条件的评估

交通运输条件(包括项目厂外、厂内交通道路情况,涉及运输方式,设备的选择,运输中装、卸、转、储各环节协调和组织管理)对项目的建设生产起着至关重要的作用,要先于项目竣工,要早投入运行。交通运输条件评估的内容主要有以下几个方面。

①对各种运输方式进行技术经济比较,经过方案论证,选取经济合理的运输方式。

②审查运输的各个环节是否紧凑有序,能否保证生产的连续性与可靠性。

③审查并计算运输设备、工具所需的投资是否合理。

5. 工艺技术和设备方案的选择

(1)工艺技术选择

工艺是指项目生产产品时所采用的制造方法及生产流程。技术则是指根据生产实践经验与自然科学原理而发展起来的各种工艺操作方法及技能。在工程项目可行性研究中,往往将两者合称为工艺技术。

技术方案主要是指生产方法、工艺流程(工艺过程)等。技术方案不仅直接影响到项目的投资费用,而且对未来的产品质量、产量和项目的经济效益都会产生直接的影响。

技术方案选择的基本要求:先进性、适用性、可靠性、安全性、经济合理性。

(2)设备方案选择

设备方案选择是在分析和初步确定技术方案的基础上,对所需主要设备的规格、型号、数量、来源及价格等进行分析比选。

主要设备方案选择的基本要求如下。

①主要设备方案应与选定的建设规模、产品方案和技术方案相适应。

②主要设备之间、主要设备与辅助设备之间的能力相互配套。

③设备质量可靠、性能成熟,保证生产和产品质量稳定。

④在保证设备性能的前提下,力求经济合理,即在设备满足工艺对其功能要求的前提下,投资少,营运成本低,而经济效益好。

⑤拟选的设备应符合政府部门或者专门机构发布的技术标准要求。

6. 环境保护与劳动安全

项目一般会引起项目所在地自然环境、社会环境和生态环境的变化,对环境状况、环境质量产生不同程度的影响。环境影响评价是在分析确定场址方案和技术方案中,调查分析环境条件,识别和分析拟建项目影响环境的因素,提出治理和保护环境的措施,比选和优化环境保护方案。

项目环境影响评价应坚持以下几个原则。

(1)符合国家环境保护法律、法规和环境功能规划的要求。

(2)坚持污染物排放总量控制和达标排放的要求。

(3)坚持"三同时"原则,即环境治理设施应与项目的主体工程同时设计、同时施工、同时投产使用。

(4)力求环境效益与经济效益相统一,在分析环境保护措施时,应从环境效益、经济效益相统一的角度进行分析论证,力求环境保护治理方案技术可行和经济合理。

(5)注重资源综合利用,对环境治理过程中项目产生的废气、废水、固体废弃物,应提出回水处理和再利用方案。

环境保护与劳动安全的主要内容有以下几个方面。

(1)对建厂具体地区历史和现在的环境调研以及建设项目投产后对环境影响的预测。

(2)制定环境保护措施和"三废"治理方案,如防止公害的主要措施、三废处理和劳动保护的主要方法。

(3)编制审批环境影响报告书,附建设项目环境影响评价资格证书颁布单位所完成的"环境影响报告书"。

7. 企业组织、劳动定员和人员培训

在可行性研究报告中,根据项目规模、项目组成和工艺流程,研究提出相应的企业组织机构、劳动定员总数、劳动力来源及相应的人员培训计划。

8. 项目实施进度的建议

项目实施时期又称为投资时间,是指从正式确定建设项目到项目达到正常生产的这段时间。这一时期包括项目实施准备、资金筹集安排、勘察设计和设备订货、施工准备、施工和生产准备、试运转直到竣工验收和交付使用等各工作阶段。

(1)提出项目建设的基本要求和总体安排。

(2)结合勘察设计、设备制造、工程施工、安装、调试、投产及达产所需时间提出进度要求。

(3)论述最佳实施计划方案的选择,并用横道图或网络图来表示。

9. 投资估算与资金筹措

建设项目的投资估算和资金筹措分析,是项目可行性研究内容的重要组成部分。每个项目均需计算所需要的投资总额,分析投资的筹措方式,并制订用款计划。

10. 建设项目的财务评价

财务分析是在财务效益与费用的估算及编制财务辅助报表的基础上编制财务报表,计算财务分析指标,考察和分析项目的盈利能力、偿债能力和财务生存能力,判断项目的财务可行性,明确项目对财务主体的价值及对投资者的贡献,为投资决策、融资决策及银行审贷提供依据。

11. 建设项目的国民经济评价

国民经济评价又称经济分析,是在合理配置社会资源的前提下,从国家经济整体利益的角度出发,用影子价格、影子工资、影子汇率和社会折现率计算分析项目的经济效率、效果和对社会的影响,评价项目在宏观经济上的合理性。国民经济评价实质上是以国家作为系统,以国民经济净收益为目标,以国家有用资源的合理利用为约束条件的最优化问题。

12. 结论与建议

根据前面各部分的研究分析结果,对建设方案进行综合性分析评价与方案选择,推荐一个以上的可行性方案,提供决策参考,指出项目存在的问题、改进建议及结论性意见。其主要包括以下几个方面的内容。

(1)对推荐的拟建方案在建设条件、产品方案、工艺技术、经济效益、社会效益、环境影响等方面提出结论性意见。

(2)对主要的对比方案进行说明。

(3)对可行性研究中尚未解决的主要问题提出解决办法和建议。

(4)对应修改的主要问题进行说明,提出修改意见。

(5)对不可行的项目,提出不可行的主要问题及处理意见。

(6)可行性研究中主要争议问题的结论。

8.4 项目后评价

8.4.1 项目后评价概述

可行性研究和项目前评价是在项目建设前进行的,其判断、预测是否正确,项目的实际效益如何,需要在项目竣工投产后根据现实数据资料进行再评估来检验,这种再评估就是项目后评价。项目后评价可以全面总结项目投资管理中的经验教训,并为以后改进项目管理和制订科学的投资计划提供现实依据。

8.4.2 工程项目后评价的特点

1. 工程项目后评价的定义

在项目建成投产并达到设计生产能力后,通过对项目前期工作、项目实施、项目运营情况的综合研究,衡量和分析项目的实际情况及其与预测(计划)情况的差距,确定有关项目预测和判断是否正确,并分析原因,从项目完成过程中吸取经验教训,为今后提高投资项目的决策水平创造条件,并为提高项目投资效益提出切实可行的对策措施。

2. 工程项目后评价的特点

(1)现实性 项目后评价分析研究的是项目实际情况,所依据的数据资料是现实发生的真实数据或根据实际情况重新预测的数据,而项目可行性研究和项目前评价分析研究的是项目未来的状况,所用的数据都是预测数据。

(2)全面性 在进行项目后评价时,既要分析其投资过程,又要分析经营过程;既要分析项目投资经济效益,又要分析其经营管理的状况,发掘项目的潜力。

(3)探索性 项目后评价要分析企业现状,发现问题,并探索未来的发展方向,因而要求项目后评价人员具有较高的素质和创造性,把握影响项目效益的主要因素,并提出切实可行的改进措施。

(4)反馈性 项目可行性研究和前评价的目的在于为计划部门投资决策提供依据,而项目后评价的目的在于为有关部门反馈信息,为今后项目管理、投资计划的制订和投资决策积累经验,并用来检测项目投资决策正确与否。

(5)合作性 项目可行性研究和项目前评价一般只通过评价单位与投资主体之间的合作,由专职的评价人员就可以提出评价报告;而后评价需要更多方面的合作,如专职技术经济人员、项目经理、企业经营管理人员、投资项目主管部门等各方的融洽合作,项目后评价工作才能顺利进行。

3. 项目后评价与项目前评价的差别

(1)在项目建设中所处的阶段不同 项目可行性研究和前评价属于项目前期工作,它决定项目是否可以实施。项目后评价是项目竣工投产并达到设计生产能力后对项目进行的再评价,是项目管理的延伸。

(2)比较的标准不同 项目可行性研究和前评价依据定额标准、国家参数来衡量建设项目的必要性、合理性和可行性。项目后评价主要是直接与项目前评价的预测情况或其他同类项目进行对比,检测项目的实际情况与预测情况的差距,并分析原因,提出改进措施。

(3)在投资决策中的作用不同 项目可行性研究和前评价直接作用于项目决策,前评价的结论是项目取舍的依据。项目后评价则是间接作用于项目投资决策,是投资决策的信息反馈。将后评价反映出的项目建设过程和投产阶段(乃至正常生产时期)出现的一系列问题和各类信息反馈到投资决策部门,从而提高未来项目决策科学化的水平。

(4)评价的内容不同 项目可行性研究和前评价分析研究的内容是项目建设条件、设计方案、实施计划及经济社会效果。项目后评价的主要内容是针对除前评价上述内容进行再评价外,还包括对项目决策、项目实施效率等进行评价以及对项目实际运营状况进行较深入的分析。

(5)组织实施的不同 项目可行性研究和前评价主要由投资主体或投资计划部门组织

实施。项目后评价则由投资运行的监督管理机关或单独设立的后评价机构进行,以确保项目后评价的公正性和客观性。

8.4.3　项目后评价的作用

从以上项目后评价的定义、特点及其在项目管理中的地位可以看出,项目后评价在提高建设项目决策的科学化水平,改进项目管理和提高投资效益等方面发挥着重要的作用。具体来说,项目后评价的作用主要表现在以下几个方面。

(1)总结项目管理的经验教训,提高项目管理的水平　由于建设项目管理是一项极其复杂的活动,它涉及银行、计划、主管部门、企业、物资供应、施工等许多部门,因此项目能否顺利完成关键在于这些部门之间的配合与协调工作做得如何。通过项目后评价,对已建成项目的实际情况进行分析研究,有利于指导未来项目的管理活动,从而提高项目管理的水平。

(2)提高项目决策科学化的水平　项目前评价是项目投资决策的依据,但前评价中所做的预测是否准确,需要后评价来检验。通过建立完善的项目后评价制度和科学的方法体系,一方面可以增强前评价人员的责任感,提高项目预测的准确性;另一方面可以通过项目后评价的反馈信息,及时纠正项目决策中存在的问题,从而提高未来项目决策的科学化水平。

(3)为国家投资计划、政策的制定提供依据　项目后评价能够发现宏观投资管理中的不足,从而有利于国家及时修正某些不适合经济发展的技术经济政策,修订某些已经过时的指标参数。同时,还可以根据反馈的信息,合理确定投资规模和投资流向,协调各产业、各部门之间及其内部的各种比例关系。此外,国家还可以充分地运用法律的、经济的、行政的手段,建立必要的法令、法规、各项制度和机构,促进投资管理的良性循环。我国基本建设程序尚缺乏对项目决策和实施效果的反馈环节,而项目后评价刚好弥补了这一弱点,它对我国基本建设程序的完善和健全以及改进宏观决策将会起到越来越重要的作用。

(4)为银行部门及时调整信贷政策提供依据　通过开展项目后评价,能及时发现项目建设资金使用中存在的问题,分析研究贷款项目成功或失败的原因,从而为银行部门调整信贷政策提供依据,并确保资金的按期回收。

(5)可以对企业经营管理进行"诊断",促使项目运营状态的正常化　项目后评价是在项目运营阶段进行的,因而可以分析和研究项目投产初期和达产时期的实际情况,比较实际情况与预测情况的偏离程度,探索产生偏差的原因,提出切实可行的措施,从而促使项目运营状态正常化,提高项目的经济效益和社会效益。

8.4.4　项目后评价的基本程序

尽管因项目规模、复杂程度的不同,而导致每个项目后评价的具体工作程序会有所区别,但从总的情况来看,一般项目的后评价都应遵循一个客观和循序渐进的过程,具体可以概括为以下几个步骤。

1. 组织项目后评价机构

组织项目后评价机构实际上是指由谁来组织项目后评价工作,这是具体实施项目后评价首先要解决的问题。根据项目后评价的概念、特点和职能,我国项目后评价的组织机构应符合以下两个基本要求。

(1)满足客观性、公正性要求。

(2)具有反馈检查功能。

2. 选择项目后评价的对象

原则上,对所有投资项目都要进行后评价,项目后评价应纳入管理程序之中。但实际上,往往由于条件的限制,只能有选择地确定评价对象。我国在选择进行项目后评价的对象时优先考虑以下类型项目。

(1)投产后本身经济效益明显不好的项目。

(2)国家急需发展的短线产业部门的投资项目。

(3)国家限制发展的长线产业部门的投资项目。

(4)一些投资额巨大、对国计民生有重大影响的项目。

(5)一些特殊项目。

3. 收集资料和选取数据

项目后评价是以大量的数据、资料为依据的,这些材料的来源要可靠。一般由项目后评价者亲自调查整理,需要收集的数据和资料如下。

(1)档案资料,如规划方案、项目建议书和批文、可行性研究报告、评估报告、设计任务书、初步设计材料和批文、施工图设计和批文、竣工验收报告、工程大事记、各种协议书和合同及有关厂址选择、工艺方案选择、设备方案选择的论证材料等。

(2)项目生产经营资料,主要是生产、销售、供应、技术、财务等部门的统计年度报告。

(3)分析预测用基础资料,主要是建设项目开工以来的有关利率、税种、税率、物价指数变化的有关资料。

(4)与项目有关的其他资料,如国家及地方的产业结构调整政策和长远规划,国家和地方颁布的规定和法律文件。

4. 分析和加工收集的资料

项目后评价机构对所收集的资料进行汇总、整理和分析,对需要调整的资料要调整。此时往往需要进一步补充测算有关的资料,以满足验证的需要。

5. 评价及编制后评价报告

项目后评价机构编制各种评价报表及计算评价指标,并与前评价进行对比分析,找出差异及其原因。

6. 上报后评价报告

项目后评价机构把编制的正式后评价报告上报给组织后评价的部门。

8.4.5 项目后评价的内容和方法

根据项目的类型、规模、复杂程度及后评价目的的不同,评价的内容也并不完全一致。

1. 项目分段后评价的内容

(1)项目前期的后评价　其主要包括主要项目立项条件的再评价、项目决策程序和方法的再评价、项目勘察设计的再评价、项目前期工作管理的再评价等。

(2)项目实施的后评价　其主要包括项目实施管理的再评价、项目施工准备工作的再评价、项目施工方式和施工项目管理的再评价、项目竣工验收和试生产的再评价,项目生产准备的再评价等。

(3)项目运营的后评价　其主要包括生产经营管理的再评价、项目生产条件的再评价、项目达产情况的再评价、项目产出的再评价、项目经济后评价等。

2. 项目后评价的基本内容

(1)项目立项决策的后评价　根据国民经济发展规划和国家制定的产业政策及区域经济优势,结合项目的实际情况,检验项目建议书、可行性研究报告和项目评估报告的编制是否坚持了实事求是的原则。如果项目实施结果偏离预测目标较远,要分析产生偏差的原因,并提出相应的补救措施。

(2)项目生产建设条件的后评价　着重分析项目实施过程的建设条件,建成投产后的生产条件与当初项目评估决策时主要条件的变动,做出定性与定量分析,剖析重要差别的原因,并提出诊断建议。

(3)项目技术方案的后评价　即对工程设计方案、项目实施方案的再评价,以确认技术方案的先进性和适用性。

(4)项目经济后评价　包括项目财务后评价和项目国民经济后评价两个组成部分。

3. 项目后评价的方法

(1)"前后对比"和"有无对比"法

一般情况下,"前后对比"是指将项目实施之前与完成之后的情况加以对比,以确定项目的作用与效益的一种对比方法。在项目后评价中,则是指将项目前期的可行性研究和评估的预测结论与项目的实际运行结果相比较,以发现变化和分析原因。这种对比用于揭示计划、决策和实施的质量,是项目过程评价应遵循的原则。"有无对比"是指将项目实际发生的情况与若无项目可能发生的情况进行对比,以度量项目的真实效益、影响和作用。对比的重点是要分清项目作用的影响与项目以外作用的影响。这种对比用于项目的效益评价和影响评价,是项目后评价的一个重要方法论原则。

(2)逻辑框架法

逻辑框架法(简称LFA)是美国国际开发署在1970年开发并使用的一种设计、计划和评价工具,目前已有2/3的国际组织把LFA作为援助项目的计划管理和后评价的主要方法。逻辑框架法的模式如表8.1所示。

表8.1　逻辑框架法的模式

层次描述	客观验证指标	验证方法	重要外部条件
目标	目标指标	监测和监督手段及方法	实现目标的主要条件
目的	目的指标	监测和监督手段及方法	实现目的的主要条件
产出	产出物定量指标	监测和监督手段及方法	实现产出的主要条件
投入	投入物定量指标	监测和监督手段及方法	实现投入的主要条件

思考与练习

一、单选题

1. 项目可行性研究阶段的市场需求预测应(　　)。

A. 在可行性研究后期阶段进行　　B. 在可行性研究初期阶段进行

C. 在可行性研究中间阶段进行　　D. 贯穿可行性研究全过程

2. 可行性研究是(　　)时期的工作。

A. 投资前　　B. 投资　　C. 生产　　D. 销售

3.(　　)阶段需要进行深入细致的技术经济论证,并提出结论性报告。

A. 机会研究　　B. 初步可行性研究

C. 详细可行性研究　　D. 评价和决策

4. 若项目评价的目标是考虑地区或阶层间的利益分配、就业、环境改进和社会安定等,这属于(　　)。

A. 财务评价　　B. 国民经济评价　　C. 环境评价　　D. 社会评价

5. 建设工程项目在投资决策阶段工作的核心和重点是(　　)。

A. 项目决策　　B. 可行性研究工作　　C. 筹资　　D. 厂址选择

6. 在建设工程项目可行性研究中,(　　)可作为项目能否成立的依据。

A. 市场研究　　B. 财务分析

C. 经济效益分析　　D. 工艺技术方案论证

7. 建设工程项目可行性研究可作为项目进行(　　)的依据。

A. 工程结算　　B. 编制施工图　　C. 招投标　　D. 投资决策

二、多选题

1. 建设工程项目决策阶段的费用是一种工作费用,属于投资者自身费用的是(　　)。

A. 投资机会分析费　　B. 初步可行性研究费

C. 可行性研究费　　D. 决策费用

E. 项目决策论证工作的补偿费

2. 可行性研究在投资项目的管理方面具有的作用有(　　)。

A. 是项目成立和进行投资决策的基本依据

B. 是编制投资项目规划设计的依据

C. 是项目组织实施的依据

D. 作为签订有关投资合同或协议、订货的依据

E. 是编制可行性研究报告的依据

3. 我国建设项目可行性研究的主要内容有(　　)。

A. 项目协议书　　B. 可行性研究　　C. 项目评估　　D. 经济研究

E. 技术研究

三、简答题

1. 什么是可行性研究?

2. 简述可行性研究的对象。

3. 概述可行性研究的程序。

4. 机会研究阶段项目建议书的主要内容有哪些?

5. 简述详细可行性研究阶段的内容。

项目 9　工程投资与工程经济学

知识目标

1. 熟悉建设总投资的构成。
2. 掌握基本预备费、涨价预备费及建设期利息的计算。
3. 掌握财务评价基础数据的确定方法，熟悉财务评价中的基本报表和辅助报表。
4. 通过案例学习能够独立进行项目的财务评价。

能力目标

1. 编制财务分析报表，计算财务指标。
2. 分析项目盈利能力、偿债能力和财务生存能力，考察建设项目的财务可行性。

9.1　建设项目投资

9.1.1　投资的概念

投资指特定经济主体为了在未来可预见的时期内获得收益或是资金增值，在一定时期内向一定领域投放足够数额的资金或实物的货币等价物的经济行为。投资包含许多类型，在工程经济学中，主要关注的是工程项目的总投资。在项目评价中，工程项目总投资一般指工程从开始筹建到项目全部竣工投产所需要的全部资金投入。工程总投资从时间上由建设期的建设投资和为生产运营准备的流动资金两部分组成。如果建设投资所使用的资金含有借款，建设期利息也应计入总投资。工程项目总投资具体的构成情况如图 9.1 所示。

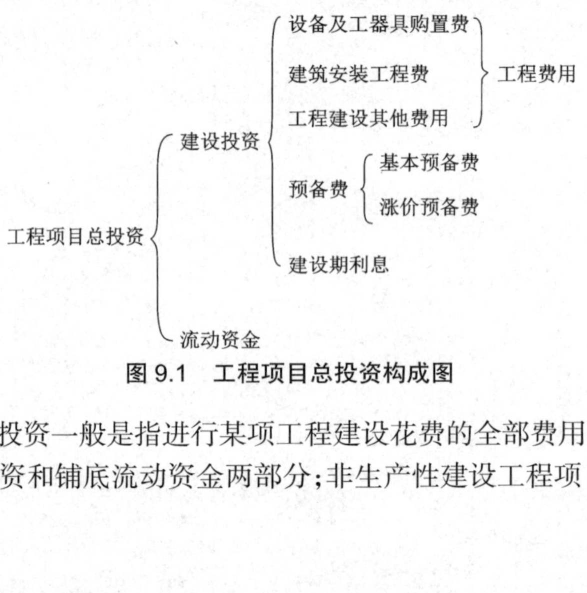

图 9.1　工程项目总投资构成图

建设工程项目总投资一般是指进行某项工程建设花费的全部费用。生产性建设工程项目总投资包括建设投资和铺底流动资金两部分；非生产性建设工程项目总投资则只包括建设投资。

建设投资由设备及工器具购置费、建筑安装工程费、工程建设其他费用、预备费（包括基本预备费和涨价预备费）和建设期利息组成。

设备及工器具购置费是指建设单位（或其委托单位）按照建设工程设计文件要求，购置或自制达到固定资产标准的设备和新建、扩建项目配置的首套工器具及生产家具所需的费用。设备及工器具购置费由设备原价、工器具原价和运杂费（包括设备成套公司服务费）组成。在生产性建设工程项目中，设备及工器具投资主要表现为其他部门创造的价值向建设工程项目中的转移，它占项目投资比重的提高，意味着生产技术的进步和资本有机构成的提高。

建筑安装工程费是指建设单位用于建筑和安装工程方面的投资，它由建筑工程费和安装工程费两部分组成。建筑工程费是指建设工程涉及范围内的建筑物、构筑物、场地平整、道路铺设、室外管道铺设、大型土石方工程费用等。安装工程费是指主要生产、辅助生产、公用工程等单项工程中需要安装的机械设备、电器设备、专用设备、仪器仪表等设备的安装及配件工程费以及工艺、供热、供水等各种管道、配件、闸门和供电外线安装工程费用等。

工程建设其他费用是指工程项目从筹建到竣工验收交付使用为止的整个建设期间，除建筑安装工程费用、设备及工器具购置费以外的，为保证工程建设顺利完成和交付使用后能够正常发挥效用而发生的一些费用。工程建设其他费用按内容大体可分为三类：第一类是土地使用费，包括土地征用及迁移补偿费和土地使用权出让金；第二类是与项目建设有关的费用，包括建设管理费、勘察设计费、研究试验费等；第三类是与未来企业生产经营有关的费用，包括联合试运转费、生产准备费、办公和生活家具购置费等。

铺底流动资金是指生产性建设工程项目为保证生产和经营正常进行，按规定应列入建设工程项目总投资的铺底流动资金，一般按流动资金的30%计算。

建设投资可以分为静态投资部分和动态投资部分。静态投资部分由建筑安装工程费、设备及工器具购置费、工程建设其他费和基本预备费构成。动态投资部分是指在建设期内，因建设期利息和国家新批准的税费、汇率、利率变动以及建设期价格变动引起的建设投资增加额，包括涨价预备费、建设期利息等。

9.1.2　投资估算及计算分析

1.建设投资估算

建设投资估算是在对项目的建设规模、产品方案、工艺技术及设备方案、工程方案及项目实施进度等进行研究并基本确定的基础上，估算项目所需建设投资资金总额。因建设投资在总投资中占较大比例，因此在项目评价中起着举足轻重的作用。

1）建设投资详细估算方法

（1）建筑工程费估算

①单位建筑工程投资估算法　该种方法是以单位建筑工程量投资乘以建筑工程总量计算建筑工程投资。一般工业与民用建筑以单位建筑面积（m^2）的投资，工业窑炉砌筑以单位容积（m^3）的投资，水库以水坝单位长度（m）的投资，铁路路基以单位长度（km）的投资，矿山掘进以单位长度（m）的投资乘以相应的建筑工程总量计算建筑工程费。

②概算指标投资估算法　对于没有上述估算指标且建筑工程费占总投资比例较大的项

目,可采用概算指标估算法。采用这种估算法,应有较为详细的基础数据和工程资料。

(2)安装工程费估算　安装工程费包括各种机电设备装配和安装工程费用;与设备相连的工作台、梯子及其装设工程费用;附属于被安装设备的管线敷设工程费用;安装设备的绝缘、保温、防腐等工程费用;单体试运转和联动无负荷试运转费用等。

安装工程费通常按行业或专业机构发布的安装工程定额、取费标准和指标估算投资。具体计算可按安装费率、每吨设备安装费或者每单位安装实物工程量的费用估算,即

$$安装工程费=设备原价\times安装费率 \tag{9.1}$$

$$安装工程费=设备吨位\times每吨安装费 \tag{9.2}$$

$$安装工程费=安装工程实物量\times安装费用标准 \tag{9.3}$$

(3)设备购置费估算

①国内设备的估算　国内设备可分为国产标准设备和国产非标准设备。国产标准设备的设备原价即按设备制造厂的交货价,即出厂价估算;国产非标准设备的设备原价可采用成本计算估价法、系列设备插入估价法、分部组合估价法、定额估价法等方法进行估算。

②进口设备抵岸价　进口设备抵岸价指抵达买方边境港口或边境车站,且交完关税以后的价格,主要包括离岸价(FOB)、国外运费、国外运输保险费、进口关税、消费税、增值税、外贸手续费、银行财务费和海关监管手续费,其中离岸价、国外运费。国外运输保险费之和称为进口设备到岸价(CIF),具体计算公式为

$$\begin{aligned}进口设备抵岸价=&FOB+国外运输费+国外运输保险费+银行财务费+外贸手续费+\\&进口关税+增值税+消费税+海关监管手续费\end{aligned} \tag{9.4}$$

$$国外运输费=FOB\times运费率(或运量\times单位运价) \tag{9.5}$$

$$国外运输保险费=\frac{FOB+国外运费}{1-保险费率}\times保险费率 \tag{9.6}$$

$$银行财务费=FOB\times银行财务费率 \tag{9.7}$$

$$外贸手续费=CIF\times外贸手续费率 \tag{9.8}$$

$$进口关税=CIF\times关税税率 \tag{9.9}$$

$$增值税=(CIF+关税+消费税)\times增值税税率 \tag{9.10}$$

$$消费税=\frac{到岸价+关税}{1-消费税税率}\times消费税税率 \tag{9.11}$$

$$海关监管手续费=CIF\times海关监管手续费率 \tag{9.12}$$

上述公式中,银行财务费率一般为0.4%~0.5%,外贸手续费率一般为1.5%,增值税基本税率为17%,海关监管手续费率为0.3%。

③设备运杂费　设备运杂费由运费和装卸费、包装费、供销部门手续费、采购与仓库保管费组成,一般采用简化计算,计算公式为

$$设备运杂费=设备原价\times设备运杂费率 \tag{9.13}$$

(4)工器具及生产家具购置费估算　工器具及生产家具购置费是指新建项目或扩建项目初步设计规定所必须购置的不够固定资产标准的设备、仪器、工卡模具、器具、生产家具和备品备件的费用,其计算公式为

$$工器具及生产家具购置费=设备购置费\times定额费率 \tag{9.14}$$

（5）工程建设其他费用估算　工程建设其他费用按各项费用科目的费率或者取费标准估算。

（6）基本预备费估算　基本预备费以建筑工程费、安装工程费、设备购置费及工程建设其他费用之和为计算基数，再乘以基本预备费率计算，具体公式为

$$\text{基本预备费}=(\text{建筑工程费}+\text{安装工程费}+\text{设备购置费}+\text{工程建设其他费用})\times\text{基本预备费率} \tag{9.15}$$

（7）涨价预备费估算　涨价预备费是指建设工程项目在建设期内由于价格等变化引起投资增加，需要事先预留的费用。涨价预备费以建筑安装工程费、设备及工器具购置费之和为计算基数，其计算公式为

$$\mathrm{PC}=\sum_{t=1}^{n} I_t[(1+f)^t-1] \tag{9.16}$$

式中　PC——涨价预备费；

I_t——第 t 年的建筑安装工程费、设备及工器具购置费之和；

n——建设期；

f——建设期价格上涨指数，政府部门有规定的按规定执行，没有规定的由可行性研究人员预测。

【例 9.1】 某项目的静态投资为 22 310 万元，项目建设期为 3 年，项目的投资分年使用比例为第一年 20%、第二年 55%、第三年 25%，建设期内年平均价格变动率为 6%，试估计该项目建设期的涨价预备费为多少万元？

解　第一年的计划投资额 I_1=22310×20% =4 462 万元

第一年涨价预备费 $\mathrm{PC}_1=I_1[(1+f)-1]$ =4462×6% =267.72 万元

第二年的计划投资额 I_2 =22310×55% =12 270.5 万元

第二年涨价预备费 $\mathrm{PC}_2=I_2[(1+f)^2-1]$ =12270.5 ×（1.06^2−1）=1 516. 63 万元

第三年涨价预备费：$\mathrm{PC}_2=I_3[(1+f)^3-1]$ =5577.5 ×（1.063−1）=1 065. 39 万元

建设期的涨价预备费为：PC=267.72+1516.63+1065.39=2849.74 万元

（8）建设期利息的计算　建设期利息是指项目借款在建设期内发生，并计入固定资产的利息。为了简化计算，在编制投资估算时通常假定借款均在每年的年中支用，借款第一年按半年计息，其余各年份按全年计息，其计算公式为

$$\text{各年应计利息}=(\text{年初借款本息累计}+\text{本年借款额}/2)\times\text{年利率} \tag{9.17}$$

【例 9.2】 某新建项目，建设期为 3 年，共向银行贷款 1 300 万元，贷款分配为第 1 年 300 万元，第 2 年 600 万元，第 3 年 400 万元，年利率为 6 %，试计算建设期利息。

解　在建设期，各年利息计算为

第 1 年应计利息 =1/2×300× 6%=9 万元

第 2 年应计利息 =（300+9+1/2× 600）×6%=36.54 万元

第 3 年应计利息 =（300+9+600+36.54 +1/2×400）×6%=68.73 万元

建设期利息总和为 114. 27 万元。

2. 流动资金

流动资金是指企业在运营期内长期占用并周转使用的营运资金，是为维持生产所占用

的全部周转资金,是流动资产与流动负债的差额。

流动资产是指在一年或超过一年的一个营业周期内变现或耗用的资产,包括现金及存款、短期投资、应收款及预付款、存货等。流动负债是指将在一年或超过一年的一个营业周期内偿还的债务,包括短期借款、应付票据、应付账款、预收贷款、应付工资、应交税金、应付利润、其他应付款、预提费用等。在整个项目寿命期,流动资金始终被长期占用并且周而复始地流动。到项目寿命期结束后,全部流动资金才能退出生产与流通,以货币资金的形式被收回。

【例 9.3】 某建设工程项目在建设期初的建筑安装工程费、设备及工器具购置费为 45 000 万元。按本项目实施进度计划,项目建设期为 3 年,投资分年使用比例为第一年 25%、第二年 55%、第三年 20%,建设期内预计年平均价格总水平上涨率为 5%。建设期贷款利息为 1 395 万元,建设工程项目其他费用为 3 860 万元,基本预备费率为 10%。试估算该项目的建设投资。

解 (1)计算项目的涨价预备费。

第一年末的涨价预备费 $=45000\times25\%\times[(1+0.05)^{1}-1]=562.5$ 万元

第二年末的涨价预备费 $=45000\times55\%\times[(1+0.05)^{2}-1]=2\ 536.88$ 万元

第三年末的涨价预备费 $=45000\times20\%\times[(1+0.05)^{3}-1]=1\ 418.63$ 万元

该项目建设期的涨价预备费 $=562.5+2536.88+1418.63=4\ 518.01$ 万元

(2)计算项目的建设投资。

$$\begin{aligned}\text{建设投资}&=\text{静态投资}+\text{建设期贷款利息}+\text{涨价预备费}\\&=(45000+3860)\times(1+10\%)+1395+4518.01\\&=59\ 659.01\ \text{万元}\end{aligned}$$

9.2 建设项目投资财务评价

9.2.1 财务评价概述

1. 财务评价的概念及作用

工程项目财务评价也称为财务分析,是根据国家现行财税制度、价格体系和有关法律法规,分析、计算项目直接发生的财务效益和费用,通过编制财务报表、计算财务效益评价指标来考察项目的盈利能力、清偿能力和财务外汇效果等财务状况,据以判别项目在财务上是否可行的一种经济评价方法。

工程项目财务评价对企业投资决策、银行提供项目贷款及有关部门审批项目具有十分重要的意义,是判断项目是否可行的重要决策过程。

项目财务评价是工程项目投资的重要依据,具体而言有以下几方面的作用:

(1)确定项目盈利能力的依据;

(2)项目资金筹措的依据,制定资金规划的依据;

(3)估算项目的贷款偿还能力;

(4)确定公益性项目的财政补贴及经济优惠措施的依据;

(5)进行项目国民经济评价的基础。

2. 财务评价的内容

财务评价的主要内容包括项目的盈利能力分析、清偿能力分析和财务生存能力分析。

(1)盈利能力分析　分析和测算项目计算期的盈利能力和盈利水平。

(2)清偿能力分析　分析和测算项目偿还贷款的能力和投资的回收能力。

(3)财务生存能力分析　分析项目是否有足够的净现金流量维持正常运营。

对于经营性项目,财务评价应通过编制财务评价报表计算财务评价指标,分析项目的盈利能力、清偿能力和财务生存能力,判断项目的财务可接受性,为项目决策提供依据。对于非经营性项目,财务评价应主要分析项目的财务生存能力。

3. 财务评价的方法

(1)现金流量分析方法

现金流量分析是把项目视为一个系统,投入的资金、花费的成本、获取的收益均可看成以资金形式体现的资金流入或资金流出,反映项目在建设期与生产经营期内各时间点实际发生的现金流入或现金流出。在进行财务效益分析之前,要尽可能准确无误地估算出项目在寿命期内各年的实际现金流量,为财务效益分析提供可靠的基础数据。

(2)静态分析方法

静态分析是一种简便易行的分析方法,它不考虑资金的时间价值,所采用的年度现金流量只是当年的绝对数值,而不是折现值。没有着眼于项目整个计算期各年的现金流量。计算现金流量时,不考虑项目经济寿命期,只选择某一个达到 100% 设计生产能力的正常生产年份(典型生产年份)的净现金流量或生产期净现金流量年平均值,具有计算简单、容易理解,但不够准确等特点。

(3)动态分析方法

动态分析是以现金流量的现值分析为基础的方法,较之静态法复杂,但比较准确。其主要特点是考虑资金时间价值,根据资金占用时间长短,按指定的折现率计算现金的实际价值;着眼于项目整个计算期内现金流量变化情况和经济效益,能如实地反映资金实际运行情况和全面地体现项目整个寿命期内的财务经济活动和经济效益,从而能准确对项目财务效益做出符合资金实际运行情况的分析。

(4)财务报表分析方法

财务报表分析是根据项目的具体财务条件及国家有关财税制度和条例规定,把建设项目在建设期内的全部投资和投产后的经营费用与收益,逐年进行计算和平衡,用报表格式来反映。通过财务报表分析,可以预计项目寿命期内各年的利润和资金盈缺情况,选择合适的资金筹措方案,制定资金筹措及偿还计划,进行偿债能力分析和项目总盈利能力预测。

4. 财务评价的步骤

财务评价是在项目市场研究、生产条件及技术条件研究的基础上进行的。财务评价主要利用项目计算期内一系列财务基础数据编制财务报表,计算分析相关经济评价指标,进行财务评价,做出评价结论,其程序大致包括以下几个步骤。

(1)分析和估算项目的财务数据　这项工作通常又简称为“财务预测”。根据项目市场研究和技术研究的结果、现行价格体系及财税制度进行财务预测,获得项目投资、销售(营业)收入、生产成本、利润、税金及项目计算期等一系列财务基础数据,并将所得数据编制成辅助财务报表。

（2）编制财务基本报表　在估算了投资项目各方面的基础财务数据之后，紧接着就是要根据这些财务数据编制财务基本报表，为计算各种财务效益分析指标做准备。按照现行的建设项目经济评价方法与参数的指导意见，编制反映项目财务盈利能力、清偿能力及外汇平衡情况的基本财务报表。

（3）计算财务效益分析指标　根据基本财务报表计算各项财务评价指标，包括盈利能力指标、清偿能力指标、外汇效果分析指标等，并分别与对应的评价标准或基准值进行对比，对项目的各项状况做出评价。

（4）进行不确定性分析与风险分析　通过盈亏平衡分析和敏感性分析等不确定性分析和风险分析方法，评价项目可能面临的风险及在不确定条件下适应市场变化的能力和抗风险的能力，得出项目在不确定条件下的财务分析结论或建议。

（5）提出财务评价结论　计算出各项财务评价指标后，将计算结果与国家或行业的评价标准或基准指标值进行对比，从财务角度做出项目是否可行的结论。

9.2.2　工程经济学在财务评价中的应用

1. 财务报表的编制

为了计算评价指标，考察项目的盈利能力、偿债能力及抗风险能力等财务状况，需要在编制财务评价辅助报表的基础上编制财务评价报表，从而得出项目在财务上是否可行的正确结论。下面介绍几个主要的财务评价报表。

（1）现金流量表

现金流量表反映项目计算期内各年的现金收支（现金流入和现金流出），用以计算各项动态和静态评价指标，进行项目财务盈利能力分析。根据投资计算基础不同，现金流量表可以划分为项目投资现金流量表和项目资本金现金流量表。

①项目投资现金流量表。项目投资现金流量表也称为全部投资现金流量表，如表 9.1 所示。该表从项目全部投资的角度，以项目投资作为计算基础，用以计算财务内部收益率、财务净现值、投资回收期等指标。

表 9.1　项目投资现金流量表　　单位：万元

序号	项　目	建设期		运　营　期					合计
		1	2	3	4	5	…	n	
1	现金流入								
1.1	营业收入								
1.2	补贴收入								
1.3	回收固定资产余值								
1.4	回收流动资金								
2	现金流出								
2.1	建设投资								
2.2	流动资金投资								
2.3	经营成本								

表 9.1(续)

序号	项　目	建设期		运　营　期					合计
		1	2	3	4	5	…	n	
2.4	营业税金及附加								
2.5	维持运营投资								
2.6	调整所得税								
3	净现金流量								
4	累计净现金流量								
5	折现系数								
6	折现净现金流量								
7	累计折现净现金流量								

②项目资本金现金流量表　项目资本金现金流量表也称为自有资金现金流量表，如表 9.2 所示。该表从直接投资者角度出发，以投资者的出资额作为计算基础，把借款偿还和利息支付作为现金流出，用以计算资本金内部收益率、净现值和投资回收期等评价指标。

表 9.2　项目资本金现金流量表　单位：万元

序号	项　目	建设期		运　营　期					合计
		1	2	3	4	5	…	n	
1	现金流入								
1.1	营业收入								
1.2	回收固定资产余值								
1.3	回收流动资金								
2	现金流出								
2.1	项目资本金								
2.2	经营成本								
2.3	偿还借款								
2.3.1	建设借款本金偿还								
2.3.2	建设借款利息偿还								
2.3.3	流动资金本金偿还								
2.3.4	流动资金利息偿还								
2.4	营业税金及附加								
2.5	所得税								
3	净现金流量								
4	累计净现金流量								
5	折现系数								
6	折现净现金流量								
7	累计折现净现金流量								

（2）财务计划现金流量表

财务计划现金流量表如表 9.3 所示。该表反映项目计算期各年的投资、融资及生产经营活动的资金流入和流出情况，考察资金平衡和余缺情况，可以用于选择资金的筹措方案，制订适宜的借款及偿还计划，并为编制资产负债表提供依据。

表 9.3　财务计划现金流量表

单位：万元

序号	项　目	建设期		运　营　期					合计
		1	2	3	4	5	…	n	
1	经营活动净现金流量								
1.1	现金流入								
1.1.1	营业收入								
1.1.2	增值税销项税额								
1.2	现金流出								
1.2.1	经营成本								
1.2.2	增值税进项税额								
1.2.3	增值税								
1.2.4	增值税附加税								
1.2.5	所得税								
2	投资活动净现金流量								
2.1	现金流入								
2.2	现金流出								
2.2.1	建设投资								
2.2.2	流动资金								
3	筹资活动净现金流量								
3.1	现金流入								
3.1.1	项目资本金投入								
3.1.2	建设投资借款								
3.1.3	流动资金借款								
3.2	现金流出								
3.2.1	各种利息支出								
3.2.2	偿还债务本金								
3.2.3	应付利润								
4	净现金流量（1+2+3）								
5	累计盈余资金								

（3）利润与利润分配表

利润与利润分配表如表 9.4 所示。该表反映项目计算期内各年的营业收入、总成本费用、利润总额等情况以及所得税和税后利润及其分配情况，用以计算项目总投资收益率、项目资本金利润率等指标。

表 9.4　利润与利润分配表

单位:万元

序号	项　目	运　营　期						合计
		1	2	3	4	…	n	
1	营业收入(不含销项税)							
2	增值税附加税							
3	总成本费用(不含进项税)							
4	补贴收入							
5	利润总额(1-2-3+4)							
6	弥补以前年度亏损							
7	应纳税所得额(5-6)							
8	所得税(7×25%)							
9	净利润(5-8)							
10	期初未分配利润							
11	可供分配利润(9+10)							
12	提取法定盈余公积金(9×10%)							
13	可供投资者分配的利润(11-12)							
14	应付投资者各方股利							
15	未分配利润(13-14)							
15.1	用于还款利润							
15.2	剩余利润转下年期初未分配利润							
16	息税前利润(5+ 利润支出))							

(4)资产负债表

资产负债表如表 9.5 所示。该表综合反映项目在计算期内各年资产、负债和所有者权益增减变化及对应关系,以考察项目资产、负债和所有者权益的结构是否合理,用以计算资产负债率、流动比率及速动比率,进行清偿能力分析。

表 9.5　资产负债表

单位:万元

序号	项　目	建设期		运　营　期					合计
		1	2	3	4	5	…	n	
1	资产								
1.1	流动资产总额								
1.1.1	流动资产								
1.1.2	累计盈余资金								
1.1.3	累计期初未分配利润								
1.2	在建工程								

表 9.5(续)

序号	项　目	建设期		运　营　期					合计
		1	2	3	4	5	…	n	
1.3	固定资产净值								
1.4	无形资产净值								
2	负债及所有者权益								
2.1	负债								
2.1.1	流动负债								
2.1.2	贷款负债								
2.2	所有者权益								
2.2.1	资本金								
2.2.2	累计盈余公积金								
2.2.3	累计未分配利润								
计算指标	资产负债率 /%								
	流动比率 /%								

2. 财务评价指标

(1)盈利能力指标

盈利能力指标主要包括项目投资回收期、总投资收益率、项目资本金净利润率、财务净现值、财务内部收益率等,其中静态投资回收期、总投资收益率、项目资本金净利润率属于静态指标;动态投资回收期、财务内部收益率、财务净现值属于动态指标。

①项目投资回收期(P_t) 项目投资回收期是指以项目的净收益回收项目投资所需要的时间,其表达式为

$$P_t = T - 1 + \frac{\sum_{t=0}^{T-1}(\mathrm{CI}_t - \mathrm{CO}_t)}{\mathrm{CI}_T - \mathrm{CO}_T} \qquad (9.18)$$

式中 P_t——动态投资回收期(年);

T——各年累计净现金流量首次为正值的年数。

项目投资回收期小于基准回收期时项目可行,否则不可行。投资回收期短,表明项目投资回收快,抗风险能力强。

②总投资收益率(ROI) 总投资收益率表示总投资的盈利水平,指项目达到设计能力后正常年份的年息税前利润或运营期内年平均息税前利润(EBIT)与项目总投资(TI)的比率,其表达式为

$$\mathrm{ROI} = \frac{\mathrm{EBIT}}{\mathrm{TI}} \times 100\% \qquad (9.19)$$

式中 EBIT——项目正常年份的年息税前利润或运营期内年平均息税前利润;

TI——项目总投资。

总投资收益率高于同行业的收益率参考值,表明用总投资收益率表示的盈利能力满足

要求。

③项目资本金净利润率（ROE）　项目资本金净利润率表示项目资本金的盈利水平，指工程项目达到设计能力后正常年份的年净利润或运营期内的年平均净利润（NP）与项目资本金（EC）的比率，其表达式为

$$\mathrm{ROE}=\frac{\mathrm{NP}}{\mathrm{EC}}\times 100\% \tag{9.20}$$

式中　NP——项目正常年份的年净利润或运营期内的年平均净利润；

EC——项目资本金。

④财务净现值（FNPV）　财务净现值是指按设定的折现率或行业的基准收益率，计算项目计算期内净现金流量的现值之和，其表达式为

$$\mathrm{FNPV}=\sum_{t=0}^{n}(\mathrm{CI}_t-\mathrm{CO}_t)(1+i_c)^{-t} \tag{9.21}$$

式中　$\mathrm{CI}_t-\mathrm{CO}_t$——第 t 年的净现金流量；

i_c——基准收益率；

n——项目方案计算期。

财务净现值可根据现金流量表的数据计算求得，如果其大于或等于 0，项目在方案财务上可行；否则不可行。

⑤财务内部收益率（FIRR）　财务内部收益率是指项目在整个计算期内净现金流量现值累计等于 0 时的折现率，它反映项目占用资金的盈利率，其表达式为

$$\sum_{t=1}^{n}(\mathrm{CI}_t-\mathrm{CO}_t)(1+\mathrm{FIRR})^{-t}=0 \tag{9.22}$$

当投资项目方案的内部收益率大于或等于行业基准收益率时，企业投资该方案可以接受；否则不能接受。

（2）清偿能力指标

①借款偿还期。借款偿还期是指在国家财政规定及项目具体财务条件下，以项目投产后可用于还款的资金偿还建设投资国内借款本金和建设期利息（不包括已用自有资金支付的建设期利息）所需要的时间，其表达式为

借款偿还期 = 借款偿还后首次出现盈余的年份数 − 开始借款年份 + 当年偿还借款额 / 当年可用于还款的资金额　（9.23）

当借款偿还期小于或等于贷款机构的要求期限时，即认为项目有清偿能力。

②资产负债率　资产负债率是反映项目各年所面临的风险程度及偿债能力的指标，属于长期偿债能力指标，反映债权人所提供的资金占全部资产的比例，其表达式为

$$资产负债率=\frac{负债总额}{资产总额}\times 100\% \tag{9.24}$$

一般认为资产负债率为 50%~70% 是合适的，适度的资产负债率表明企业经营安全、稳健，具有较强的筹资能力，企业和债权人的风险较小。资产负债率越高，项目风险越大。项目财务分析中，在长期债务还清后，可不再计算资产负债率。

③流动比率　流动比率是反映项目各年偿付流动负债能力的指标，衡量项目流动资产在短期债务到期以前可以变为现金用于偿还流动负债的能力，所需相关数据可在资产负债

表中获得。

$$流动比率=\frac{流动资产总额}{流动负债总额} \tag{9.25}$$

存货是一类不易变现的流动资产，所以流动比率不能确切反映项目的瞬时偿债能力。

④速动比率　速动比率反映项目快速偿付(用可以立即变现的货币资金偿付)流动负债的能力。

$$速动比率=\frac{流动资产总额-存货}{流动负债总额} \tag{9.26}$$

一般认为，流动比率应不小于1.2~2.0，速动比率应不小于1.0~1.2。

⑤利息备付率　利息备付率是指项目在借款偿还期内可用于支付利息的息税前利润与当期应付利息的比值，它从付息资金来源的充裕性角度反映项目偿付债务利息的能力。

$$利息备付率=\frac{息税前利润}{当期应付利息} \tag{9.27}$$

利息备付率表示使用项目盈利偿付利息的保证倍率。正常情况下，利息备付率应大于1，利息备付率小于1表示付息能力保障不足。利息备付率高，说明利息偿付的保证度大，偿债风险小。

⑥偿债备付率　偿债备付率是指项目在借款偿还期内，可用于还本付息的资金与当期应还本付息金额的比值，可用于还本付息的资金包括折旧、摊销、总成本费用中列支的全部利息和税后利润；当期应还本付息金额包括还本金额及计入总成本费用的全部利息。

$$偿债备付率=\frac{可用于还本付息的资金}{当期还本付息金额} \tag{9.28}$$

偿债备付率表示可用于还本付息的资金偿还借款本息的保证倍率，正常情况应当大于1，且越高越好。偿债备付率低，说明还本付息的资金不足，偿债风险很大。当这一指标小于1时，表示可用于还本付息的资金不足以偿付当期债务，需要通过短期借款偿付已到期债务。

3. 财务生存能力分析

财务生存能力分析应在财务分析辅助报表和利润与利润分配表的基础上编制财务计划现金流量表，通过考察项目计算期内的投资、融资和经营活动所产生的各项现金流入和现金流出计算净现金流量和累计盈余资金，分析项目是否有足够的净现金流量维持正常运营，以实现财务可持续性。

财务可持续性应首先体现在有足够大的经营活动净现金流量，其次各年累计盈余资金不应出现负值。若出现负值，应进行短期借款，同时分析该短期借款的年份长短和数额大小，进一步判断项目的财务生存能力。短期借款应体现在财务计划现金流量表中，其利息应计入财务费用。为维持项目正常运营，还应分析短期借款的可靠性。

案例

某拟建工业项目的基础数据如下。固定资产投资估算总额为5 263.90万元(其中包括无形资产600万元)；建设期2年，运营期8年；固定资产投资来源为自有资金和贷款。自有资金在建设期内均衡投入；贷款本金为 2 000 万元，在建设期内每年贷入 1 000 万元，贷款年利率为 10%（按年计息）。贷款合同规定的还款方式为运营期的前 4 年等额还本付息。无形资产在运营期 8 年中均匀摊入成本。固定资产残值 300 万元，按直线法折旧，折旧年限 12 年。企业适用的增值税税率为 17%，增值税附加税税率为 12%，企业所得税税率为 25%。项目流动资金全部为自有资金，股东会约定正常年份按可供投资者分配利润 50% 比例提取应付投资者各方的股利。营运期的前两年，按正常年份的 70% 和 90% 比例计算。项目的资金投入、收益、成本见表 9.6，假定建设投资中无可抵扣固定资产进项税额。

问题：

（1）计算建设期贷款利息和运营期年固定资产折旧费、年无形资产摊销费；

（2）编制项目的借款还本付息计划表、总成本费用估算表和利润与利润分配表；

（3）编制项目的财务计划现金流量表；

（4）编制项目的资产负债表；

（5）从清偿能力角度，分析项目的可行性。

表 9.6　建设项目资金投入、收益、成本费用表　　单位：万元

序号	项　目	1	2	3	4	5	6	7	8-10
1	建设投资，包括资本金和贷款本金	1 529.45 1 000.00	1 529.45 1 000.00						
2	营业收入（不含销项税）			3 300	4 250	4 700	4 700	4 700	4 700
3	经营成本（不含进项税）			2 490.84	3 202.51	3 558.34	3 558.34	3 558.34	3 558.34
4	经营成本中的进项税			350	430	500	500	500	500
5	流动资产（现金 + 应收账款 + 预付账款 + 存货）			532.00	684.00	760.00	760.00	760.00	760.00
6	流动负债（应付账款 + 预收账款）			89.83	115.50	128.33	128.33	128.33	128.33
7	流动资金（5-6）			442.17	568.50	631.67	631.67	631.67	631.67

解　（1）

①建设期贷款利息计算

第 1 年贷款利息 =（0+1000÷2）×10%=50（万元）

第 2 年贷款利息 =[（1000+50）+1000÷2]×10%=155（万元）

建设期贷款利息总计 =50+155=205（万元）

②年固定资产折旧费 =（5263.9-600-300）÷12=363.66（万元）

③年无形资产摊销费 =600÷8=75（万元）

（2）

①根据贷款利息公式列出借款还本付息表中的各项费用，并填入建设期两年的贷款利息，见表 9.7。第 3 年年初累计借款额为 2 205 万元，则运营期的前 4 年应偿还的等额本息

$$A = P \times \left[\frac{(1+i)^n \times i}{(1+i)^n - 1}\right] = 2205 \times \left[\frac{(1+10\%)^4 \times 10\%}{(1+10\%)^4 - 1}\right] = 2205 \times 0.31547 = 695.61\text{（万元）}$$

表 9.7 借款还本付息计划表 单位:万元

项 目	计算期					
	1	2	3	4	5	6
借款(建设投资借款)						
期初借款余额		1 050.00	2 205.00	1 729.89	1 207.27	632.39
当期还本付息			695.61	695.61	695.61	695.63
其中还本			475.11	522.62	574.88	632.39
付息	50.00	155.00	220.50	172.99	120.73	63.24
期末借款余额	1 050.00	2 205.00	1 729.89	1 207.27	632.39	

②根据总成本费用的组成,列出总成本费用中的各项费用,并将借款还本付息表中第 3 年应计利息 =2 205 × 10%=220.50 万元和年经营成本、年折旧费、摊销费一并填入总成本费用表中,汇总得出第 3 年的总成本费用为 3 150 万元,见表 9.8。

表 9.8 总成本费用估算表 单位:万元

序号	费用名称	3	4	5	6	7	8	9	10
1	经营成本(不含进项税)	2 490.84	3 202.51	3 558.34	3 558.34	3 558.34	3 558.34	3 558.34	3 558.34
2	折旧费	363.66	363.66	363.66	363.66	363.66	363.66	363.66	363.66
3	摊销费	75.00	75.00	75.00	75.00	75.00	75.00	75.00	75.00
4	利息支出	220.50	172.99	120.73	63.24				
5	总成本费用(不含进项税)	3 150.00	3 814.16	4 117.73	4 060.24	3 997.00	3 997.00	3 997.00	3 997.00

③计算各年的增值税附加税。增值税应纳税额等于当期销项税额减去当期进项税额,当期销项税额等于不含销项税额的营业收入乘以增值税税率,所以

项目第 3 年的增值税应纳税额 =3300 × 17%−350=211(万元)

项目第 3 年的增值税附加税 =211 × 12%=25.32(万元)

项目其他各年的增值税应纳税额、增值税附加税计算结果见表 9.9。

表 9.9 增值税应纳税额及其附加税计算表 单位:万元

序号	项 目	3	4	5	6	7	8~10
1	营业收入(不含销项税)	3 300	4 250	4 700	4 700	4 700	4 700
2	销项税额(1 × 17%)	561	722.5	799	799	799	799
3	进项税额	350	430	500	500	500	500
4	增值税应纳税额(2−3)	211	292.5	299	299	299	299
5	增值税附加税(4 × 12%)	25.32	35.1	35.88	35.88	35.88	35.88

④将各年的营业收入、增值税附加税和第 3 年的总成本费用 3 150 万元一并填入利润

与利润分配表的该年份内(表 9.10),并按以下公式计算出该年利润总额、所得税及净利润。

A. 第 3 年利润总额＝3300−3150−25.32=124.68(万元)

第 3 年应交纳所得税=124.68×25%=31.17(万元)

第 3 年净利润＝124.68−31.17=93.51(万元)

期初未分配利润和弥补以前年度亏损为 0,本年净利润＝可供分配利润。

第 3 年提取法定盈余公积金=93.51×10%=9.35(万元)

第 3 年可供投资者分配利润=93.51−9.35=84.16(万元)

第 3 年应付投资者各方股利＝84.16×50%×70%=29.46(万元)

第 3 年未分配利润=84.16−29.46=54.70(万元)

第 3 年用于还款的未分配利润=475.11−363.66−75=36.45(万元)

第 3 年剩余未分配利润=54.70−36.45=18.25(万元)(为下年度期初未分配利润)

B. 第 4 年初尚欠贷款本金＝2205−475.11=1 729.89(万元),应计利息 172.99 万元,填入总成本费用表 9.8 中,汇总得出第 4 年的总成本费用为 3 814.16 万元。

将总成本带入利润与利润分配表 9.10 中,计算出净利润为 300. 56 万元。

第 4 年可供分配利润＝300.56+18.25=318.81(万元)

第 4 年提取法定盈余公积金＝300.56×10%=30.06(万元)

第 4 年可供投资者分配利润=318.81−30.06=288.75(万元)

第 4 年应付投资者各方股利=288.75×50%×90%=129.94(万元)

第 4 年未分配利润=288.75−129.94=158.81(万元)

第 4 年用于还款的未分配利润=522.62−363.66−75=83.96(万元)

第 4 年剩余未分配利润=158.81−83.96=74.85(万元)(为下年度期初未分配利润)

C. 第 5 年初尚欠贷款本金=1729.89−522.62=1 207.27(万元),应计利息 120.73 万元,填入总成本费用表 9.8 中,汇总得出第 5 年的总成本费用为 4 117.73 万元。将总成本带入利润与利润分配表 9.10 中,计算出净利润 409. 79 万元。

第 5 年可供分配利润=409.79+74.85=484.64(万元)

第 5 年提取法定盈余公积金=409.79×10%=40.98(万元)

第 5 年可供投资者分配利润=484.64−40.98=443.66(万元)

第 5 年应付投资者各方股利=443.66×50%=221.83(万元)

第 5 年未分配利润=443.66−221.83=221.83(万元)

第 5 年用于还款的未分配利润=574.88−363.66−75=136.22(万元)

第 5 年剩余未分配利润=221.83−136.22=85.61(万元)(为下年度期初未分配利润)

D. 第 6 年初尚欠贷款本金＝1207.27−574.88=632.39(万元),应计利息 63.24 万元,填入总成本费用表 9.8 中,汇总得出第 6 年的总成本费用为 4 060.24 万元。将总成本带入利润与利润分配表 9.10 中,计算出净利润 452.91 万元。

本年的可供分配利润、提取法定盈余公积金、可供投资者分配利润、用于还款的未分配利润、剩余未分配利润的计算均与第 5 年相同。

E. 第 7、8、9 年和第 10 年已还清贷款。所以,在总成本费用表中,不再有固定资产贷款利息,总成本均为 3 997 万元;利润与利润分配表中用于还款的未分配利润也均为 0;净利润只用于提取盈余公积金 10% 和应付投资者各方股利 50%,剩余的未分配利润转下年期初未分配利润。

表 9.10 利润与利润分配表

单位:万元

序号	费用名称	3	4	5	6	7	8	9	10
1	营业收入(不含销项税)	3 300.00	4 250.00	4 700.00	4 700.00	4 700.00	4 700.00	4 700.00	4 700.00
2	增值税附加税	25.32	35.10	35.88	35.88	35.88	35.88	35.88	35.88
3	总成本费用(不含进项税)	3 150.00	3 814.16	4 117.73	4 060.24	3 997.00	3 997.00	3 997.00	3 997.00
4	补贴收入								
5	利润总额(1-2-3+4)	124.68	400.74	546.39	603.88	667.12	667.12	667.12	667.12
6	弥补以前年度亏损								
7	应纳税所得额(5-6)	124.68	400.74	546.39	603.88	667.12	667.12	667.12	667.12
8	所得税(7×25%)	31.17	100.19	136.60	150.97	166.78	166.78	166.78	166.78
9	净利润(5-8)	93.51	300.56	409.79	452.91	500.34	500.34	500.34	500.34
10	期初未分配利润		18.25	74.85	85.61	52.89	251.60	350.95	400.63
11	可供分配利润(9+10)	93.51	318.81	484.64	538.52	553.23	751.94	851.29	900.97
12	提取法定盈余公积金(9×10%)	9.35	30.06	40.98	45.29	50.03	50.03	50.03	50.03
13	可供投资者分配的利润(11-12)	84.16	288.75	443.66	493.23	503.19	701.90	801.26	850.93
14	应付投资者各方股利	29.46	129.94	221.83	246.62	251.60	350.95	400.63	425.47
15	未分配利润(13-14)	54.70	158.81	221.83	246.62	251.60	350.95	400.63	425.47
15.1	用于还款利润	36.45	83.96	136.22	193.73				
15.2	剩余利润转下年期初未分配利润	18.25	74.85	85.61	52.89	251.60	350.95	400.63	425.47
16	息税前利润(5+利息支出))	345.18	573.73	667.12	667.12	667.12	667.12	667.12	667.12

(3)编制项目财务计划现金流量表,见表 9.11。表中各项数据均取自借款还本付息表、总成本费用估算表和利润与利润分配表。

表 9.11 项目财务计划现金流量表

单位:万元

序号	项 目	1	2	3	4	5	6	7	8	9	10
1	经营活动净现金流量			752.67	912.21	969.18	954.81	939.00	939.00	939.00	939.00
1.1	现金流入			3 861.00	4 972.50	5 499.00	5 499.00	5 499.00	5 499.00	5 499.00	5 499.00
1.1.1	营业收入			3 300.00	4 250.00	4 700.00	4 700.00	4 700.00	4 700.00	4 700.00	4 700.00
1.1.2	增值税销项税额			561.00	722.50	799.00	799.00	799.00	799.00	799.00	799.00
1.2	现金流出			3 108.33	4 060.30	4 529.82	4 544.19	4 560.00	4 560.00	4 560.00	4 560.00
1.2.1	经营成本			2 490.84	3 202.51	3 558.34	3 558.34	3 558.34	3 558.34	3 558.34	3 558.34

表 9.11(续)

序号	项　目	1	2	3	4	5	6	7	8	9	10
1.2.2	增值税进项税额			350.00	430.00	500.00	500.00	500.00	500.00	500.00	500.00
1.2.3	增值税应纳税额			211.00	292.50	299.00	299.00	299.00	299.00	299.00	299.00
1.2.4	增值税附加税			25.32	35.10	35.88	35.88	35.88	35.88	35.88	35.88
1.2.5	所得税			31.17	100.19	136.60	150.97	166.78	166.78	166.78	166.78
2	投资活动净现金流量	−2 529.45	−2 529.45	−422.17	−126.33	−63.17					
2.1	现金流入										
2.2	现金流出	2 529.45	2 529.45	422.17	126.33	63.17					
2.2.1	建设投资	2 529.45	2 529.45								
2.2.2	流动资金			422.17	126.33	63.17					
3	筹资活动净现金流量	2 529.45	2 529.45	−282.90	−699.22	−854.28	−942.24	−251.60	−350.95	−400.63	−425.47
3.1	现金流入	2 529.45	2 529.45	422.17	126.33	63.17					
3.1.1	项目资本金投入	1 529.45	1 529.45	442.17	126.33	63.17					
3.1.2	建设投资借款	1 000.00	1 000.00								
3.1.3	流动资金借款										
3.2	现金流出			725.07	825.55	917.45	942.24	251.60	350.95	400.63	425.47
3.2.1	各种利息支出			220.50	172.99	120.73	63.24				
3.2.2	偿还债务本金			475.11	522.62	574.89	632.38				
3.2.3	应付利润			29.46	129.94	221.83	246.62	251.60	350.95	400.63	425.47
4	净现金流量（1+2+3）	0.00	0.00	27.60	86.66	51.73	12.57	687.40	588.05	538.37	513.53
5	累计盈余资金	0.00	0.00	27.60	114.26	165.99	178.56	865.97	1 454.02	1 992.39	2 505.92

（4）编制项目的资产负债表，见表 9.12。表中各项数据均取自背景资料、财务计划现金流量表、借款还本付息计划表和利润与利润分配表。

表 9.12　资产负债表

单位：万元

序号	费用名称	1	2	3	4	5	6	7	8	9	10
1	资产	2 579.45	5 263.90	5 384.84	5 203.09	4 967.02	4 626.54	4 928.17	5 329.16	5 779.82	6 255.32

表 9.12(续)

序号	费用名称	1	2	3	4	5	6	7	8	9	10
1.1	流动资产总额			559.60	816.51	1 019.10	1 117.28	1 857.57	2 697.22	3 586.54	4 500.70
1.1.1	流动资产			532.00	684.00	760.00	760.00	760.00	760.00	760.00	760.00
1.1.2	累计盈余资金	0	0	27.60	114.26	165.99	178.56	865.97	1 454.02	1 992.39	2 505.92
1.1.3	累计期初未分配利润			0.00	18.25	93.11	178.72	231.61	483.20	834.15	1 234.78
1.2	在建工程	2 579.45	5 263.90	0.00	0.00						
1.3	固定资产净值			4 300.24	3 936.58	3 572.92	3 209.26	2 845.60	2 481.94	2 118.28	1 754.62
1.4	无形资产净值			525.00	450.00	375.00	300.00	225.00	150.00	75.00	0.00
2	负债及所有者权益	2 579.45	5 263.90	5 384.84	5 203.09	4 967.03	4 626.54	4 928.17	5 329.16	5 779.82	6 255.32
2.1	负债	1 050	2 205	1 819.72	1 322.77	760.72	128.33	128.33	128.33	128.33	128.33
2.1.1	流动负债			89.83	115.50	128.33	128.33	128.33	128.33	128.33	128.33
2.1.2	贷款负债	1 050.00	2 205.00	1 729.89	1 207.27	632.39					
2.2	所有者权益	1 529.45	3 058.90	3 565.12	3 880.32	4 206.31	4 498.21	4 799.84	5 200.83	5 651.49	6 126.99
2.2.1	资本金	1 529.45	3 058.90	3 501.07	3 627.40	3 690.57	3 690.57	3 690.57	3 690.57	3 690.57	3 690.57
2.2.2	累计盈余公积金	0.00	0.00	9.35	39.41	80.39	125.68	175.71	225.74	275.78	325.81
2.2.3	累计未分配利润	0.00	0.00	54.70	213.52	435.35	681.97	933.56	1 284.51	1 685.14	2 110.61
计算指标	资产负债率/%	40.71	41.89	33.79	25.42	15.32	2.77	2.60	2.41	2.22	2.05
	流动比率/%			622.96	706.94	794.12	870.63	1 447.50	2 101.78	2 794.78	3 507.13

(5)根据资产负债表进行如下分析

①资产

A. 流动资产总额指流动资产、累计盈余资金额以及期初未分配利润之和。流动资产取自背景材料中表 9.6;期初未分配利润取自利润与利润分配表表 9.10 中数据的累计值。累计盈余资金取自财务计划现金流量表表 9.11。

B. 在建工程指建设期各年的固定资产投资额,取自背景材料中表 9.6。

C. 固定资产净值指投产期逐年从固定资产投资中扣除折旧费后的固定资产余值。

D. 无形资产净值指投产期逐年从无形资产中扣除摊销费后的无形资产余值。

②负债

A. 流动资金负债取自背景材料表 9.6 中的应付账款。

B. 投资贷款负债取自借款还本付息计划表表 9.7。

③所有者权益

A. 资本金取自背景材料中表 9.6。

B. 累计盈余公积金根据利润与利润分配表表 9.10 中盈余公积金的累计计算。

C. 累计未分配利润根据利润与利润分配表表 9.10 中未分配利润的累计计算。表中各年的资产与各年的负债和所有者权益之间应满足以下条件：

$$资产 = 负债 + 所有者权益$$

评价　根据利润与利润分配表计算出该项目的借款能按合同规定在运营期前 4 年内等额还本付息还清贷款，并自投产年份开始就为盈余年份。还清贷款后，每年的资产负债率均在 3% 以内，流动比率大，说明偿债能力强。该项目可行。

思考与练习

一、简答题

1. 简述建设项目总投资的构成。

2. 涨价预备费如何计算？

3. 建设期贷款利息如何计算？

4. 财务评价的目标和内容有哪些？

5. 反映盈利、清偿能力的指标有哪些？

6. 简述工程项目财务评价的指标和方法。

二、计算题

1. 某建设项目，建设期为 3 年，各年投资计划为第一年投资 4 000 万元、第二年 1 000 万元、第三年 2 000 万元，年平均投资价格上涨率为 10%，试求建设项目建设期间涨价预备费。

2. 某新建项目，建设期为 3 年，第一年贷款 500 万元，第二年贷款 400 万元，第三年贷款 300 万元，年利率为 10%，每年借款平均支用，建设期内利息只计息不支付，试计算建设期贷款利息。

3. 某建设项目有关资料如下，编制借款还本付息计划表、总成本费用估算表、利润与利润分配表、项目财务计划现金流量表。

（1）建设期 2 年，运营期 8 年，建设投资 5 000 万，其中形成无形资产 702 万。投资资金来源为自由资金和贷款，自有资金在建设期内均衡投入；贷款总额 2 574 万，在建设期每年贷入 50%，贷款年利率 8%；流动资金 1 053 万，全部为自有资金。

（2）无形资产在运营期 8 年中均匀摊入成本。固定资产使用年限为 10 年，残值为 200 万，按直线法折旧。

（3）建设投资贷款从运营期第 1 年开始分 6 年按照等额本息偿还。

（4）项目运营期经营成本第 1 年为 1 577 万，第 2~8 年各年均为 2 340 万。

（5）项目营业收入第 1 年为 3 510 万，第 2~8 年各年均为 4 680 万。

附录　复利系数表

复利系数表(1%)

年份 n	一次收付		等额系列			
	终值系数 $(F/P,i,n)$ $(1+i)^n$	现值系数 $(P/F,i,n)$ $\frac{1}{(1+i)^n}$	终值系数 $(F/A,i,n)$ $\frac{(1+i)^n-1}{i}$	偿债基金系数 $(A/F,i,n)$ $\frac{i}{(1+i)^n-1}$	资金回收系数 $(A/P,i,n)$ $\frac{i(1+i)^n}{(1+i)^n-1}$	现值系数 $(P/A,i,n)$ $\frac{(1+i)^n-1}{i(1+i)^n}$
1	(1.010 0)	(0.990 1)	(1.000 0)	(1.000 0)	(1.010 0)	(0.990 1)
2	(1.020 1)	(0.980 3)	(2.010 0)	(0.497 5)	(0.507 5)	(1.970 4)
3	(1.030 3)	(0.970 6)	(3.030 1)	(0.330 0)	(0.340 0)	(2.941 0)
4	(1.040 6)	(0.961 0)	(4.060 4)	(0.246 3)	(0.256 3)	(3.902 0)
5	(1.051 0)	(0.951 5)	(5.101 0)	(0.196 0)	(0.206 0)	(4.853 4)
6	(1.061 5)	(0.942 0)	(6.152 0)	(0.162 5)	(0.172 5)	(5.795 5)
7	(1.072 1)	(0.932 7)	(7.213 5)	(0.138 6)	(0.148 6)	(6.728 2)
8	(1.082 9)	(0.923 5)	(8.285 7)	(0.120 7)	(0.130 7)	(7.651 7)
9	(1.093 7)	(0.914 3)	(9.368 5)	(0.106 7)	(0.116 7)	(8.566 0)
10	(1.104 6)	(0.905 3)	(10.462 2)	(0.095 6)	(0.105 6)	(9.471 3)
11	(1.115 7)	(0.896 3)	(11.566 8)	(0.086 5)	(0.096 5)	(10.367 6)
12	(1.126 8)	(0.887 4)	(12.682 5)	(0.078 8)	(0.088 8)	(11.255 1)
13	(1.138 1)	(0.878 7)	(13.809 3)	(0.072 4)	(0.082 4)	(12.133 7)
14	(1.149 5)	(0.870 0)	(14.947 4)	(0.066 9)	(0.076 9)	(13.003 7)
15	(1.161 0)	(0.861 3)	(16.096 9)	(0.062 1)	(0.072 1)	(13.865 1)
16	(1.172 6)	(0.852 8)	(17.257 9)	(0.057 9)	(0.067 9)	(14.717 9)
17	(1.184 3)	(0.844 4)	(18.430 4)	(0.054 3)	(0.064 3)	(15.562 3)
18	(1.196 1)	(0.836 0)	(19.614 7)	(0.051 0)	(0.061 0)	(16.398 3)
19	(1.208 1)	(0.827 7)	(20.810 9)	(0.048 1)	(0.058 1)	(17.226 0)
20	(1.220 2)	(0.819 5)	(22.0190)	(0.045 4)	(0.055 4)	(18.045 6)
21	(1.232 4)	(0.811 4)	(23.239 2)	(0.043 0)	(0.053 0)	(18.857 0)
22	(1.244 7)	(0.803 4)	(24.471 6)	(0.040 9)	(0.050 9)	(19.660 4)
23	(1.257 2)	(0.795 4)	(25.716 3)	(0.038 9)	(0.048 9)	(20.455 8)
24	(1.269 7)	(0.787 6)	(26.973 5)	(0.037 1)	(0.047 1)	(21.243 4)
25	(1.282 4)	(0.779 8)	(28.243 2)	(0.035 4)	(0.045 4)	(22.023 2)
26	(1.295 3)	(0.772 0)	(29.525 6)	(0.033 9)	(0.043 9)	(22.795 2)
27	(1.308 2)	(0.764 4)	(30.820 9)	(0.032 4)	(0.042 4)	(23.559 6)

续表

年份 n	一次收付		等额系列			
	终值系数 $(F/P,i,n)$ $(1+i)^n$	现值系数 $(P/F,i,n)$ $\frac{1}{(1+i)^n}$	终值系数 $(F/A,i,n)$ $\frac{(1+i)^n-1}{i}$	偿债基金系数 $(A/F,i,n)$ $\frac{i}{(1+i)^n-1}$	资金回收系数 $(A/P,i,n)$ $\frac{i(1+i)^n}{(1+i)^n-1}$	现值系数 $(P/A,i,n)$ $\frac{(1+i)^n-1}{i(1+i)^n}$
28	(1.321 3)	(0.756 8)	(32.129 1)	(0.031 1)	(0.041 1)	(24.316 4)
29	(1.334 5)	(0.749 3)	(33.450 4)	(0.029 9)	(0.039 9)	(25.065 8)
30	(1.347 8)	(0.741 9)	(34.784 9)	(0.028 7)	(0.038 7)	(25.807 7)

复利系数表(2%)

年份 n	一次收付		等额系列			
	终值系数 $(F/P,i,n)$ $(1+i)^n$	现值系数 $(P/F,i,n)$ $\frac{1}{(1+i)^n}$	终值系数 $(F/A,i,n)$ $\frac{(1+i)^n-1}{i}$	偿债基金系数 $(A/F,i,n)$ $\frac{i}{(1+i)^n-1}$	资金回收系数 $(A/P,i,n)$ $\frac{i(1+i)^n}{(1+i)^n-1}$	现值系数 $(P/A,i,n)$ $\frac{(1+i)^n-1}{i(1+i)^n}$
1	(1.020 0)	(0.980 4)	(1.000 0)	(1.000 0)	(1.020 0)	(0.980 4)
2	(1.040 4)	(0.961 2)	(2.020 0)	(0.495 0)	(0.515 0)	(1.941 6)
3	(1.061 2)	(0.942 3)	(3.060 4)	(0.326 8)	(0.346 8)	(2.883 9)
4	(1.082 4)	(0.923 8)	(4.121 6)	(0.242 6)	(0.262 6)	(3.807 7)
5	(1.104 1)	(0.905 7)	(5.204 0)	(0.192 2)	(0.212 2)	(4.713 5)
6	(1.126 2)	(0.888 0)	(6.308 1)	(0.158 5)	(0.178 5)	(5.601 4)
7	(1.148 7)	(0.870 6)	(7.434 3)	(0.134 5)	(0.154 5)	(6.472 0)
8	(1.171 7)	(0.853 5)	(8.583 0)	(0.116 5)	(0.136 5)	(7.325 5)
9	(1.195 1)	(0.836 8)	(9.754 6)	(0.102 5)	(0.122 5)	(8.162 2)
10	(1.219 0)	(0.820 3)	(10.949 7)	(0.091 3)	(0.111 3)	(8.982 6)
11	(1.243 4)	(0.804 3)	(12.168 7)	(0.082 2)	(0.102 2)	(9.786 8)
12	(1.268 2)	(0.788 5)	(13.412 1)	(0.074 6)	(0.094 6)	(10.575 3)
13	(1.293 6)	(0.773 0)	(14.680 3)	(0.068 1)	(0.088 1)	(11.348 4)
14	(1.319 5)	(0.757 9)	(15.973 9)	(0.062 6)	(0.082 6)	(12.106 2)
15	(1.345 9)	(0.743 0)	(17.293 4)	(0.057 8)	(0.077 8)	(12.849 3)
16	(1.372 8)	(0.728 4)	(18.639 3)	(0.053 7)	(0.073 7)	(13.577 7)
17	(1.400 2)	(0.714 2)	(20.012 1)	(0.050 0)	(0.070 0)	(14.291 9)
18	(1.428 2)	(0.700 2)	(21.412 3)	(0.046 7)	(0.066 7)	(14.992 0)
19	(1.456 8)	(0.686 4)	(22.840 6)	(0.043 8)	(0.063 8)	(15.678 5)
20	(1.485 9)	(0.673 0)	(24.297 4)	(0.041 2)	(0.061 2)	(16.351 4)
21	(1.515 7)	(0.659 8)	(25.783 3)	(0.038 8)	(0.058 8)	(17.011 2)
22	(1.546 0)	(0.646 8)	(27.299 0)	(0.036 6)	(0.056 6)	(17.658 0)
23	(1.576 9)	(0.634 2)	(28.845 0)	(0.034 7)	(0.054 7)	(18.292 2)

续表

年份 n	一次收付		等额系列			
	终值系数 $(F/P,i,n)$ $(1+i)^n$	现值系数 $(P/F,i,n)$ $\frac{1}{(1+i)^n}$	终值系数 $(F/A,i,n)$ $\frac{(1+i)^n-1}{i}$	偿债基金系数 $(A/F,i,n)$ $\frac{i}{(1+i)^n-1}$	资金回收系数 $(A/P,i,n)$ $\frac{i(1+i)^n}{(1+i)^n-1}$	现值系数 $(P/A,i,n)$ $\frac{(1+i)^n-1}{i(1+i)^n}$
24	(1.608 4)	(0.621 7)	(30.421 9)	(0.032 9)	(0.052 9)	(18.913 9)
25	(1.640 6)	(0.609 5)	(32.030 3)	(0.031 2)	(0.051 2)	(19.523 5)
26	(1.673 4)	(0.597 6)	(33.670 9)	(0.029 7)	(0.049 7)	(20.121 0)
27	(1.706 9)	(0.585 9)	(35.344 3)	(0.028 3)	(0.048 3)	(20.706 9)
28	(1.741 0)	(0.574 4)	(37.051 2)	(0.027 0)	(0.047 0)	(21.281 3)
29	(1.775 8)	(0.563 1)	(38.792 2)	(0.025 8)	(0.045 8)	(21.844 4)
30	(1.811 4)	(0.552 1)	(40.568 1)	(0.024 6)	(0.044 6)	(22.396 5)

复利系数表(3%)

年份 n	一次收付		等额系列			
	终值系数 $(F/P,i,n)$ $(1+i)^n$	现值系数 $(P/F,i,n)$ $\frac{1}{(1+i)^n}$	终值系数 $(F/A,i,n)$ $\frac{(1+i)^n-1}{i}$	偿债基金系数 $(A/F,i,n)$ $\frac{i}{(1+i)^n-1}$	资金回收系数 $(A/P,i,n)$ $\frac{i(1+i)^n}{(1+i)^n-1}$	现值系数 $(P/A,i,n)$ $\frac{(1+i)^n-1}{i(1+i)^n}$
1	(1.030 0)	(0.970 9)	(1.000 0)	(1.000 0)	(1.030 0)	(0.970 9)
2	(1.060 9)	(0.942 6)	(2.030 0)	(0.492 6)	(0.522 6)	(1.913 5)
3	(1.092 7)	(0.915 1)	(3.090 9)	(0.323 5)	(0.353 5)	(2.828 6)
4	(1.125 5)	(0.888 5)	(4.183 6)	(0.239 0)	(0.269 0)	(3.717 1)
5	(1.159 3)	(0.862 6)	(5.309 1)	(0.188 4)	(0.218 4)	(4.579 7)
6	(1.194 1)	(0.837 5)	(6.468 4)	(0.154 6)	(0.184 6)	(5.417 2)
7	(1.229 9)	(0.813 1)	(7.662 5)	(0.130 5)	(0.160 5)	(6.230 3)
8	(1.266 8)	(0.789 4)	(8.892 3)	(0.112 5)	(0.142 5)	(7.019 7)
9	(1.304 8)	(0.766 4)	(10.159 1)	(0.098 4)	(0.128 4)	(7.786 1)
10	(1.343 9)	(0.744 1)	(11.463 9)	(0.087 2)	(0.117 2)	(8.530 2)
11	(1.384 2)	(0.722 4)	(12.807 8)	(0.078 1)	(0.108 1)	(9.252 6)
12	(1.425 8)	(0.701 4)	(14.192 0)	(0.070 5)	(0.100 5)	(9.954 0)
13	(1.468 5)	(0.681 0)	(15.617 8)	(0.064 0)	(0.094 0)	(10.635 0)
14	(1.512 6)	(0.661 1)	(17.086 3)	(0.058 5)	(0.088 5)	(11.296 1)
15	(1.558 0)	(0.641 9)	(18.598 9)	(0.053 8)	(0.083 8)	(11.937 9)
16	(1.604 7)	(0.623 2)	(20.156 9)	(0.049 6)	(0.079 6)	(12.561 1)
17	(1.652 8)	(0.605 0)	(21.761 6)	(0.046 0)	(0.076 0)	(13.166 1)
18	(1.702 4)	(0.587 4)	(23.414 4)	(0.042 7)	(0.072 7)	(13.753 5)
19	(1.753 5)	(0.570 3)	(25.116 9)	(0.039 8)	(0.069 8)	(14.323 8)
20	(1.806 1)	(0.553 7)	(26.870 4)	(0.037 2)	(0.067 2)	(14.877 5)

续表

年份 n	一次收付		等　额　系　列			
	终值系数 $(F/P,i,n)$ $(1+i)^n$	现值系数 $(P/F,i,n)$ $\frac{1}{(1+i)^n}$	终值系数 $(F/A,i,n)$ $\frac{(1+i)^n-1}{i}$	偿债基金系数 $(A/F,i,n)$ $\frac{i}{(1+i)^n-1}$	资金回收系数 $(A/P,i,n)$ $\frac{i(1+i)^n}{(1+i)^n-1}$	现值系数 $(P/A,i,n)$ $\frac{(1+i)^n-1}{i(1+i)^n}$
21	(1.860 3)	(0.537 5)	(28.676 5)	(0.034 9)	(0.064 9)	(15.415 0)
22	(1.916 1)	(0.521 9)	(30.536 8)	(0.032 7)	(0.062 7)	(15.936 9)
23	(1.973 6)	(0.506 7)	(32.452 9)	(0.030 8)	(0.060 8)	(16.443 6)
24	(2.032 8)	(0.491 9)	(34.426 5)	(0.029 0)	(0.059 0)	(16.935 5)
25	(2.093 8)	(0.477 6)	(36.459 3)	(0.027 4)	(0.057 4)	(17.413 1)
26	(2.156 6)	(0.463 7)	(38.553 0)	(0.025 9)	(0.055 9)	(17.876 8)
27	(2.221 3)	(0.450 2)	(40.709 6)	(0.024 6)	(0.054 6)	(18.327 0)
28	(2.287 9)	(0.437 1)	(42.930 9)	(0.023 3)	(0.053 3)	(18.764 1)
29	(2.356 6)	(0.424 3)	(45.218 9)	(0.022 1)	(0.052 1)	(19.188 5)
30	(2.427 3)	(0.412 0)	(47.575 4)	(0.021 0)	(0.051 0)	(19.600 4)

复利系数表(4%)

年份 n	一次收付		等　额　系　列			
	终值系数 $(F/P,i,n)$ $(1+i)^n$	现值系数 $(P/F,i,n)$ $\frac{1}{(1+i)^n}$	终值系数 $(F/A,i,n)$ $\frac{(1+i)^n-1}{i}$	偿债基金系数 $(A/F,i,n)$ $\frac{i}{(1+i)^n-1}$	资金回收系数 $(A/P,i,n)$ $\frac{i(1+i)^n}{(1+i)^n-1}$	现值系数 $(P/A,i,n)$ $\frac{(1+i)^n-1}{i(1+i)^n}$
1	(1.040 0)	(0.961 5)	(1.000 0)	(1.000 0)	(1.040 0)	(0.961 5)
2	(1.081 6)	(0.924 6)	(2.040 0)	(0.4902)	(0.530 2)	(1.886 1)
3	(1.124 9)	(0.889 0)	(3.121 6)	(0.320 3)	(0.360 3)	(2.775 1)
4	(1.169 9)	(0.854 8)	(4.246 5)	(0.235 5)	(0.275 5)	(3.629 9)
5	(1.216 7)	(0.821 9)	(5.416 3)	(0.184 6)	(0.224 6)	(4.451 8)
6	(1.265 3)	(0.790 3)	(6.633 0)	(0.150 8)	(0.190 8)	(5.242 1)
7	(1.315 9)	(0.759 9)	(7.898 3)	(0.126 6)	(0.166 6)	(6.002 1)
8	(1.368 6)	(0.730 7)	(9.214 2)	(0.108 5)	(0.148 5)	(6.732 7)
9	(1.423 3)	(0.702 6)	(10.582 8)	(0.094 5)	(0.134 5)	(7.435 3)
10	(1.480 2)	(0.675 6)	(12.006 1)	(0.083 3)	(0.123 3)	(8.110 9)
11	(1.539 5)	(0.649 6)	(13.486 4)	(0.074 1)	(0.114 1)	(8.760 5)
12	(1.601 0)	(0.624 6)	(15.025 8)	(0.066 6)	(0.106 6)	(9.385 1)
13	(1.665 1)	(0.600 6)	(16.626 8)	(0.060 1)	(0.100 1)	(9.985 6)
14	(1.731 7)	(0.577 5)	(18.291 9)	(0.054 7)	(0.094 7)	(10.563 1)
15	(1.800 9)	(0.555 3)	(20.023 6)	(0.049 9)	(0.089 9)	(11.118 4)
16	(1.873 0)	(0.533 9)	(21.824 5)	(0.045 8)	(0.085 8)	(11.652 3)
17	(1.947 9)	(0.513 4)	(23.697 5)	(0.042 2)	(0.082 2)	(12.165 7)

续表

年份 n	一次收付		等额系列			
	终值系数 $(F/P,i,n)$ $(1+i)^n$	现值系数 $(P/F,i,n)$ $\frac{1}{(1+i)^n}$	终值系数 $(F/A,i,n)$ $\frac{(1+i)^n-1}{i}$	偿债基金系数 $(A/F,i,n)$ $\frac{i}{(1+i)^n-1}$	资金回收系数 $(A/P,i,n)$ $\frac{i(1+i)^n}{(1+i)^n-1}$	现值系数 $(P/A,i,n)$ $\frac{(1+i)^n-1}{i(1+i)^n}$
18	(2.025 8)	(0.493 6)	(25.645 4)	(0.039 0)	(0.079 0)	(12.659 3)
19	(2.106 8)	(0.474 6)	(27.671 2)	(0.036 1)	(0.076 1)	(13.133 9)
20	(2.191 1)	(0.456 4)	(29.778 1)	(0.033 6)	(0.073 6)	(13.590 3)
21	(2.278 8)	(0.438 8)	(31.969 2)	(0.031 3)	(0.071 3)	(14.029 2)
22	(2.369 9)	(0.422 0)	(34.248 0)	(0.029 2)	(0.069 2)	(14.451 1)
23	(2.464 7)	(0.405 7)	(36.617 9)	(0.027 3)	(0.067 3)	(14.856 8)
24	(2.563 3)	(0.390 1)	(39.082 6)	(0.025 6)	(0.065 6)	(15.247 0)
25	(2.665 8)	(0.375 1)	(41.645 9)	(0.024 0)	(0.064 0)	(15.622 1)
26	(2.772 5)	(0.360 7)	(44.311 7)	(0.022 6)	(0.062 6)	(15.982 8)
27	(2.883 4)	(0.346 8)	(47.084 2)	(0.021 2)	(0.061 2)	(16.329 6)
28	(2.998 7)	(0.333 5)	(49.967 6)	(0.020 0)	(0.060 0)	(16.663 1)
29	(3.118 7)	(0.320 7)	(52.966 3)	(0.018 9)	(0.058 9)	(16.983 7)
30	(3.243 4)	(0.308 3)	(56.084 9)	(0.017 8)	(0.057 8)	(17.292 0)

复利系数表(5%)

年份 n	一次收付		等额系列			
	终值系数 $(F/P,i,n)$ $(1+i)^n$	现值系数 $(P/F,i,n)$ $\frac{1}{(1+i)^n}$	终值系数 $(F/A,i,n)$ $\frac{(1+i)^n-1}{i}$	偿债基金系数 $(A/F,i,n)$ $\frac{i}{(1+i)^n-1}$	资金回收系数 $(A/P,i,n)$ $\frac{i(1+i)^n}{(1+i)^n-1}$	现值系数 $(P/A,i,n)$ $\frac{(1+i)^n-1}{i(1+i)^n}$
1	(1.050 0)	(0.952 4)	(1.000 0)	(1.000 0)	(1.050 0)	(0.952 4)
2	(1.102 5)	(0.907 0)	(2.050 0)	(0.487 8)	(0.537 8)	(1.859 4)
3	(1.157 6)	(0.863 8)	(3.152 5)	(0.317 2)	(0.367 2)	(2.723 2)
4	(1.215 5)	(0.822 7)	(4.310 1)	(0.232 0)	(0.282 0)	(3.546 0)
5	(1.276 3)	(0.783 5)	(5.525 6)	(0.181 0)	(0.231 0)	(4.329 5)
6	(1.340 1)	(0.746 2)	(6.801 9)	(0.147 0)	(0.197 0)	(5.075 7)
7	(1.407 1)	(0.710 7)	(8.142 0)	(0.122 8)	(0.172 8)	(5.786 4)
8	(1.477 5)	(0.676 8)	(9.549 1)	(0.104 7)	(0.154 7)	(6.463 2)
9	(1.551 3)	(0.644 6)	(11.026 6)	(0.090 7)	(0.140 7)	(7.107 8)
10	(1.628 9)	(0.613 9)	(12.577 9)	(0.079 5)	(0.129 5)	(7.721 7)
11	(1.710 3)	(0.584 7)	(14.206 8)	(0.070 4)	(0.120 4)	(8.306 4)
12	(1.795 9)	(0.556 8)	(15.917 1)	(0.062 8)	(0.112 8)	(8.863 3)
13	(1.885 6)	(0.530 3)	(17.713 0)	(0.056 5)	(0.106 5)	(9.393 6)
14	(1.979 9)	(0.505 1)	(19.598 6)	(0.051 0)	(0.101 0)	(9.898 6)

续表

年份 n	一次收付		等　额　系　列			
	终值系数 $(F/P,i,n)$ $(1+i)^n$	现值系数 $(P/F,i,n)$ $\frac{1}{(1+i)^n}$	终值系数 $(F/A,i,n)$ $\frac{(1+i)^n-1}{i}$	偿债基金系数 $(A/F,i,n)$ $\frac{i}{(1+i)^n-1}$	资金回收系数 $(A/P,i,n)$ $\frac{i(1+i)^n}{(1+i)^n-1}$	现值系数 $(P/A,i,n)$ $\frac{(1+i)^n-1}{i(1+i)^n}$
15	(2.078 9)	(0.481 0)	(21.578 6)	(0.046 3)	(0.096 3)	(10.379 7)
16	(2.182 9)	(0.458 1)	(23.657 5)	(0.042 3)	(0.092 3)	(10.837 8)
17	(2.292 0)	(0.436 3)	(25.840 4)	(0.038 7)	(0.088 7)	(11.274 1)
18	(2.406 6)	(0.415 5)	(28.132 4)	(0.035 5)	(0.085 5)	(11.689 6)
19	(2.527 0)	(0.395 7)	(30.539 0)	(0.032 7)	(0.082 7)	(12.085 3)
20	(2.653 3)	(0.376 9)	(33.066 0)	(0.030 2)	(0.080 2)	(12.462 2)
21	(2.786 0)	(0.358 9)	(35.719 3)	(0.028 0)	(0.078 0)	(12.821 2)
22	(2.925 3)	(0.341 8)	(38.505 2)	(0.026 0)	(0.076 0)	(13.163 0)
23	(3.071 5)	(0.325 6)	(41.430 5)	(0.024 1)	(0.074 1)	(13.488 6)
24	(3.225 1)	(0.310 1)	(44.502 0)	(0.022 5)	(0.072 5)	(13.798 6)
25	(3.386 4)	(0.295 3)	(47.727 1)	(0.021 0)	(0.071 0)	(14.093 9)
26	(3.555 7)	(0.281 2)	(51.113 5)	(0.019 6)	(0.069 6)	(14.375 2)
27	(3.733 5)	(0.267 8)	(54.669 1)	(0.018 3)	(0.068 3)	(14.643 0)
28	(3.920 1)	(0.255 1)	(58.402 6)	(0.017 1)	(0.067 1)	(14.898 1)
29	(4.116 1)	(0.242 9)	(62.322 7)	(0.016 0)	(0.066 0)	(15.141 1)
30	(4.321 9)	(0.231 4)	(66.438 8)	(0.015 1)	(0.065 1)	(15.372 5)

复利系数表(6%)

年份 n	一次收付		等　额　系　列			
	终值系数 $(F/P,i,n)$ $(1+i)^n$	现值系数 $(P/F,i,n)$ $\frac{1}{(1+i)^n}$	终值系数 $(F/A,i,n)$ $\frac{(1+i)^n-1}{i}$	偿债基金系数 $(A/F,i,n)$ $\frac{i}{(1+i)^n-1}$	资金回收系数 $(A/P,i,n)$ $\frac{i(1+i)^n}{(1+i)^n-1}$	现值系数 $(P/A,i,n)$ $\frac{(1+i)^n-1}{i(1+i)^n}$
1	(1.060 0)	(0.943 4)	(1.000 0)	(1.000 0)	(1.060 0)	(0.943 4)
2	(1.123 6)	(0.890 0)	(2.060 0)	(0.485 4)	(0.545 4)	(1.833 4)
3	(1.191 0)	(0.839 6)	(3.183 6)	(0.314 1)	(0.374 1)	(2.673 0)
4	(1.262 5)	(0.792 1)	(4.374 6)	(0.228 6)	(0.288 6)	(3.465 1)
5	(1.338 2)	(0.747 3)	(5.637 1)	(0.177 4)	(0.237 4)	(4.212 4)
6	(1.418 5)	(0.705 0)	(6.975 3)	(0.143 4)	(0.203 4)	(4.917 3)
7	(1.503 6)	(0.665 1)	(8.393 8)	(0.119 1)	(0.179 1)	(5.582 4)
8	(1.593 8)	(0.627 4)	(9.897 5)	(0.101 0)	(0.161 0)	(6.209 8)
9	(1.689 5)	(0.591 9)	(11.491 3)	(0.087 0)	(0.147 0)	(6.801 7)
10	(1.790 8)	(0.558 4)	(13.180 8)	(0.075 9)	(0.135 9)	(7.360 1)
11	(1.898 3)	(0.526 8)	(14.971 6)	(0.066 8)	(0.126 8)	(7.886 9)

续表

年份 n	一次收付		等额系列			
	终值系数 $(F/P,i,n)$ $(1+i)^n$	现值系数 $(P/F,i,n)$ $\frac{1}{(1+i)^n}$	终值系数 $(F/A,i,n)$ $\frac{(1+i)^n-1}{i}$	偿债基金系数 $(A/F,i,n)$ $\frac{i}{(1+i)^n-1}$	资金回收系数 $(A/P,i,n)$ $\frac{i(1+i)^n}{(1+i)^n-1}$	现值系数 $(P/A,i,n)$ $\frac{(1+i)^n-1}{i(1+i)^n}$
12	(2.012 2)	(0.497 0)	(16.869 9)	(0.059 3)	(0.119 3)	(8.383 8)
13	(2.132 9)	(0.468 8)	(18.882 1)	(0.053 0)	(0.113 0)	(8.852 7)
14	(2.260 9)	(0.442 3)	(21.015 1)	(0.047 6)	(0.107 6)	(9.295 0)
15	(2.396 6)	(0.417 3)	(23.276 0)	(0.043 0)	(0.103 0)	(9.712 2)
16	(2.540 4)	(0.393 6)	(25.672 5)	(0.039 0)	(0.099 0)	(10.105 9)
17	(2.692 8)	(0.371 4)	(28.212 9)	(0.035 4)	(0.095 4)	(10.477 3)
18	(2.854 3)	(0.350 3)	(30.905 7)	(0.032 4)	(0.092 4)	(10.827 6)
19	(3.025 6)	(0.330 5)	(33.760 0)	(0.029 6)	(0.089 6)	(11.158 1)
20	(3.207 1)	(0.311 8)	(36.785 6)	(0.027 2)	(0.087 2)	(11.469 9)
21	(3.399 6)	(0.294 2)	(39.992 7)	(0.025 0)	(0.085 0)	(11.764 1)
22	(3.603 5)	(0.277 5)	(43.392 3)	(0.023 0)	(0.083 0)	(12.041 6)
23	(3.819 7)	(0.261 8)	(46.995 8)	(0.021 3)	(0.081 3)	(12.303 4)
24	(4.048 9)	(0.247 0)	(50.815 6)	(0.019 7)	(0.079 7)	(12.550 4)
25	(4.291 9)	(0.233 0)	(54.864 5)	(0.018 2)	(0.078 2)	(12.783 4)
26	(4.549 4)	(0.219 8)	(59.156 4)	(0.016 9)	(0.076 9)	(13.003 2)
27	(4.822 3)	(0.207 4)	(63.705 8)	(0.015 7)	(0.075 7)	(13.210 5)
28	(5.111 7)	(0.195 6)	(68.528 1)	(0.014 6)	(0.074 6)	(13.406 2)
29	(5.418 4)	(0.184 6)	(73.639 8)	(0.013 6)	(0.073 6)	(13.590 7)
30	(5.743 5)	(0.174 1)	(79.058 2)	(0.012 6)	(0.072 6)	(13.764 8)

复利系数表(7%)

年份 n	一次收付		等额系列			
	终值系数 $(F/P,i,n)$ $(1+i)^n$	现值系数 $(P/F,i,n)$ $\frac{1}{(1+i)^n}$	终值系数 $(F/A,i,n)$ $\frac{(1+i)^n-1}{i}$	偿债基金系数 $(A/F,i,n)$ $\frac{i}{(1+i)^n-1}$	资金回收系数 $(A/P,i,n)$ $\frac{i(1+i)^n}{(1+i)^n-1}$	现值系数 $(P/A,i,n)$ $\frac{(1+i)^n-1}{i(1+i)^n}$
1	(1.070 0)	(0.934 6)	(1.000 0)	(1.000 0)	(1.070 0)	(0.934 6)
2	(1.144 9)	(0.873 4)	(2.070 0)	(0.483 1)	(0.553 1)	(1.808 0)
3	(1.225 0)	(0.816 3)	(3.214 9)	(0.311 1)	(0.381 1)	(2.624 3)
4	(1.310 8)	(0.762 9)	(4.439 9)	(0.225 2)	(0.295 2)	(3.387 2)
5	(1.402 6)	(0.713 0)	(5.750 7)	(0.173 9)	(0.243 9)	(4.100 2)
6	(1.500 7)	(0.666 3)	(7.153 3)	(0.139 8)	(0.209 8)	(4.766 5)

续表

年份 n	一次收付		等额系列			
	终值系数 $(F/P,i,n)$ $(1+i)^n$	现值系数 $(P/F,i,n)$ $\frac{1}{(1+i)^n}$	终值系数 $(F/A,i,n)$ $\frac{(1+i)^n-1}{i}$	偿债基金系数 $(A/F,i,n)$ $\frac{i}{(1+i)^n-1}$	资金回收系数 $(A/P,i,n)$ $\frac{i(1+i)^n}{(1+i)^n-1}$	现值系数 $(P/A,i,n)$ $\frac{(1+i)^n-1}{i(1+i)^n}$
7	(1.605 8)	(0.622 7)	(8.654 0)	(0.115 6)	(0.185 6)	(5.389 3)
8	(1.718 2)	(0.582 0)	(10.259 8)	(0.097 5)	(0.167 5)	(5.971 3)
9	(1.838 5)	(0.543 9)	(11.978 0)	(0.083 5)	(0.153 5)	(6.515 2)
10	(1.967 2)	(0.508 3)	(13.816 4)	(0.072 4)	(0.142 4)	(7.023 6)
11	(2.104 9)	(0.475 1)	(15.783 6)	(0.063 4)	(0.133 4)	(7.498 7)
12	(2.252 2)	(0.444 0)	(17.888 5)	(0.055 9)	(0.125 9)	(7.942 7)
13	(2.409 8)	(0.415 0)	(20.140 6)	(0.049 7)	(0.119 7)	(8.357 7)
14	(2.578 5)	(0.387 8)	(22.550 5)	(0.044 3)	(0.114 3)	(8.745 5)
15	(2.759 0)	(0.362 4)	(25.129 0)	(0.039 8)	(0.109 8)	(9.107 9)
16	(2.952 2)	(0.338 7)	(27.888 1)	(0.035 9)	(0.105 9)	(9.446 6)
17	(3.158 8)	(0.316 6)	(30.840 2)	(0.032 4)	(0.102 4)	(9.763 2)
18	(3.379 9)	(0.295 9)	(33.999 0)	(0.029 4)	(0.099 4)	(10.059 1)
19	(3.616 5)	(0.276 5)	(37.379 0)	(0.026 8)	(0.096 8)	(10.335 6)
20	(3.869 7)	(0.258 4)	(40.995 5)	(0.024 4)	(0.094 4)	(10.594 0)
21	(4.140 6)	(0.241 5)	(44.865 2)	(0.022 3)	(0.092 3)	(10.835 5)
22	(4.430 4)	(0.225 7)	(49.005 7)	(0.020 4)	(0.090 4)	(11.061 2)
23	(4.740 5)	(0.210 9)	(53.436 1)	(0.018 7)	(0.088 7)	(11.272 2)
24	(5.072 4)	(0.197 1)	(58.176 7)	(0.017 2)	(0.087 2)	(11.469 3)
25	(5.427 4)	(0.184 2)	(63.249 0)	(0.015 8)	(0.085 8)	(11.653 6)
26	(5.807 4)	(0.172 2)	(68.676 5)	(0.014 6)	(0.084 6)	(11.825 8)
27	(6.213 9)	(0.160 9)	(74.483 8)	(0.013 4)	(0.083 4)	(11.986 7)
28	(6.648 8)	(0.150 4)	(80.697 7)	(0.012 4)	(0.082 4)	(12.137 1)
29	(7.114 3)	(0.140 6)	(87.346 5)	(0.011 4)	(0.081 4)	(12.277 7)
30	(7.612 3)	(0.131 4)	(94.460 8)	(0.010 6)	(0.080 6)	(12.409 0)

复利系数表(8%)

年份 n	一次收付		等额系列			
	终值系数 $(F/P,i,n)$ $(1+i)^n$	现值系数 $(P/F,i,n)$ $\frac{1}{(1+i)^n}$	终值系数 $(F/A,i,n)$ $\frac{(1+i)^n-1}{i}$	偿债基金系数 $(A/F,i,n)$ $\frac{i}{(1+i)^n-1}$	资金回收系数 $(A/P,i,n)$ $\frac{i(1+i)^n}{(1+i)^n-1}$	现值系数 $(P/A,i,n)$ $\frac{(1+i)^n-1}{i(1+i)^n}$
1	(1.080 0)	(0.925 9)	(1.000 0)	(1.000 0)	(1.080 0)	(0.925 9)
2	(1.166 4)	(0.857 3)	(2.080 0)	(0.480 8)	(0.560 8)	(1.783 3)
3	(1.259 7)	(0.793 8)	(3.246 4)	(0.308 0)	(0.388 0)	(2.577 1)

续表

年份 n	一次收付		等额系列			
	终值系数 $(F/P,i,n)$ $(1+i)^n$	现值系数 $(P/F,i,n)$ $\frac{1}{(1+i)^n}$	终值系数 $(F/A,i,n)$ $\frac{(1+i)^n-1}{i}$	偿债基金系数 $(A/F,i,n)$ $\frac{i}{(1+i)^n-1}$	资金回收系数 $(A/P,i,n)$ $\frac{i(1+i)^n}{(1+i)^n-1}$	现值系数 $(P/A,i,n)$ $\frac{(1+i)^n-1}{i(1+i)^n}$
4	(1.360 5)	(0.735 0)	(4.506 1)	(0.221 9)	(0.301 9)	(3.312 1)
5	(1.469 3)	(0.680 6)	(5.866 6)	(0.170 5)	(0.250 5)	(3.992 7)
6	(1.586 9)	(0.630 2)	(7.335 9)	(0.136 3)	(0.216 3)	(4.622 9)
7	(1.713 8)	(0.583 5)	(8.922 8)	(0.112 1)	(0.192 1)	(5.206 4)
8	(1.850 9)	(0.540 3)	(10.636 6)	(0.094 0)	(0.174 0)	(5.746 6)
9	(1.999 0)	(0.500 2)	(12.487 6)	(0.080 1)	(0.160 1)	(6.246 9)
10	(2.158 9)	(0.463 2)	(14.486 6)	(0.069 0)	(0.149 0)	(6.710 1)
11	(2.331 6)	(0.428 9)	(16.645 5)	(0.060 1)	(0.140 1)	(7.139 0)
12	(2.518 2)	(0.397 1)	(18.977 1)	(0.052 7)	(0.132 7)	(7.536 1)
13	(2.719 6)	(0.367 7)	(21.495 3)	(0.046 5)	(0.126 5)	(7.903 8)
14	(2.937 2)	(0.340 5)	(24.214 9)	(0.041 3)	(0.121 3)	(8.244 2)
15	(3.172 2)	(0.315 2)	(27.152 1)	(0.036 8)	(0.116 8)	(8.559 5)
16	(3.425 9)	(0.291 9)	(30.324 3)	(0.033 0)	(0.113 0)	(8.851 4)
17	(3.700 0)	(0.270 3)	(33.750 2)	(0.029 6)	(0.109 6)	(9.121 6)
18	(3.996 0)	(0.250 2)	(37.450 2)	(0.026 7)	(0.106 7)	(9.371 9)
19	(4.315 7)	(0.231 7)	(41.446 3)	(0.024 1)	(0.104 1)	(9.603 6)
20	(4.661 0)	(0.214 5)	(45.762 0)	(0.021 9)	(0.101 9)	(9.818 1)
21	(5.033 8)	(0.198 7)	(50.422 9)	(0.019 8)	(0.099 8)	(10.016 8)
22	(5.436 5)	(0.183 9)	(55.456 8)	(0.018 0)	(0.098 0)	(10.200 7)
23	(5.871 5)	(0.170 3)	(60.893 3)	(0.016 4)	(0.096 4)	(10.371 1)
24	(6.341 2)	(0.157 7)	(66.764 8)	(0.015 0)	(0.095 0)	(10.528 8)
25	(6.848 5)	(0.146 0)	(73.105 9)	(0.013 7)	(0.093 7)	(10.674 8)
26	(7.396 4)	(0.135 2)	(79.954 4)	(0.012 5)	(0.092 5)	(10.810 0)
27	(7.988 1)	(0.125 2)	(87.350 8)	(0.011 4)	(0.091 4)	(10.935 2)
28	(8.627 1)	(0.115 9)	(95.338 8)	(0.010 5)	(0.090 5)	(11.051 1)
29	(9.317 3)	(0.107 3)	(103.965 9)	(0.009 6)	(0.089 6)	(11.158 4)
30	(10.062 7)	(0.099 4)	(113.283 2)	(0.008 8)	(0.088 8)	(11.257 8)

复利系数表(9%)

年份 n	一次收付		等额系列			
	终值系数 $(F/P,i,n)$ $(1+i)^n$	现值系数 $(P/F,i,n)$ $\frac{1}{(1+i)^n}$	终值系数 $(F/A,i,n)$ $\frac{(1+i)^n-1}{i}$	偿债基金系数 $(A/F,i,n)$ $\frac{i}{(1+i)^n-1}$	资金回收系数 $(A/P,i,n)$ $\frac{i(1+i)^n}{(1+i)^n-1}$	现值系数 $(P/A,i,n)$ $\frac{(1+i)^n-1}{i(1+i)^n}$
1	(1.090 0)	(0.917 4)	(1.000 0)	(1.000 0)	(1.090 0)	(0.917 4)
2	(1.188 1)	(0.841 7)	(2.090 0)	(0.478 5)	(0.568 5)	(1.759 1)
3	(1.295 0)	(0.772 2)	(3.278 1)	(0.305 1)	(0.395 1)	(2.531 3)
4	(1.411 6)	(0.708 4)	(4.573 1)	(0.218 7)	(0.308 7)	(3.239 7)
5	(1.538 6)	(0.649 9)	(5.984 7)	(0.167 1)	(0.257 1)	(3.889 7)
6	(1.677 1)	(0.596 3)	(7.523 3)	(0.132 9)	(0.222 9)	(4.485 9)
7	(1.828 0)	(0.547 0)	(9.200 4)	(0.108 7)	(0.198 7)	(5.033 0)
8	(1.992 6)	(0.501 9)	(11.028 5)	(0.090 7)	(0.180 7)	(5.534 8)
9	(2.171 9)	(0.460 4)	(13.021 0)	(0.076 8)	(0.166 8)	(5.995 2)
10	(2.367 4)	(0.422 4)	(15.192 9)	(0.065 8)	(0.155 8)	(6.417 7)
11	(2.580 4)	(0.387 5)	(17.560 3)	(0.056 9)	(0.146 9)	(6.805 2)
12	(2.812 7)	(0.355 5)	(20.140 7)	(0.049 7)	(0.139 7)	(7.160 7)
13	(3.065 8)	(0.326 2)	(22.953 4)	(0.043 6)	(0.133 6)	(7.486 9)
14	(3.341 7)	(0.299 2)	(26.019 2)	(0.038 4)	(0.128 4)	(7.786 2)
15	(3.642 5)	(0.274 5)	(29.360 9)	(0.034 1)	(0.124 1)	(8.060 7)
16	(3.970 3)	(0.251 9)	(33.003 4)	(0.030 3)	(0.120 3)	(8.312 6)
17	(4.327 6)	(0.231 1)	(36.973 7)	(0.027 0)	(0.117 0)	(8.543 6)
18	(4.717 1)	(0.212 0)	(41.301 3)	(0.024 2)	(0.114 2)	(8.755 6)
19	(5.141 7)	(0.194 5)	(46.018 5)	(0.021 7)	(0.111 7)	(8.950 1)
20	(5.604 4)	(0.178 4)	(51.160 1)	(0.019 5)	(0.109 5)	(9.128 5)
21	(6.108 8)	(0.163 7)	(56.764 5)	(0.017 6)	(0.107 6)	(9.292 2)
22	(6.658 6)	(0.150 2)	(62.873 3)	(0.015 9)	(0.105 9)	(9.442 4)
23	(7.257 9)	(0.137 8)	(69.531 9)	(0.014 4)	(0.104 4)	(9.580 2)
24	(7.911 1)	(0.126 4)	(76.789 8)	(0.013 0)	(0.103 0)	(9.706 6)
25	(8.623 1)	(0.116 0)	(84.700 9)	(0.011 8)	(0.101 8)	(9.822 6)
26	(9.399 2)	(0.106 4)	(93.324 0)	(0.010 7)	(0.100 7)	(9.929 0)
27	(10.245 1)	(0.097 6)	(102.723 1)	(0.009 7)	(0.099 7)	(10.026 6)
28	(11.167 1)	(0.089 5)	(112.968 2)	(0.008 9)	(0.098 9)	(10.116 1)
29	(12.172 2)	(0.082 2)	(124.135 4)	(0.008 1)	(0.098 1)	(10.198 3)
30	(13.267 7)	(0.075 4)	(136.307 5)	(0.007 3)	(0.097 3)	(10.273 7)

复利系数表(10%)

年份 n	一次收付		等额系列			
	终值系数 $(F/P,i,n)$ $(1+i)^n$	现值系数 $(P/F,i,n)$ $\frac{1}{(1+i)^n}$	终值系数 $(F/A,i,n)$ $\frac{(1+i)^n-1}{i}$	偿债基金系数 $(A/F,i,n)$ $\frac{i}{(1+i)^n-1}$	资金回收系数 $(A/P,i,n)$ $\frac{i(1+i)^n}{(1+i)^n-1}$	现值系数 $(P/A,i,n)$ $\frac{(1+i)^n-1}{i(1+i)^n}$
1	(1.100 0)	(0.909 1)	(1.000 0)	(1.000 0)	(1.100 0)	(0.909 1)
2	(1.210 0)	(0.826 4)	(2.100 0)	(0.476 2)	(0.576 2)	(1.735 5)
3	(1.331 0)	(0.751 3)	(3.310 0)	(0.302 1)	(0.402 1)	(2.486 9)
4	(1.464 1)	(0.683 0)	(4.641 0)	(0.215 5)	(0.315 5)	(3.169 9)
5	(1.610 5)	(0.620 9)	(6.105 1)	(0.163 8)	(0.263 8)	(3.790 8)
6	(1.771 6)	(0.564 5)	(7.715 6)	(0.129 6)	(0.229 6)	(4.355 3)
7	(1.948 7)	(0.513 2)	(9.487 2)	(0.105 4)	(0.205 4)	(4.868 4)
8	(2.143 6)	(0.466 5)	(11.435 9)	(0.087 4)	(0.187 4)	(5.334 9)
9	(2.357 9)	(0.424 1)	(13.579 5)	(0.073 6)	(0.173 6)	(5.759 0)
10	(2.593 7)	(0.385 5)	(15.937 4)	(0.062 7)	(0.162 7)	(6.144 6)
11	(2.853 1)	(0.350 5)	(18.531 2)	(0.054 0)	(0.154 0)	(6.495 1)
12	(3.138 4)	(0.318 6)	(21.384 3)	(0.046 8)	(0.146 8)	(6.813 7)
13	(3.452 3)	(0.289 7)	(24.522 7)	(0.040 8)	(0.140 8)	(7.103 4)
14	(3.797 5)	(0.263 3)	(27.975 0)	(0.035 7)	(0.135 7)	(7.366 7)
15	(4.177 2)	(0.239 4)	(31.772 5)	(0.031 5)	(0.131 5)	(7.606 1)
16	(4.595 0)	(0.217 6)	(35.949 7)	(0.027 8)	(0.127 8)	(7.823 7)
17	(5.054 5)	(0.197 8)	(40.544 7)	(0.024 7)	(0.124 7)	(8.021 6)
18	(5.559 9)	(0.179 9)	(45.599 2)	(0.021 9)	(0.121 9)	(8.201 4)
19	(6.115 9)	(0.163 5)	(51.159 1)	(0.019 5)	(0.119 5)	(8.364 9)
20	(6.727 5)	(0.148 6)	(57.275 0)	(0.017 5)	(0.117 5)	(8.513 6)
21	(7.400 2)	(0.135 1)	(64.002 5)	(0.015 6)	(0.115 6)	(8.648 7)
22	(8.140 3)	(0.122 8)	(71.402 7)	(0.014 0)	(0.114 0)	(8.771 5)
23	(8.954 3)	(0.111 7)	(79.543 0)	(0.012 6)	(0.112 6)	(8.883 2)
24	(9.849 7)	(0.101 5)	(88.497 3)	(0.011 3)	(0.111 3)	(8.984 7)
25	(10.834 7)	(0.092 3)	(98.347 1)	(0.010 2)	(0.110 2)	(9.077 0)
26	(11.918 2)	(0.083 9)	(109.181 8)	(0.009 2)	(0.109 2)	(9.160 9)
27	(13.110 0)	(0.076 3)	(121.099 9)	(0.008 3)	(0.108 3)	(9.237 2)
28	(14.421 0)	(0.069 3)	(134.209 9)	(0.007 5)	(0.107 5)	(9.306 6)
29	(15.863 1)	(0.063 0)	(148.630 9)	(0.006 7)	(0.106 7)	(9.369 6)
30	(17.449 4)	(0.057 3)	(164.494 0)	(0.006 1)	(0.106 1)	(9.426 9)

复利系数表(11%)

年份 n	一次收付		等额系列			
	终值系数 $(F/P,i,n)$ $(1+i)^n$	现值系数 $(P/F,i,n)$ $\frac{1}{(1+i)^n}$	终值系数 $(F/A,i,n)$ $\frac{(1+i)^n-1}{i}$	偿债基金系数 $(A/F,i,n)$ $\frac{i}{(1+i)^n-1}$	资金回收系数 $(A/P,i,n)$ $\frac{i(1+i)^n}{(1+i)^n-1}$	现值系数 $(P/A,i,n)$ $\frac{(1+i)^n-1}{i(1+i)^n}$
1	(1.110 0)	(0.900 9)	(1.000 0)	(1.000 0)	(1.110 0)	(0.900 9)
2	(1.232 1)	(0.811 6)	(2.110 0)	(0.473 9)	(0.583 9)	(1.712 5)
3	(1.367 6)	(0.731 2)	(3.342 1)	(0.299 2)	(0.409 2)	(2.443 7)
4	(1.518 1)	(0.658 7)	(4.709 7)	(0.212 3)	(0.322 3)	(3.102 4)
5	(1.685 1)	(0.593 5)	(6.227 8)	(0.160 6)	(0.270 6)	(3.695 9)
6	(1.870 4)	(0.534 6)	(7.912 9)	(0.126 4)	(0.236 4)	(4.230 5)
7	(2.076 2)	(0.481 7)	(9.783 3)	(0.102 2)	(0.212 2)	(4.712 2)
8	(2.304 5)	(0.433 9)	(11.859 4)	(0.084 3)	(0.194 3)	(5.146 1)
9	(2.558 0)	(0.390 9)	(14.164 0)	(0.070 6)	(0.180 6)	(5.537 0)
10	(2.839 4)	(0.352 2)	(16.722 0)	(0.059 8)	(0.169 8)	(5.889 2)
11	(3.151 8)	(0.317 3)	(19.561 4)	(0.051 1)	(0.161 1)	(6.206 5)
12	(3.498 5)	(0.285 8)	(22.713 2)	(0.044 0)	(0.154 0)	(6.492 4)
13	(3.883 3)	(0.257 5)	(26.211 6)	(0.038 2)	(0.148 2)	(6.749 9)
14	(4.310 4)	(0.232 0)	(30.094 9)	(0.033 2)	(0.143 2)	(6.981 9)
15	(4.784 6)	(0.209 0)	(34.405 4)	(0.029 1)	(0.139 1)	(7.190 9)
16	(5.310 9)	(0.188 3)	(39.189 9)	(0.025 5)	(0.135 5)	(7.379 2)
17	(5.895 1)	(0.169 6)	(44.500 8)	(0.022 5)	(0.132 5)	(7.548 8)
18	(6.543 6)	(0.152 8)	(50.395 9)	(0.019 8)	(0.129 8)	(7.701 6)
19	(7.263 3)	(0.137 7)	(56.939 5)	(0.017 6)	(0.127 6)	(7.839 3)
20	(8.062 3)	(0.124 0)	(64.202 8)	(0.015 6)	(0.125 6)	(7.963 3)
21	(8.949 2)	(0.111 7)	(72.265 1)	(0.013 8)	(0.123 8)	(8.075 1)
22	(9.933 6)	(0.100 7)	(81.214 3)	(0.012 3)	(0.122 3)	(8.175 7)
23	(11.026 3)	(0.090 7)	(91.147 9)	(0.011 0)	(0.121 0)	(8.266 4)
24	(12.239 2)	(0.081 7)	(102.174 2)	(0.009 8)	(0.119 8)	(8.348 1)
25	(13.585 5)	(0.073 6)	(114.413 3)	(0.008 7)	(0.118 7)	(8.421 7)
26	(15.079 9)	(0.066 3)	(127.998 8)	(0.007 8)	(0.117 8)	(8.488 1)
27	(16.738 6)	(0.059 7)	(143.078 6)	(0.007 0)	(0.117 0)	(8.547 8)
28	(18.579 9)	(0.053 8)	(159.817 3)	(0.006 3)	(0.116 3)	(8.601 6)
29	(20.623 7)	(0.048 5)	(178.397 2)	(0.005 6)	(0.115 6)	(8.650 1)
30	(22.892 3)	(0.043 7)	(199.020 9)	(0.005 0)	(0.115 0)	(8.693 8)

复利系数表(12%)

年份 n	一次收付		等额系列			
	终值系数 $(F/P,i,n)$ $(1+i)^n$	现值系数 $(P/F,i,n)$ $\frac{1}{(1+i)^n}$	终值系数 $(F/A,i,n)$ $\frac{(1+i)^n-1}{i}$	偿债基金系数 $(A/F,i,n)$ $\frac{i}{(1+i)^n-1}$	资金回收系数 $(A/P,i,n)$ $\frac{i(1+i)^n}{(1+i)^n-1}$	现值系数 $(P/A,i,n)$ $\frac{(1+i)^n-1}{i(1+i)^n}$
1	(1.120 0)	(0.892 9)	(1.000 0)	(1.000 0)	(1.120 0)	(0.892 9)
2	(1.254 4)	(0.797 2)	(2.120 0)	(0.471 7)	(0.591 7)	(1.690 1)
3	(1.404 9)	(0.711 8)	(3.374 4)	(0.296 3)	(0.416 3)	(2.401 8)
4	(1.573 5)	(0.635 5)	(4.779 3)	(0.209 2)	(0.329 2)	(3.037 3)
5	(1.762 3)	(0.567 4)	(6.352 8)	(0.157 4)	(0.277 4)	(3.604 8)
6	(1.973 8)	(0.506 6)	(8.115 2)	(0.123 2)	(0.243 2)	(4.111 4)
7	(2.210 7)	(0.452 3)	(10.089 0)	(0.099 1)	(0.219 1)	(4.563 8)
8	(2.476 0)	(0.403 9)	(12.299 7)	(0.081 3)	(0.201 3)	(4.967 6)
9	(2.773 1)	(0.360 6)	(14.775 7)	(0.067 7)	(0.187 7)	(5.328 2)
10	(3.105 8)	(0.322 0)	(17.548 7)	(0.057 0)	(0.177 0)	(5.650 2)
11	(3.478 5)	(0.287 5)	(20.654 6)	(0.048 4)	(0.168 4)	(5.937 7)
12	(3.896 0)	(0.256 7)	(24.133 1)	(0.041 4)	(0.161 4)	(6.194 4)
13	(4.363 5)	(0.229 2)	(28.029 1)	(0.035 7)	(0.155 7)	(6.423 5)
14	(4.887 1)	(0.204 6)	(32.392 6)	(0.030 9)	(0.150 9)	(6.628 2)
15	(5.473 6)	(0.182 7)	(37.279 7)	(0.026 8)	(0.146 8)	(6.810 9)
16	(6.130 4)	(0.163 1)	(42.753 3)	(0.023 4)	(0.143 4)	(6.974 0)
17	(6.866 0)	(0.145 6)	(48.883 7)	(0.020 5)	(0.140 5)	(7.119 6)
18	(7.690 0)	(0.130 0)	(55.749 7)	(0.017 9)	(0.137 9)	(7.249 7)
19	(8.612 8)	(0.116 1)	(63.439 7)	(0.015 8)	(0.135 8)	(7.365 8)
20	(9.646 3)	(0.103 7)	(72.052 4)	(0.013 9)	(0.133 9)	(7.469 4)
21	(10.803 8)	(0.092 6)	(81.698 7)	(0.012 2)	(0.132 2)	(7.562 0)
22	(12.100 3)	(0.082 6)	(92.502 6)	(0.010 8)	(0.130 8)	(7.644 6)
23	(13.552 3)	(0.073 8)	(104.602 9)	(0.009 6)	(0.129 6)	(7.718 4)
24	(15.178 6)	(0.065 9)	(118.155 2)	(0.008 5)	(0.128 5)	(7.784 3)
25	(17.000 1)	(0.058 8)	(133.333 9)	(0.007 5)	(0.127 5)	(7.843 1)
26	(19.040 1)	(0.052 5)	(150.333 9)	(0.006 7)	(0.126 7)	(7.895 7)
27	(21.324 9)	(0.046 9)	(169.374 0)	(0.005 9)	(0.125 9)	(7.942 6)
28	(23.883 9)	(0.041 9)	(190.698 9)	(0.005 2)	(0.125 2)	(7.984 4)
29	(26.749 9)	(0.037 4)	(214.582 8)	(0.004 7)	(0.124 7)	(8.021 8)
30	(29.959 9)	(0.033 4)	(241.332 7)	(0.004 1)	(0.124 1)	(8.055 2)

复利系数表(13%)

年份 n	一次收付		等额系列			
	终值系数 $(F/P,i,n)$ $(1+i)^n$	现值系数 $(P/F,i,n)$ $\frac{1}{(1+i)^n}$	终值系数 $(F/A,i,n)$ $\frac{(1+i)^n-1}{i}$	偿债基金系数 $(A/F,i,n)$ $\frac{i}{(1+i)^n-1}$	资金回收系数 $(A/P,i,n)$ $\frac{i(1+i)^n}{(1+i)^n-1}$	现值系数 $(P/A,i,n)$ $\frac{(1+i)^n-1}{i(1+i)^n}$
1	(1.130 0)	(0.885 0)	(1.000 0)	(1.000 0)	(1.130 0)	(0.885 0)
2	(1.276 9)	(0.783 1)	(2.130 0)	(0.469 5)	(0.599 5)	(1.668 1)
3	(1.442 9)	(0.693 1)	(3.406 9)	(0.293 5)	(0.423 5)	(2.361 2)
4	(1.630 5)	(0.613 3)	(4.849 8)	(0.206 2)	(0.336 2)	(2.974 5)
5	(1.842 4)	(0.542 8)	(6.480 3)	(0.154 3)	(0.284 3)	(3.517 2)
6	(2.082 0)	(0.480 3)	(8.322 7)	(0.120 2)	(0.250 2)	(3.997 5)
7	(2.352 6)	(0.425 1)	(10.404 7)	(0.096 1)	(0.226 1)	(4.422 6)
8	(2.658 4)	(0.376 2)	(12.757 3)	(0.078 4)	(0.208 4)	(4.798 8)
9	(3.004 0)	(0.332 9)	(15.415 7)	(0.064 9)	(0.194 9)	(5.131 7)
10	(3.394 6)	(0.294 6)	(18.419 7)	(0.054 3)	(0.184 3)	(5.426 2)
11	(3.835 9)	(0.260 7)	(21.814 3)	(0.045 8)	(0.175 8)	(5.686 9)
12	(4.334 5)	(0.230 7)	(25.650 2)	(0.039 0)	(0.169 0)	(5.917 6)
13	(4.898 0)	(0.204 2)	(29.984 7)	(0.033 4)	(0.163 4)	(6.121 8)
14	(5.534 8)	(0.180 7)	(34.882 7)	(0.028 7)	(0.158 7)	(6.302 5)
15	(6.254 3)	(0.159 9)	(40.417 5)	(0.024 7)	(0.154 7)	(6.462 4)
16	(7.067 3)	(0.141 5)	(46.671 7)	(0.021 4)	(0.151 4)	(6.603 9)
17	(7.986 1)	(0.125 2)	(53.739 1)	(0.018 6)	(0.148 6)	(6.729 1)
18	(9.024 3)	(0.110 8)	(61.725 1)	(0.016 2)	(0.146 2)	(6.839 9)
19	(10.197 4)	(0.098 1)	(70.749 4)	(0.014 1)	(0.144 1)	(6.938 0)
20	(11.523 1)	(0.086 8)	(80.946 8)	(0.012 4)	(0.142 4)	(7.024 8)
21	(13.021 1)	(0.076 8)	(92.469 9)	(0.010 8)	(0.140 8)	(7.101 6)
22	(14.713 8)	(0.068 0)	(105.491 0)	(0.009 5)	(0.139 5)	(7.169 5)
23	(16.626 6)	(0.060 1)	(120.204 8)	(0.008 3)	(0.138 3)	(7.229 7)
24	(18.788 1)	(0.053 2)	(136.831 5)	(0.007 3)	(0.137 3)	(7.282 9)
25	(21.230 5)	(0.047 1)	(155.619 6)	(0.006 4)	(0.136 4)	(7.330 0)
26	(23.990 5)	(0.041 7)	(176.850 1)	(0.005 7)	(0.135 7)	(7.371 7)
27	(27.109 3)	(0.036 9)	(200.840 6)	(0.005 0)	(0.135 0)	(7.408 6)
28	(30.633 5)	(0.032 6)	(227.949 9)	(0.004 4)	(0.134 4)	(7.441 2)
29	(34.615 8)	(0.028 9)	(258.583 4)	(0.003 9)	(0.133 9)	(7.470 1)
30	(39.115 9)	(0.025 6)	(293.199 2)	(0.003 4)	(0.133 4)	(7.495 7)

复利系数表(14%)

年份 n	一次收付		等额系列			
	终值系数 $(F/P,i,n)$ $(1+i)^n$	现值系数 $(P/F,i,n)$ $\frac{1}{(1+i)^n}$	终值系数 $(F/A,i,n)$ $\frac{(1+i)^n-1}{i}$	偿债基金系数 $(A/F,i,n)$ $\frac{i}{(1+i)^n-1}$	资金回收系数 $(A/P,i,n)$ $\frac{i(1+i)^n}{(1+i)^n-1}$	现值系数 $(P/A,i,n)$ $\frac{(1+i)^n-1}{i(1+i)^n}$
1	(1.140 0)	(0.877 2)	(1.000 0)	(1.000 0)	(1.140 0)	(0.877 2)
2	(1.299 6)	(0.769 5)	(2.140 0)	(0.467 3)	(0.607 3)	(1.646 7)
3	(1.481 5)	(0.675 0)	(3.439 6)	(0.290 7)	(0.430 7)	(2.321 6)
4	(1.689 0)	(0.592 1)	(4.921 1)	(0.203 2)	(0.343 2)	(2.913 7)
5	(1.925 4)	(0.519 4)	(6.610 1)	(0.151 3)	(0.291 3)	(3.433 1)
6	(2.195 0)	(0.455 6)	(8.535 5)	(0.117 2)	(0.257 2)	(3.888 7)
7	(2.502 3)	(0.399 6)	(10.730 5)	(0.093 2)	(0.233 2)	(4.288 3)
8	(2.852 6)	(0.350 6)	(13.232 8)	(0.075 6)	(0.215 6)	(4.638 9)
9	(3.251 9)	(0.307 5)	(16.085 3)	(0.062 2)	(0.202 2)	(4.946 4)
10	(3.707 2)	(0.269 7)	(19.337 3)	(0.051 7)	(0.191 7)	(5.216 1)
11	(4.226 2)	(0.236 6)	(23.044 5)	(0.043 4)	(0.183 4)	(5.452 7)
12	(4.817 9)	(0.207 6)	(27.270 7)	(0.036 7)	(0.176 7)	(5.660 3)
13	(5.492 4)	(0.182 1)	(32.088 7)	(0.031 2)	(0.171 2)	(5.842 4)
14	(6.261 3)	(0.159 7)	(37.581 1)	(0.026 6)	(0.166 6)	(6.002 1)
15	(7.137 9)	(0.140 1)	(43.842 4)	(0.022 8)	(0.162 8)	(6.142 2)
16	(8.137 2)	(0.122 9)	(50.980 4)	(0.019 6)	(0.159 6)	(6.265 1)
17	(9.276 5)	(0.107 8)	(59.117 6)	(0.016 9)	(0.156 9)	(6.372 9)
18	(10.575 2)	(0.094 6)	(68.394 1)	(0.014 6)	(0.154 6)	(6.467 4)
19	(12.055 7)	(0.082 9)	(78.969 2)	(0.012 7)	(0.152 7)	(6.550 4)
20	(13.743 5)	(0.072 8)	(91.024 9)	(0.011 0)	(0.151 0)	(6.623 1)
21	(15.667 6)	(0.063 8)	(104.768 4)	(0.009 5)	(0.149 5)	(6.687 0)
22	(17.861 0)	(0.056 0)	(120.436 0)	(0.008 3)	(0.148 3)	(6.742 9)
23	(20.361 6)	(0.049 1)	(138.297 0)	(0.007 2)	(0.147 2)	(6.792 1)
24	(23.212 2)	(0.043 1)	(158.658 6)	(0.006 3)	(0.146 3)	(6.835 1)
25	(26.461 9)	(0.037 8)	(181.870 8)	(0.005 5)	(0.145 5)	(6.872 9)
26	(30.166 6)	(0.033 1)	(208.332 7)	(0.004 8)	(0.144 8)	(6.906 1)
27	(34.389 9)	(0.029 1)	(238.499 3)	(0.004 2)	(0.144 2)	(6.935 2)
28	(39.204 5)	(0.025 5)	(272.889 2)	(0.003 7)	(0.143 7)	(6.960 7)
29	(44.693 1)	(0.022 4)	(312.093 7)	(0.003 2)	(0.143 2)	(6.983 0)
30	(50.950 2)	(0.019 6)	(356.786 8)	(0.002 8)	(0.142 8)	(7.002 7)

复利系数表(15%)

年份 n	一次收付		等额系列			
	终值系数 $(F/P,i,n)$ $(1+i)^n$	现值系数 $(P/F,i,n)$ $\frac{1}{(1+i)^n}$	终值系数 $(F/A,i,n)$ $\frac{(1+i)^n-1}{i}$	偿债基金系数 $(A/F,i,n)$ $\frac{i}{(1+i)^n-1}$	资金回收系数 $(A/P,i,n)$ $\frac{i(1+i)^n}{(1+i)^n-1}$	现值系数 $(P/A,i,n)$ $\frac{(1+i)^n-1}{i(1+i)^n}$
1	(1.150 0)	(0.869 6)	(1.000 0)	(1.000 0)	(1.150 0)	(0.869 6)
2	(1.322 5)	(0.756 1)	(2.150 0)	(0.465 1)	(0.615 1)	(1.625 7)
3	(1.520 9)	(0.657 5)	(3.472 5)	(0.288 0)	(0.438 0)	(2.283 2)
4	(1.749 0)	(0.571 8)	(4.993 4)	(0.200 3)	(0.350 3)	(2.855 0)
5	(2.011 4)	(0.497 2)	(6.742 4)	(0.148 3)	(0.298 3)	(3.352 2)
6	(2.313 1)	(0.432 3)	(8.753 7)	(0.114 2)	(0.264 2)	(3.784 5)
7	(2.660 0)	(0.375 9)	(11.066 8)	(0.090 4)	(0.240 4)	(4.160 4)
8	(3.059 0)	(0.326 9)	(13.726 8)	(0.072 9)	(0.222 9)	(4.487 3)
9	(3.517 9)	(0.284 3)	(16.785 8)	(0.059 6)	(0.209 6)	(4.771 6)
10	(4.045 6)	(0.247 2)	(20.303 7)	(0.049 3)	(0.199 3)	(5.018 8)
11	(4.652 4)	(0.214 9)	(24.349 3)	(0.041 1)	(0.191 1)	(5.233 7)
12	(5.350 3)	(0.186 9)	(29.001 7)	(0.034 5)	(0.184 5)	(5.420 6)
13	(6.152 8)	(0.162 5)	(34.351 9)	(0.029 1)	(0.179 1)	(5.583 1)
14	(7.075 7)	(0.141 3)	(40.504 7)	(0.024 7)	(0.174 7)	(5.724 5)
15	(8.137 1)	(0.122 9)	(47.580 4)	(0.021 0)	(0.171 0)	(5.847 4)
16	(9.357 6)	(0.106 9)	(55.717 5)	(0.017 9)	(0.167 9)	(5.954 2)
17	(10.761 3)	(0.092 9)	(65.075 1)	(0.015 4)	(0.165 4)	(6.047 2)
18	(12.375 5)	(0.080 8)	(75.836 4)	(0.013 2)	(0.163 2)	(6.128 0)
19	(14.231 8)	(0.070 3)	(88.211 8)	(0.011 3)	(0.161 3)	(6.198 2)
20	(16.366 5)	(0.061 1)	(102.443 6)	(0.009 8)	(0.159 8)	(6.259 3)
21	(18.821 5)	(0.053 1)	(118.810 1)	(0.008 4)	(0.158 4)	(6.312 5)
22	(21.644 7)	(0.046 2)	(137.631 6)	(0.007 3)	(0.157 3)	(6.358 7)
23	(24.891 5)	(0.040 2)	(159.276 4)	(0.006 3)	(0.156 3)	(6.398 8)
24	(28.625 2)	(0.034 9)	(184.167 8)	(0.005 4)	(0.155 4)	(6.433 8)
25	(32.919 0)	(0.030 4)	(212.793 0)	(0.004 7)	(0.154 7)	(6.464 1)
26	(37.856 8)	(0.026 4)	(245.712 0)	(0.004 1)	(0.154 1)	(6.490 6)
27	(43.535 3)	(0.023 0)	(283.568 8)	(0.003 5)	(0.153 5)	(6.513 5)
28	(50.065 6)	(0.020 0)	(327.104 1)	(0.003 1)	(0.153 1)	(6.533 5)
29	(57.575 5)	(0.017 4)	(377.169 7)	(0.002 7)	(0.152 7)	(6.550 9)
30	(66.211 8)	(0.015 1)	(434.745 1)	(0.002 3)	(0.152 3)	(6.566 0)

复利系数表(16%)

年份 n	一次收付		等额系列			
	终值系数 $(F/P,i,n)$ $(1+i)^n$	现值系数 $(P/F,i,n)$ $\frac{1}{(1+i)^n}$	终值系数 $(F/A,i,n)$ $\frac{(1+i)^n-1}{i}$	偿债基金系数 $(A/F,i,n)$ $\frac{i}{(1+i)^n-1}$	资金回收系数 $(A/P,i,n)$ $\frac{i(1+i)^n}{(1+i)^n-1}$	现值系数 $(P/A,i,n)$ $\frac{(1+i)^n-1}{i(1+i)^n}$
1	(1.160 0)	(0.862 1)	(1.000 0)	(1.000 0)	(1.160 0)	(0.862 1)
2	(1.345 6)	(0.743 2)	(2.160 0)	(0.463 0)	(0.623 0)	(1.605 2)
3	(1.560 9)	(0.640 7)	(3.505 6)	(0.285 3)	(0.445 3)	(2.245 9)
4	(1.810 6)	(0.552 3)	(5.066 5)	(0.197 4)	(0.357 4)	(2.798 2)
5	(2.100 3)	(0.476 1)	(6.877 1)	(0.145 4)	(0.305 4)	(3.274 3)
6	(2.436 4)	(0.410 4)	(8.977 5)	(0.111 4)	(0.271 4)	(3.684 7)
7	(2.826 2)	(0.353 8)	(11.413 9)	(0.087 6)	(0.247 6)	(4.038 6)
8	(3.278 4)	(0.305 0)	(14.240 1)	(0.070 2)	(0.230 2)	(4.343 6)
9	(3.803 0)	(0.263 0)	(17.518 5)	(0.057 1)	(0.217 1)	(4.606 5)
10	(4.411 4)	(0.226 7)	(21.321 5)	(0.046 9)	(0.206 9)	(4.833 2)
11	(5.117 3)	(0.195 4)	(25.732 9)	(0.038 9)	(0.198 9)	(5.028 6)
12	(5.936 0)	(0.168 5)	(30.850 2)	(0.032 4)	(0.192 4)	(5.197 1)
13	(6.885 8)	(0.145 2)	(36.786 2)	(0.027 2)	(0.187 2)	(5.342 3)
14	(7.987 5)	(0.125 2)	(43.672 0)	(0.022 9)	(0.182 9)	(5.467 5)
15	(9.265 5)	(0.107 9)	(51.659 5)	(0.019 4)	(0.179 4)	(5.575 5)
16	(10.748 0)	(0.093 0)	(60.925 0)	(0.016 4)	(0.176 4)	(5.668 5)
17	(12.467 7)	(0.080 2)	(71.673 0)	(0.014 0)	(0.174 0)	(5.748 7)
18	(14.462 5)	(0.069 1)	(84.140 7)	(0.011 9)	(0.171 9)	(5.817 8)
19	(16.776 5)	(0.059 6)	(98.603 2)	(0.010 1)	(0.170 1)	(5.877 5)
20	(19.460 8)	(0.051 4)	(115.379 7)	(0.008 7)	(0.168 7)	(5.928 8)
21	(22.574 5)	(0.044 3)	(134.840 5)	(0.007 4)	(0.167 4)	(5.973 1)
22	(26.186 4)	(0.038 2)	(157.415 0)	(0.006 4)	(0.166 4)	(6.011 3)
23	(30.376 2)	(0.032 9)	(183.601 4)	(0.005 4)	(0.165 4)	(6.044 2)
24	(35.236 4)	(0.028 4)	(213.977 6)	(0.004 7)	(0.164 7)	(6.072 6)
25	(40.874 2)	(0.024 5)	(249.214 0)	(0.004 0)	(0.164 0)	(6.0971)
26	(47.414 1)	(0.021 1)	(290.088 3)	(0.003 4)	(0.163 4)	(6.118 2)
27	(55.000 4)	(0.018 2)	(337.502 4)	(0.003 0)	(0.163 0)	(6.136 4)
28	(63.800 4)	(0.015 7)	(392.502 8)	(0.002 5)	(0.162 5)	(6.152 0)
29	(74.008 5)	(0.013 5)	(456.303 2)	(0.002 2)	(0.162 2)	(6.165 6)
30	(85.849 9)	(0.011 6)	(530.311 7)	(0.001 9)	(0.161 9)	(6.177 2)

复利系数表（17%）

年份 n	一次收付		等额系列			
	终值系数 $(F/P,i,n)$ $(1+i)^n$	现值系数 $(P/F,i,n)$ $\frac{1}{(1+i)^n}$	终值系数 $(F/A,i,n)$ $\frac{(1+i)^n-1}{i}$	偿债基金系数 $(A/F,i,n)$ $\frac{i}{(1+i)^n-1}$	资金回收系数 $(A/P,i,n)$ $\frac{i(1+i)^n}{(1+i)^n-1}$	现值系数 $(P/A,i,n)$ $\frac{(1+i)^n-1}{i(1+i)^n}$
1	(1.170 0)	(0.854 7)	(1.000 0)	(1.000 0)	(1.170 0)	(0.854 7)
2	(1.368 9)	(0.730 5)	(2.170 0)	(0.460 8)	(0.630 8)	(1.585 2)
3	(1.601 6)	(0.624 4)	(3.538 9)	(0.282 6)	(0.452 6)	(2.209 6)
4	(1.873 9)	(0.533 7)	(5.140 5)	(0.194 5)	(0.364 5)	(2.743 2)
5	(2.192 4)	(0.456 1)	(7.014 4)	(0.142 6)	(0.312 6)	(3.199 3)
6	(2.565 2)	(0.389 8)	(9.206 8)	(0.108 6)	(0.278 6)	(3.589 2)
7	(3.001 2)	(0.333 2)	(11.772 0)	(0.084 9)	(0.254 9)	(3.922 4)
8	(3.511 5)	(0.284 8)	(14.773 3)	(0.067 7)	(0.237 7)	(4.207 2)
9	(4.108 4)	(0.243 4)	(18.284 7)	(0.054 7)	(0.224 7)	(4.450 6)
10	(4.806 8)	(0.208 0)	(22.393 1)	(0.044 7)	(0.214 7)	(4.658 6)
11	(5.624 0)	(0.177 8)	(27.199 9)	(0.036 8)	(0.206 8)	(4.836 4)
12	(6.580 1)	(0.152 0)	(32.823 9)	(0.030 5)	(0.200 5)	(4.988 4)
13	(7.698 7)	(0.129 9)	(39.404 0)	(0.025 4)	(0.195 4)	(5.118 3)
14	(9.007 5)	(0.111 0)	(47.102 7)	(0.021 2)	(0.191 2)	(5.229 3)
15	(10.538 7)	(0.094 9)	(56.110 1)	(0.017 8)	(0.187 8)	(5.324 2)
16	(12.330 3)	(0.081 1)	(66.648 8)	(0.015 0)	(0.185 0)	(5.405 3)
17	(14.426 5)	(0.069 3)	(78.979 2)	(0.012 7)	(0.182 7)	(5.474 6)
18	(16.879 0)	(0.059 2)	(93.405 6)	(0.010 7)	(0.180 7)	(5.533 9)
19	(19.748 4)	(0.050 6)	(110.284 6)	(0.009 1)	(0.179 1)	(5.584 5)
20	(23.105 6)	(0.043 3)	(130.032 9)	(0.007 7)	(0.177 7)	(5.627 8)
21	(27.033 6)	(0.037 0)	(153.138 5)	(0.006 5)	(0.176 5)	(5.664 8)
22	(31.629 3)	(0.031 6)	(180.172 1)	(0.005 6)	(0.175 6)	(5.696 4)
23	(37.006 2)	(0.027 0)	(211.801 3)	(0.004 7)	(0.174 7)	(5.723 4)
24	(43.297 3)	(0.023 1)	(248.807 6)	(0.004 0)	(0.174 0)	(5.746 5)
25	(50.657 8)	(0.019 7)	(292.104 9)	(0.003 4)	(0.173 4)	(5.766 2)
26	(59.269 7)	(0.016 9)	(342.762 7)	(0.002 9)	(0.172 9)	(5.783 1)
27	(69.345 5)	(0.014 4)	(402.032 3)	(0.002 5)	(0.172 5)	(5.797 5)
28	(81.134 2)	(0.012 3)	(471.377 8)	(0.002 1)	(0.172 1)	(5.809 9)
29	(94.927 1)	(0.010 5)	(552.512 1)	(0.001 8)	(0.171 8)	(5.820 4)
30	(111.064 7)	(0.009 0)	(647.439 1)	(0.001 5)	(0.171 5)	(5.829 4)

复利系数表(18%)

年份 n	一次收付		等额系列			
	终值系数 $(F/P,i,n)$ $(1+i)^n$	现值系数 $(P/F,i,n)$ $\frac{1}{(1+i)^n}$	终值系数 $(F/A,i,n)$ $\frac{(1+i)^n-1}{i}$	偿债基金系数 $(A/F,i,n)$ $\frac{i}{(1+i)^n-1}$	资金回收系数 $(A/P,i,n)$ $\frac{i(1+i)^n}{(1+i)^n-1}$	现值系数 $(P/A,i,n)$ $\frac{(1+i)^n-1}{i(1+i)^n}$
1	(1.180 0)	(0.847 5)	(1.000 0)	(1.000 0)	(1.180 0)	(0.847 5)
2	(1.392 4)	(0.718 2)	(2.180 0)	(0.458 7)	(0.638 7)	(1.565 6)
3	(1.643 0)	(0.608 6)	(3.572 4)	(0.279 9)	(0.459 9)	(2.174 3)
4	(1.938 8)	(0.515 8)	(5.215 4)	(0.191 7)	(0.371 7)	(2.690 1)
5	(2.287 8)	(0.437 1)	(7.154 2)	(0.139 8)	(0.319 8)	(3.127 2)
6	(2.699 6)	(0.370 4)	(9.442 0)	(0.105 9)	(0.285 9)	(3.497 6)
7	(3.185 5)	(0.313 9)	(12.141 5)	(0.082 4)	(0.262 4)	(3.811 5)
8	(3.758 9)	(0.266 0)	(15.327 0)	(0.065 2)	(0.245 2)	(4.077 6)
9	(4.435 5)	(0.225 5)	(19.085 9)	(0.052 4)	(0.232 4)	(4.303 0)
10	(5.233 8)	(0.191 1)	(23.521 3)	(0.042 5)	(0.222 5)	(4.494 1)
11	(6.175 9)	(0.161 9)	(28.755 1)	(0.034 8)	(0.214 8)	(4.656 0)
12	(7.287 6)	(0.137 2)	(34.931 1)	(0.028 6)	(0.208 6)	(4.793 2)
13	(8.599 4)	(0.116 3)	(42.218 7)	(0.023 7)	(0.203 7)	(4.909 5)
14	(10.147 2)	(0.098 5)	(50.818 0)	(0.019 7)	(0.199 7)	(5.008 1)
15	(11.973 7)	(0.083 5)	(60.965 3)	(0.016 4)	(0.196 4)	(5.091 6)
16	(14.129 0)	(0.070 8)	(72.939 0)	(0.013 7)	(0.193 7)	(5.162 4)
17	(16.672 2)	(0.060 0)	(87.068 0)	(0.011 5)	(0.191 5)	(5.222 3)
18	(19.673 3)	(0.050 8)	(103.740 3)	(0.009 6)	(0.189 6)	(5.273 2)
19	(23.214 4)	(0.043 1)	(123.413 5)	(0.008 1)	(0.188 1)	(5.316 2)
20	(27.393 0)	(0.036 5)	(146.628 0)	(0.006 8)	(0.186 8)	(5.352 7)
21	(32.323 8)	(0.030 9)	(174.021 0)	(0.005 7)	(0.185 7)	(5.383 7)
22	(38.142 1)	(0.026 2)	(206.344 8)	(0.004 8)	(0.184 8)	(5.409 9)
23	(45.007 6)	(0.022 2)	(244.486 8)	(0.004 1)	(0.184 1)	(5.432 1)
24	(53.109 0)	(0.018 8)	(289.494 5)	(0.003 5)	(0.183 5)	(5.450 9)
25	(62.668 6)	(0.016 0)	(342.603 5)	(0.002 9)	(0.182 9)	(5.466 9)
26	(73.949 0)	(0.013 5)	(405.272 1)	(0.002 5)	(0.182 5)	(5.480 4)
27	(87.259 8)	(0.011 5)	(479.221 1)	(0.002 1)	(0.182 1)	(5.491 9)
28	(102.966 6)	(0.009 7)	(566.480 9)	(0.001 8)	(0.181 8)	(5.501 6)
29	(121.500 5)	(0.008 2)	(669.447 5)	(0.001 5)	(0.181 5)	(5.509 8)
30	(143.370 6)	(0.007 0)	(790.948 0)	(0.001 3)	(0.181 3)	(5.516 8)

复利系数表(19%)

年份 n	一次收付		等额系列			
	终值系数 $(F/P,i,n)$ $(1+i)^n$	现值系数 $(P/F,i,n)$ $\frac{1}{(1+i)^n}$	终值系数 $(F/A,i,n)$ $\frac{(1+i)^n-1}{i}$	偿债基金系数 $(A/F,i,n)$ $\frac{i}{(1+i)^n-1}$	资金回收系数 $(A/P,i,n)$ $\frac{i(1+i)^n}{(1+i)^n-1}$	现值系数 $(P/A,i,n)$ $\frac{(1+i)^n-1}{i(1+i)^n}$
1	(1.190 0)	(0.840 3)	(1.000 0)	(1.000 0)	(1.190 0)	(0.840 3)
2	(1.416 1)	(0.706 2)	(2.190 0)	(0.456 6)	(0.646 6)	(1.546 5)
3	(1.685 2)	(0.593 4)	(3.606 1)	(0.277 3)	(0.467 3)	(2.139 9)
4	(2.005 3)	(0.498 7)	(5.291 3)	(0.189 0)	(0.379 0)	(2.638 6)
5	(2.386 4)	(0.419 0)	(7.296 6)	(0.137 1)	(0.327 1)	(3.057 6)
6	(2.839 8)	(0.352 1)	(9.683 0)	(0.103 3)	(0.293 3)	(3.409 8)
7	(3.379 3)	(0.295 9)	(12.522 7)	(0.079 9)	(0.269 9)	(3.705 7)
8	(4.021 4)	(0.248 7)	(15.902 0)	(0.062 9)	(0.252 9)	(3.954 4)
9	(4.785 4)	(0.209 0)	(19.923 4)	(0.050 2)	(0.240 2)	(4.163 3)
10	(5.694 7)	(0.175 6)	(24.708 9)	(0.040 5)	(0.230 5)	(4.338 9)
11	(6.776 7)	(0.147 6)	(30.403 5)	(0.032 9)	(0.222 9)	(4.486 5)
12	(8.064 2)	(0.124 0)	(37.180 2)	(0.026 9)	(0.216 9)	(4.610 5)
13	(9.596 4)	(0.104 2)	(45.244 5)	(0.022 1)	(0.212 1)	(4.714 7)
14	(11.419 8)	(0.087 6)	(54.840 9)	(0.018 2)	(0.208 2)	(4.802 3)
15	(13.589 5)	(0.073 6)	(66.260 7)	(0.015 1)	(0.205 1)	(4.875 9)
16	(16.171 5)	(0.061 8)	(79.850 2)	(0.012 5)	(0.202 5)	(4.937 7)
17	(19.244 1)	(0.052 0)	(96.021 8)	(0.010 4)	(0.200 4)	(4.989 7)
18	(22.900 5)	(0.043 7)	(115.265 9)	(0.008 7)	(0.198 7)	(5.033 3)
19	(27.251 6)	(0.036 7)	(138.166 4)	(0.007 2)	(0.197 2)	(5.070 0)
20	(32.429 4)	(0.030 8)	(165.418 0)	(0.006 0)	(0.196 0)	(5.100 9)
21	(38.591 0)	(0.025 9)	(197.847 4)	(0.005 1)	(0.195 1)	(5.126 8)
22	(45.923 3)	(0.021 8)	(236.438 5)	(0.004 2)	(0.194 2)	(5.148 6)
23	(54.648 7)	(0.018 3)	(282.361 8)	(0.003 5)	(0.193 5)	(5.166 8)
24	(65.032 0)	(0.015 4)	(337.010 5)	(0.003 0)	(0.193 0)	(5.182 2)
25	(77.388 1)	(0.012 9)	(402.042 5)	(0.002 5)	(0.192 5)	(5.195 1)
26	(92.091 8)	(0.010 9)	(479.430 6)	(0.002 1)	(0.192 1)	(5.206 0)
27	(109.589 3)	(0.009 1)	(571.522 4)	(0.001 7)	(0.191 7)	(5.215 1)
28	(130.411 2)	(0.007 7)	(681.111 6)	(0.001 5)	(0.191 5)	(5.222 8)
29	(155.189 3)	(0.006 4)	(811.522 8)	(0.001 2)	(0.191 2)	(5.229 2)
30	(184.675 3)	(0.005 4)	(966.712 2)	(0.001 0)	(0.191 0)	(5.234 7)

复利系数表(20%)

年份 n	一次收付		等额系列			
	终值系数 $(F/P,i,n)$ $(1+i)^n$	现值系数 $(P/F,i,n)$ $\frac{1}{(1+i)^n}$	终值系数 $(F/A,i,n)$ $\frac{(1+i)^n-1}{i}$	偿债基金系数 $(A/F,i,n)$ $\frac{i}{(1+i)^n-1}$	资金回收系数 $(A/P,i,n)$ $\frac{i(1+i)^n}{(1+i)^n-1}$	现值系数 $(P/A,i,n)$ $\frac{(1+i)^n-1}{i(1+i)^n}$
1	(1.200 0)	(0.833 3)	(1.000 0)	(1.000 0)	(1.200 0)	(0.833 3)
2	(1.440 0)	(0.694 4)	(2.200 0)	(0.454 5)	(0.654 5)	(1.527 8)
3	(1.728 0)	(0.578 7)	(3.640 0)	(0.274 7)	(0.474 7)	(2.106 5)
4	(2.073 6)	(0.482 3)	(5.368 0)	(0.186 3)	(0.386 3)	(2.588 7)
5	(2.488 3)	(0.401 9)	(7.441 6)	(0.134 4)	(0.334 4)	(2.990 6)
6	(2.986 0)	(0.334 9)	(9.929 9)	(0.100 7)	(0.300 7)	(3.325 5)
7	(3.583 2)	(0.279 1)	(12.915 9)	(0.077 4)	(0.277 4)	(3.604 6)
8	(4.299 8)	(0.232 6)	(16.499 1)	(0.060 6)	(0.260 6)	(3.837 2)
9	(5.159 8)	(0.193 8)	(20.798 9)	(0.048 1)	(0.248 1)	(4.031 0)
10	(6.191 7)	(0.161 5)	(25.958 7)	(0.038 5)	(0.2385)	(4.192 5)
11	(7.430 1)	(0.134 6)	(32.150 4)	(0.031 1)	(0.231 1)	(4.327 1)
12	(8.916 1)	(0.112 2)	(39.580 5)	(0.025 3)	(0.225 3)	(4.439 2)
13	(10.699 3)	(0.093 5)	(48.496 6)	(0.020 6)	(0.220 6)	(4.532 7)
14	(12.839 2)	(0.077 9)	(59.195 9)	(0.016 9)	(0.216 9)	(4.610 6)
15	(15.407 0)	(0.064 9)	(72.035 1)	(0.013 9)	(0.213 9)	(4.675 5)
16	(18.488 4)	(0.054 1)	(87.442 1)	(0.011 4)	(0.211 4)	(4.729 6)
17	(22.186 1)	(0.045 1)	(105.930 6)	(0.009 4)	(0.209 4)	(4.774 6)
18	(26.623 3)	(0.037 6)	(128.116 7)	(0.007 8)	(0.207 8)	(4.812 2)
19	(31.948 0)	(0.031 3)	(154.740 0)	(0.006 5)	(0.206 5)	(4.843 5)
20	(38.337 6)	(0.026 1)	(186.688 0)	(0.005 4)	(0.205 4)	(4.869 6)
21	(46.005 1)	(0.021 7)	(225.025 6)	(0.004 4)	(0.204 4)	(4.891 3)
22	(55.206 1)	(0.018 1)	(271.030 7)	(0.003 7)	(0.203 7)	(4.909 4)
23	(66.247 4)	(0.015 1)	(326.236 9)	(0.003 1)	(0.203 1)	(4.924 5)
24	(79.496 8)	(0.012 6)	(392.484 2)	(0.002 5)	(0.202 5)	(4.937 1)
25	(95.396 2)	(0.010 5)	(471.981 1)	(0.002 1)	(0.202 1)	(4.947 6)
26	(114.475 5)	(0.008 7)	(567.377 3)	(0.001 8)	(0.201 8)	(4.956 3)
27	(137.370 6)	(0.007 3)	(681.852 8)	(0.001 5)	(0.201 5)	(4.963 6)
28	(164.844 7)	(0.006 1)	(819.223 3)	(0.001 2)	(0.201 2)	(4.969 7)
29	(197.813 6)	(0.005 1)	(984.068 0)	(0.001 0)	(0.201 0)	(4.974 7)
30	(237.376 3)	(0.004 2)	(1 181.881 6)	(0.000 8)	(0.200 8)	(4.978 9)

复利系数表(21%)

年份 n	一次收付		等额系列			
	终值系数 $(F/P,i,n)$ $(1+i)^n$	现值系数 $(P/F,i,n)$ $\frac{1}{(1+i)^n}$	终值系数 $(F/A,i,n)$ $\frac{(1+i)^n-1}{i}$	偿债基金系数 $(A/F,i,n)$ $\frac{i}{(1+i)^n-1}$	资金回收系数 $(A/P,i,n)$ $\frac{i(1+i)^n}{(1+i)^n-1}$	现值系数 $(P/A,i,n)$ $\frac{(1+i)^n-1}{i(1+i)^n}$
1	(1.210 0)	(0.826 4)	(1.000 0)	(1.000 0)	(1.210 0)	(0.826 4)
2	(1.464 1)	(0.683 0)	(2.210 0)	(0.452 5)	(0.662 5)	(1.509 5)
3	(1.771 6)	(0.564 5)	(3.674 1)	(0.272 2)	(0.482 2)	(2.073 9)
4	(2.143 6)	(0.466 5)	(5.445 7)	(0.183 6)	(0.393 6)	(2.540 4)
5	(2.593 7)	(0.385 5)	(7.589 2)	(0.131 8)	(0.341 8)	(2.926 0)
6	(3.138 4)	(0.318 6)	(10.183 0)	(0.098 2)	(0.308 2)	(3.244 6)
7	(3.797 5)	(0.263 3)	(13.321 4)	(0.075 1)	(0.285 1)	(3.507 9)
8	(4.595 0)	(0.217 6)	(17.118 9)	(0.058 4)	(0.268 4)	(3.725 6)
9	(5.559 9)	(0.179 9)	(21.713 9)	(0.046 1)	(0.256 1)	(3.905 4)
10	(6.727 5)	(0.148 6)	(27.273 8)	(0.036 7)	(0.246 7)	(4.054 1)
11	(8.140 3)	(0.122 8)	(34.001 3)	(0.029 4)	(0.239 4)	(4.176 9)
12	(9.849 7)	(0.101 5)	(42.141 6)	(0.023 7)	(0.233 7)	(4.278 4)
13	(11.918 2)	(0.083 9)	(51.991 3)	(0.019 2)	(0.229 2)	(4.362 4)
14	(14.421 0)	(0.069 3)	(63.909 5)	(0.015 6)	(0.225 6)	(4.431 7)
15	(17.449 4)	(0.057 3)	(78.330 5)	(0.012 8)	(0.222 8)	(4.489 0)
16	(21.113 8)	(0.047 4)	(95.779 9)	(0.010 4)	(0.220 4)	(4.536 4)
17	(25.547 7)	(0.039 1)	(116.893 7)	(0.008 6)	(0.218 6)	(4.575 5)
18	(30.912 7)	(0.032 3)	(142.441 3)	(0.007 0)	(0.217 0)	(4.607 9)
19	(37.404 3)	(0.026 7)	(173.354 0)	(0.005 8)	(0.215 8)	(4.634 6)
20	(45.259 3)	(0.022 1)	(210.758 4)	(0.004 7)	(0.214 7)	(4.656 7)
21	(54.763 7)	(0.018 3)	(256.017 6)	(0.003 9)	(0.213 9)	(4.675 0)
22	(66.264 1)	(0.015 1)	(310.781 3)	(0.003 2)	(0.213 2)	(4.690 0)
23	(80.179 5)	(0.012 5)	(377.045 4)	(0.002 7)	(0.212 7)	(4.702 5)
24	(97.017 2)	(0.010 3)	(457.224 9)	(0.002 2)	(0.212 2)	(4.712 8)
25	(117.390 9)	(0.008 5)	(554.242 2)	(0.001 8)	(0.211 8)	(4.721 3)
26	(142.042 9)	(0.007 0)	(671.633 0)	(0.001 5)	(0.211 5)	(4.728 4)
27	(171.871 9)	(0.005 8)	(813.675 9)	(0.001 2)	(0.211 2)	(4.734 2)
28	(207.965 1)	(0.004 8)	(985.547 9)	(0.001 0)	(0.211 0)	(4.739 0)
29	(251.637 7)	(0.004 0)	(1 193.512 9)	(0.000 8)	(0.210 8)	(4.743 0)
30	(304.481 6)	(0.003 3)	(1 445.150 7)	(0.000 7)	(0.210 7)	(4.746 3)

复利系数表(22%)

年份 n	一次收付		等额系列			
	终值系数 $(F/P,i,n)$ $(1+i)^n$	现值系数 $(P/F,i,n)$ $\frac{1}{(1+i)^n}$	终值系数 $(F/A,i,n)$ $\frac{(1+i)^n-1}{i}$	偿债基金系数 $(A/F,i,n)$ $\frac{i}{(1+i)^n-1}$	资金回收系数 $(A/P,i,n)$ $\frac{i(1+i)^n}{(1+i)^n-1}$	现值系数 $(P/A,i,n)$ $\frac{(1+i)^n-1}{i(1+i)^n}$
1	(1.220 0)	(0.819 7)	(1.000 0)	(1.000 0)	(1.220 0)	(0.819 7)
2	(1.488 4)	(0.671 9)	(2.220 0)	(0.450 5)	(0.670 5)	(1.491 5)
3	(1.815 8)	(0.550 7)	(3.708 4)	(0.269 7)	(0.489 7)	(2.042 2)
4	(2.215 3)	(0.451 4)	(5.524 2)	(0.181 0)	(0.401 0)	(2.493 6)
5	(2.702 7)	(0.370 0)	(7.739 6)	(0.129 2)	(0.349 2)	(2.863 6)
6	(3.297 3)	(0.303 3)	(10.442 3)	(0.095 8)	(0.315 8)	(3.166 9)
7	(4.022 7)	(0.248 6)	(13.739 6)	(0.072 8)	(0.292 8)	(3.415 5)
8	(4.907 7)	(0.203 8)	(17.762 3)	(0.056 3)	(0.276 3)	(3.619 3)
9	(5.987 4)	(0.167 0)	(22.670 0)	(0.044 1)	(0.264 1)	(3.786 3)
10	(7.304 6)	(0.136 9)	(28.657 4)	(0.034 9)	(0.254 9)	(3.923 2)
11	(8.911 7)	(0.112 2)	(35.962 0)	(0.027 8)	(0.247 8)	(4.035 4)
12	(10.872 2)	(0.092 0)	(44.873 7)	(0.022 3)	(0.242 3)	(4.127 4)
13	(13.264 1)	(0.075 4)	(55.745 9)	(0.017 9)	(0.237 9)	(4.202 8)
14	(16.182 2)	(0.061 8)	(69.010 0)	(0.014 5)	(0.234 5)	(4.264 6)
15	(19.742 3)	(0.050 7)	(85.192 2)	(0.011 7)	(0.231 7)	(4.315 2)
16	(24.085 6)	(0.041 5)	(104.934 5)	(0.009 5)	(0.229 5)	(4.356 7)
17	(29.384 4)	(0.034 0)	(129.020 1)	(0.007 8)	(0.227 8)	(4.390 8)
18	(35.849 0)	(0.027 9)	(158.404 5)	(0.006 3)	(0.226 3)	(4.418 7)
19	(43.735 8)	(0.022 9)	(194.253 5)	(0.005 1)	(0.225 1)	(4.441 5)
20	(53.357 6)	(0.018 7)	(237.989 3)	(0.004 2)	(0.224 2)	(4.460 3)
21	(65.096 3)	(0.015 4)	(291.346 9)	(0.003 4)	(0.223 4)	(4.475 6)
22	(79.417 5)	(0.012 6)	(356.443 2)	(0.002 8)	(0.222 8)	(4.488 2)
23	(96.889 4)	(0.010 3)	(435.860 7)	(0.002 3)	(0.222 3)	(4.498 5)
24	(118.205 0)	(0.008 5)	(532.750 1)	(0.001 9)	(0.221 9)	(4.507 0)
25	(144.210 1)	(0.006 9)	(650.955 1)	(0.001 5)	(0.221 5)	(4.513 9)
26	(175.936 4)	(0.005 7)	(795.165 3)	(0.001 3)	(0.221 3)	(4.519 6)
27	(214.642 4)	(0.004 7)	(971.101 6)	(0.001 0)	(0.221 0)	(4.524 3)
28	(261.863 7)	(0.003 8)	(1 185.744 0)	(0.000 8)	(0.220 8)	(4.528 1)
29	(319.473 7)	(0.003 1)	(1 447.607 7)	(0.000 7)	(0.220 7)	(4.531 2)
30	(389.757 9)	(0.002 6)	(1 767.081 3)	(0.000 6)	(0.220 6)	(4.533 8)

复利系数表(23%)

年份 n	一次收付		等额系列			
	终值系数 $(F/P,i,n)$ $(1+i)^n$	现值系数 $(P/F,i,n)$ $\frac{1}{(1+i)^n}$	终值系数 $(F/A,i,n)$ $\frac{(1+i)^n-1}{i}$	偿债基金系数 $(A/F,i,n)$ $\frac{i}{(1+i)^n-1}$	资金回收系数 $(A/P,i,n)$ $\frac{i(1+i)^n}{(1+i)^n-1}$	现值系数 $(P/A,i,n)$ $\frac{(1+i)^n-1}{i(1+i)^n}$
1	(1.230 0)	(0.813 0)	(1.000 0)	(1.000 0)	(1.230 0)	(0.813 0)
2	(1.512 9)	(0.661 0)	(2.230 0)	(0.448 4)	(0.678 4)	(1.474 0)
3	(1.860 9)	(0.537 4)	(3.742 9)	(0.267 2)	(0.497 2)	(2.011 4)
4	(2.288 9)	(0.436 9)	(5.603 8)	(0.178 5)	(0.408 5)	(2.448 3)
5	(2.815 3)	(0.355 2)	(7.892 6)	(0.126 7)	(0.356 7)	(2.803 5)
6	(3.462 8)	(0.288 8)	(10.707 9)	(0.093 4)	(0.323 4)	(3.092 3)
7	(4.259 3)	(0.234 8)	(14.170 8)	(0.070 6)	(0.300 6)	(3.327 0)
8	(5.238 9)	(0.190 9)	(18.430 0)	(0.054 3)	(0.284 3)	(3.517 9)
9	(6.443 9)	(0.155 2)	(23.669 0)	(0.042 2)	(0.272 2)	(3.673 1)
10	(7.925 9)	(0.126 2)	(30.112 8)	(0.033 2)	(0.263 2)	(3.799 3)
11	(9.748 9)	(0.102 6)	(38.038 8)	(0.026 3)	(0.256 3)	(3.901 8)
12	(11.991 2)	(0.083 4)	(47.787 7)	(0.020 9)	(0.250 9)	(3.985 2)
13	(14.749 1)	(0.067 8)	(59.778 8)	(0.016 7)	(0.246 7)	(4.053 0)
14	(18.141 4)	(0.055 1)	(74.528 0)	(0.013 4)	(0.243 4)	(4.108 2)
15	(22.314 0)	(0.044 8)	(92.669 4)	(0.010 8)	(0.240 8)	(4.153 0)
16	(27.446 2)	(0.036 4)	(114.983 4)	(0.008 7)	(0.238 7)	(4.189 4)
17	(33.758 8)	(0.029 6)	(142.429 5)	(0.007 0)	(0.237 0)	(4.219 0)
18	(41.523 3)	(0.024 1)	(176.188 3)	(0.005 7)	(0.235 7)	(4.243 1)
19	(51.073 7)	(0.019 6)	(217.711 6)	(0.004 6)	(0.234 6)	(4.262 7)
20	(62.820 6)	(0.015 9)	(268.785 3)	(0.003 7)	(0.233 7)	(4.278 6)
21	(77.269 4)	(0.012 9)	(331.605 9)	(0.003 0)	(0.233 0)	(4.291 6)
22	(95.041 3)	(0.010 5)	(408.875 3)	(0.002 4)	(0.232 4)	(4.302 1)
23	(116.900 8)	(0.008 6)	(503.916 6)	(0.002 0)	(0.232 0)	(4.310 6)
24	(143.788 0)	(0.007 0)	(620.817 4)	(0.001 6)	(0.231 6)	(4.317 6)
25	(176.859 3)	(0.005 7)	(764.605 4)	(0.001 3)	(0.231 3)	(4.323 2)
26	(217.536 9)	(0.004 6)	(941.464 7)	(0.001 1)	(0.231 1)	(4.327 8)
27	(267.570 4)	(0.003 7)	(1 159.001 6)	(0.000 9)	(0.230 9)	(4.331 6)
28	(329.111 5)	(0.003 0)	(1 426.571 9)	(0.000 7)	(0.230 7)	(4.334 6)
29	(404.807 2)	(0.002 5)	(1 755.683 5)	(0.000 6)	(0.230 6)	(4.337 1)
30	(497.912 9)	(0.002 0)	(2 160.490 7)	(0.000 5)	(0.230 5)	(4.339 1)

复利系数表(24%)

年份 n	一次收付		等额系列			
	终值系数 $(F/P,i,n)$ $(1+i)^n$	现值系数 $(P/F,i,n)$ $\frac{1}{(1+i)^n}$	终值系数 $(F/A,i,n)$ $\frac{(1+i)^n-1}{i}$	偿债基金系数 $(A/F,i,n)$ $\frac{i}{(1+i)^n-1}$	资金回收系数 $(A/P,i,n)$ $\frac{i(1+i)^n}{(1+i)^n-1}$	现值系数 $(P/A,i,n)$ $\frac{(1+i)^n-1}{i(1+i)^n}$
1	(1.240 0)	(0.806 5)	(1.000 0)	(1.000 0)	(1.240 0)	(0.806 5)
2	(1.537 6)	(0.650 4)	(2.240 0)	(0.446 4)	(0.686 4)	(1.456 8)
3	(1.906 6)	(0.524 5)	(3.777 6)	(0.264 7)	(0.504 7)	(1.981 3)
4	(2.364 2)	(0.423 0)	(5.684 2)	(0.175 9)	(0.415 9)	(2.404 3)
5	(2.931 6)	(0.341 1)	(8.048 4)	(0.124 2)	(0.364 2)	(2.745 4)
6	(3.635 2)	(0.275 1)	(10.980 1)	(0.091 1)	(0.331 1)	(3.020 5)
7	(4.507 7)	(0.221 8)	(14.615 3)	(0.068 4)	(0.308 4)	(3.242 3)
8	(5.589 5)	(0.178 9)	(19.122 9)	(0.052 3)	(0.292 3)	(3.421 2)
9	(6.931 0)	(0.144 3)	(24.712 5)	(0.040 5)	(0.280 5)	(3.565 5)
10	(8.594 4)	(0.116 4)	(31.643 4)	(0.031 6)	(0.271 6)	(3.681 9)
11	(10.657 1)	(0.093 8)	(40.237 9)	(0.024 9)	(0.264 9)	(3.775 7)
12	(13.214 8)	(0.075 7)	(50.895 0)	(0.019 6)	(0.259 6)	(3.851 4)
13	(16.386 3)	(0.061 0)	(64.109 7)	(0.015 6)	(0.255 6)	(3.912 4)
14	(20.319 1)	(0.049 2)	(80.496 1)	(0.012 4)	(0.252 4)	(3.961 6)
15	(25.195 6)	(0.039 7)	(100.815 1)	(0.009 9)	(0.249 9)	(4.001 3)
16	(31.242 6)	(0.032 0)	(126.010 8)	(0.007 9)	(0.247 9)	(4.033 3)
17	(38.740 8)	(0.025 8)	(157.253 4)	(0.006 4)	(0.246 4)	(4.059 1)
18	(48.038 6)	(0.020 8)	(195.994 2)	(0.005 1)	(0.245 1)	(4.079 9)
19	(59.567 9)	(0.016 8)	(244.032 8)	(0.004 1)	(0.244 1)	(4.096 7)
20	(73.864 1)	(0.013 5)	(303.600 6)	(0.003 3)	(0.243 3)	(4.110 3)
21	(91.591 5)	(0.010 9)	(377.464 8)	(0.002 6)	(0.242 6)	(4.121 2)
22	(113.573 5)	(0.008 8)	(469.056 3)	(0.002 1)	(0.242 1)	(4.130 0)
23	(140.831 2)	(0.007 1)	(582.629 8)	(0.001 7)	(0.241 7)	(4.137 1)
24	(174.630 6)	(0.005 7)	(723.461 0)	(0.001 4)	(0.241 4)	(4.142 8)
25	(216.542 0)	(0.004 6)	(898.091 6)	(0.001 1)	(0.241 1)	(4.147 4)
26	(268.512 1)	(0.003 7)	(1 114.633 6)	(0.000 9)	(0.240 9)	(4.151 1)
27	(332.955 0)	(0.003 0)	(1 383.145 7)	(0.000 7)	(0.240 7)	(4.154 2)
28	(412.864 2)	(0.002 4)	(1 716.100 7)	(0.000 6)	(0.240 6)	(4.156 6)
29	(511.951 6)	(0.002 0)	(2 128.964 8)	(0.000 5)	(0.240 5)	(4.158 5)
30	(634.819 9)	(0.001 6)	(2 640.916 4)	(0.000 4)	(0.240 4)	(4.160 1)

复利系数表(25%)

年份 n	一次收付		等额系列			
	终值系数 $(F/P,i,n)$ $(1+i)^n$	现值系数 $(P/F,i,n)$ $\frac{1}{(1+i)^n}$	终值系数 $(F/A,i,n)$ $\frac{(1+i)^n-1}{i}$	偿债基金系数 $(A/F,i,n)$ $\frac{i}{(1+i)^n-1}$	资金回收系数 $(A/P,i,n)$ $\frac{i(1+i)^n}{(1+i)^n-1}$	现值系数 $(P/A,i,n)$ $\frac{(1+i)^n-1}{i(1+i)^n}$
1	(1.250 0)	(0.800 0)	(1.000 0)	(1.000 0)	(1.250 0)	(0.800 0)
2	(1.562 5)	(0.640 0)	(2.250 0)	(0.444 4)	(0.694 4)	(1.440 0)
3	(1.953 1)	(0.512 0)	(3.812 5)	(0.262 3)	(0.512 3)	(1.952 0)
4	(2.441 4)	(0.409 6)	(5.765 6)	(0.173 4)	(0.423 4)	(2.361 6)
5	(3.051 8)	(0.327 7)	(8.207 0)	(0.121 8)	(0.371 8)	(2.689 3)
6	(3.814 7)	(0.262 1)	(11.258 8)	(0.088 8)	(0.338 8)	(2.951 4)
7	(4.768 4)	(0.209 7)	(15.073 5)	(0.066 3)	(0.316 3)	(3.161 1)
8	(5.960 5)	(0.167 8)	(19.841 9)	(0.050 4)	(0.300 4)	(3.328 9)
9	(7.450 6)	(0.134 2)	(25.802 3)	(0.038 8)	(0.288 8)	(3.463 1)
10	(9.313 2)	(0.107 4)	(33.252 9)	(0.030 1)	(0.280 1)	(3.570 5)
11	(11.641 5)	(0.085 9)	(42.566 1)	(0.023 5)	(0.273 5)	(3.656 4)
12	(14.551 9)	(0.068 7)	(54.207 7)	(0.018 4)	(0.268 4)	(3.725 1)
13	(18.189 9)	(0.055 0)	(68.759 6)	(0.014 5)	(0.264 5)	(3.780 1)
14	(22.737 4)	(0.044 0)	(86.949 5)	(0.011 5)	(0.261 5)	(3.824 1)
15	(28.421 7)	(0.035 2)	(109.686 8)	(0.009 1)	(0.259 1)	(3.859 3)
16	(35.527 1)	(0.028 1)	(138.108 5)	(0.007 2)	(0.257 2)	(3.887 4)
17	(44.408 9)	(0.022 5)	(173.635 7)	(0.005 8)	(0.255 8)	(3.909 9)
18	(55.511 2)	(0.018 0)	(218.044 6)	(0.004 6)	(0.254 6)	(3.927 9)
19	(69.388 9)	(0.014 4)	(273.555 8)	(0.003 7)	(0.253 7)	(3.942 4)
20	(86.736 2)	(0.011 5)	(342.944 7)	(0.002 9)	(0.252 9)	(3.953 9)
21	(108.420 2)	(0.009 2)	(429.680 9)	(0.002 3)	(0.252 3)	(3.963 1)
22	(135.525 3)	(0.007 4)	(538.101 1)	(0.001 9)	(0.251 9)	(3.970 5)
23	(169.406 6)	(0.005 9)	(673.626 4)	(0.001 5)	(0.251 5)	(3.976 4)
24	(211.758 2)	(0.004 7)	(843.032 9)	(0.001 2)	(0.251 2)	(3.981 1)
25	(264.697 8)	(0.003 8)	(1 054.791 2)	(0.000 9)	(0.250 9)	(3.984 9)
26	(330.872 2)	(0.003 0)	(1 319.489 0)	(0.000 8)	(0.250 8)	(3.987 9)
27	(413.590 3)	(0.002 4)	(1 650.361 2)	(0.000 6)	(0.250 6)	(3.990 3)
28	(516.987 9)	(0.001 9)	(2 063.951 5)	(0.000 5)	(0.250 5)	(3.992 3)
29	(646.234 9)	(0.001 5)	(2 580.939 4)	(0.000 4)	(0.250 4)	(3.993 8)
30	(807.793 6)	(0.001 2)	(3 227.174 3)	(0.000 3)	(0.250 3)	(3.995 0)

复利系数表(26%)

年份 n	一次收付		等额系列			
	终值系数 $(F/P,i,n)$ $(1+i)^n$	现值系数 $(P/F,i,n)$ $\frac{1}{(1+i)^n}$	终值系数 $(F/A,i,n)$ $\frac{(1+i)^n-1}{i}$	偿债基金系数 $(A/F,i,n)$ $\frac{i}{(1+i)^n-1}$	资金回收系数 $(A/P,i,n)$ $\frac{i(1+i)^n}{(1+i)^n-1}$	现值系数 $(P/A,i,n)$ $\frac{(1+i)^n-1}{i(1+i)^n}$
1	(1.260 0)	(0.793 7)	(1.000 0)	(1.000 0)	(1.260 0)	(0.793 7)
2	(1.587 6)	(0.629 9)	(2.260 0)	(0.442 5)	(0.702 5)	(1.423 5)
3	(2.000 4)	(0.499 9)	(3.847 6)	(0.259 9)	(0.519 9)	(1.923 4)
4	(2.520 5)	(0.396 8)	(5.848 0)	(0.171 0)	(0.431 0)	(2.320 2)
5	(3.175 8)	(0.314 9)	(8.368 4)	(0.119 5)	(0.379 5)	(2.635 1)
6	(4.001 5)	(0.249 9)	(11.544 2)	(0.086 6)	(0.346 6)	(2.885 0)
7	(5.041 9)	(0.198 3)	(15.545 8)	(0.064 3)	(0.324 3)	(3.083 3)
8	(6.352 8)	(0.157 4)	(20.587 6)	(0.048 6)	(0.308 6)	(3.240 7)
9	(8.004 5)	(0.124 9)	(26.940 4)	(0.037 1)	(0.297 1)	(3.365 7)
10	(10.085 7)	(0.099 2)	(34.944 9)	(0.028 6)	(0.288 6)	(3.464 8)
11	(12.708 0)	(0.078 7)	(45.030 6)	(0.022 2)	(0.282 2)	(3.543 5)
12	(16.012 0)	(0.062 5)	(57.738 6)	(0.017 3)	(0.277 3)	(3.605 9)
13	(20.175 2)	(0.049 6)	(73.750 6)	(0.013 6)	(0.273 6)	(3.655 5)
14	(25.420 7)	(0.039 3)	(93.925 8)	(0.010 6)	(0.270 6)	(3.694 9)
15	(32.030 1)	(0.031 2)	(119.346 5)	(0.008 4)	(0.268 4)	(3.726 1)
16	(40.357 9)	(0.024 8)	(151.376 6)	(0.006 6)	(0.266 6)	(3.750 9)
17	(50.851 0)	(0.019 7)	(191.734 5)	(0.005 2)	(0.265 2)	(3.770 5)
18	(64.072 2)	(0.015 6)	(242.585 5)	(0.004 1)	(0.264 1)	(3.786 1)
19	(80.731 0)	(0.012 4)	(306.657 7)	(0.003 3)	(0.263 3)	(3.798 5)
20	(101.721 1)	(0.009 8)	(387.388 7)	(0.002 6)	(0.262 6)	(3.808 3)
21	(128.168 5)	(0.007 8)	(489.109 8)	(0.002 0)	(0.262 0)	(3.816 1)
22	(161.492 4)	(0.006 2)	(617.278 3)	(0.001 6)	(0.261 6)	(3.822 3)
23	(203.480 4)	(0.004 9)	(778.770 7)	(0.001 3)	(0.261 3)	(3.827 3)
24	(256.385 3)	(0.003 9)	(982.251 1)	(0.001 0)	(0.261 0)	(3.831 2)
25	(323.045 4)	(0.003 1)	(1 238.636 3)	(0.000 8)	(0.260 8)	(3.834 2)
26	(407.037 3)	(0.002 5)	(1 561.681 8)	(0.000 6)	(0.260 6)	(3.836 7)
27	(512.867 0)	(0.001 9)	(1 968.719 1)	(0.000 5)	(0.260 5)	(3.838 7)
28	(646.212 4)	(0.001 5)	(2 481.586 0)	(0.000 4)	(0.260 4)	(3.840 2)
29	(814.227 6)	(0.001 2)	(3 127.798 4)	(0.000 3)	(0.260 3)	(3.841 4)
30	(1 025.926 7)	(0.001 0)	(3 942.026 0)	(0.000 3)	(0.260 3)	(3.842 4)

复利系数表（27%）

年份 n	一次收付		等额系列			
	终值系数 $(F/P,i,n)$ $(1+i)^n$	现值系数 $(P/F,i,n)$ $\frac{1}{(1+i)^n}$	终值系数 $(F/A,i,n)$ $\frac{(1+i)^n-1}{i}$	偿债基金系数 $(A/F,i,n)$ $\frac{i}{(1+i)^n-1}$	资金回收系数 $(A/P,i,n)$ $\frac{i(1+i)^n}{(1+i)^n-1}$	现值系数 $(P/A,i,n)$ $\frac{(1+i)^n-1}{i(1+i)^n}$
1	（1.270 0）	（0.787 4）	（1.000 0）	（1.000 0）	（1.270 0）	（0.787 4）
2	（1.612 9）	（0.620 0）	（2.270 0）	（0.440 5）	（0.710 5）	（1.407 4）
3	（2.048 4）	（0.488 2）	（3.882 9）	（0.257 5）	（0.527 5）	（1.895 6）
4	（2.601 4）	（0.384 4）	（5.931 3）	（0.168 6）	（0.438 6）	（2.280 0）
5	（3.303 8）	（0.302 7）	（8.532 7）	（0.117 2）	（0.387 2）	（2.582 7）
6	（4.195 9）	（0.238 3）	（11.836 6）	（0.084 5）	（0.354 5）	（2.821 0）
7	（5.328 8）	（0.187 7）	（16.032 4）	（0.062 4）	（0.332 4）	（3.008 7）
8	（6.767 5）	（0.147 8）	（21.361 2）	（0.046 8）	（0.316 8）	（3.156 4）
9	（8.594 8）	（0.116 4）	（28.128 7）	（0.035 6）	（0.305 6）	（3.272 8）
10	（10.915 3）	（0.091 6）	（36.723 5）	（0.027 2）	（0.297 2）	（3.364 4）
11	（13.862 5）	（0.072 1）	（47.638 8）	（0.021 0）	（0.291 0）	（3.436 5）
12	（17.605 3）	（0.056 8）	（61.501 3）	（0.016 3）	（0.286 3）	（3.493 3）
13	（22.358 8）	（0.044 7）	（79.106 6）	（0.012 6）	（0.282 6）	（3.538 1）
14	（28.395 7）	（0.035 2）	（101.465 4）	（0.009 9）	（0.279 9）	（3.573 3）
15	（36.062 5）	（0.027 7）	（129.861 1）	（0.007 7）	（0.277 7）	（3.601 0）
16	（45.799 4）	（0.021 8）	（165.923 6）	（0.006 0）	（0.276 0）	（3.622 8）
17	（58.165 2）	（0.017 2）	（211.723 0）	（0.004 7）	（0.274 7）	（3.640 0）
18	（73.869 8）	（0.013 5）	（269.888 2）	（0.003 7）	（0.273 7）	（3.653 6）
19	（93.814 7）	（0.010 7）	（343.758 0）	（0.002 9）	（0.272 9）	（3.664 2）
20	（119.144 6）	（0.008 4）	（437.572 6）	（0.002 3）	（0.272 3）	（3.672 6）
21	（151.313 7）	（0.006 6）	（556.717 3）	（0.001 8）	（0.271 8）	（3.679 2）
22	（192.168 3）	（0.005 2）	（708.030 9）	（0.001 4）	（0.271 4）	（3.684 4）
23	（244.053 8）	（0.004 1）	（900.199 3）	（0.001 1）	（0.271 1）	（3.688 5）
24	（309.948 3）	（0.003 2）	（1 144.253 1）	（0.000 9）	（0.270 9）	（3.691 8）
25	（393.634 4）	（0.002 5）	（1 454.201 4）	（0.000 7）	（0.270 7）	（3.694 3）
26	（499.915 7）	（0.002 0）	（1 847.835 8）	（0.000 5）	（0.270 5）	（3.696 3）
27	（634.892 9）	（0.001 6）	（2 347.751 5）	（0.000 4）	（0.270 4）	（3.697 9）
28	（806.314 0）	（0.001 2）	（2 982.644 3）	（0.000 3）	（0.270 3）	（3.699 1）
29	（1 024.018 7）	（0.001 0）	（3 788.958 3）	（0.000 3）	（0.270 3）	（3.700 1）
30	（1 300.503 8）	（0.000 8）	（4 812.977 1）	（0.000 2）	（0.270 2）	（3.700 9）

复利系数表(28%)

年份 n	一次收付		等额系列			
	终值系数 $(F/P,i,n)$ $(1+i)^n$	现值系数 $(P/F,i,n)$ $\frac{1}{(1+i)^n}$	终值系数 $(F/A,i,n)$ $\frac{(1+i)^n-1}{i}$	偿债基金系数 $(A/F,i,n)$ $\frac{i}{(1+i)^n-1}$	资金回收系数 $(A/P,i,n)$ $\frac{i(1+i)^n}{(1+i)^n-1}$	现值系数 $(P/A,i,n)$ $\frac{(1+i)^n-1}{i(1+i)^n}$
1	(1.280 0)	(0.781 3)	(1.000 0)	(1.000 0)	(1.280 0)	(0.781 3)
2	(1.638 4)	(0.610 4)	(2.280 0)	(0.438 6)	(0.718 6)	(1.391 6)
3	(2.097 2)	(0.476 8)	(3.918 4)	(0.255 2)	(0.535 2)	(1.868 4)
4	(2.684 4)	(0.372 5)	(6.015 6)	(0.166 2)	(0.446 2)	(2.241 0)
5	(3.436 0)	(0.291 0)	(8.699 9)	(0.114 9)	(0.394 9)	(2.532 0)
6	(4.398 0)	(0.227 4)	(12.135 9)	(0.082 4)	(0.362 4)	(2.759 4)
7	(5.629 5)	(0.177 6)	(16.533 9)	(0.060 5)	(0.340 5)	(2.937 0)
8	(7.205 8)	(0.138 8)	(22.163 4)	(0.045 1)	(0.325 1)	(3.075 8)
9	(9.223 4)	(0.108 4)	(29.369 2)	(0.034 0)	(0.314 0)	(3.184 2)
10	(11.805 9)	(0.084 7)	(38.592 6)	(0.025 9)	(0.305 9)	(3.268 9)
11	(15.111 6)	(0.066 2)	(50.398 5)	(0.019 8)	(0.299 8)	(3.335 1)
12	(19.342 8)	(0.051 7)	(65.510 0)	(0.015 3)	(0.295 3)	(3.386 8)
13	(24.758 8)	(0.040 4)	(84.852 9)	(0.011 8)	(0.291 8)	(3.427 2)
14	(31.691 3)	(0.031 6)	(109.611 7)	(0.009 1)	(0.289 1)	(3.458 7)
15	(40.564 8)	(0.024 7)	(141.302 9)	(0.007 1)	(0.287 1)	(3.483 4)
16	(51.923 0)	(0.019 3)	(181.867 7)	(0.005 5)	(0.285 5)	(3.502 6)
17	(66.461 4)	(0.015 0)	(233.790 7)	(0.004 3)	(0.284 3)	(3.517 7)
18	(85.070 6)	(0.011 8)	(300.252 1)	(0.003 3)	(0.283 3)	(3.529 4)
19	(108.890 4)	(0.009 2)	(385.322 7)	(0.002 6)	(0.282 6)	(3.538 6)
20	(139.379 7)	(0.007 2)	(494.213 1)	(0.002 0)	(0.282 0)	(3.545 8)
21	(178.406 0)	(0.005 6)	(633.592 7)	(0.001 6)	(0.281 6)	(3.551 4)
22	(228.359 6)	(0.004 4)	(811.998 7)	(0.001 2)	(0.281 2)	(3.555 8)
23	(292.300 3)	(0.003 4)	(1 040.358 3)	(0.001 0)	(0.281 0)	(3.559 2)
24	(374.144 4)	(0.002 7)	(1 332.658 6)	(0.000 8)	(0.280 8)	(3.561 9)
25	(478.904 9)	(0.002 1)	(1 706.803 1)	(0.000 6)	(0.280 6)	(3.564 0)
26	(612.998 2)	(0.001 6)	(2 185.707 9)	(0.000 5)	(0.280 5)	(3.565 6)
27	(784.637 7)	(0.001 3)	(2 798.706 1)	(0.000 4)	(0.280 4)	(3.566 9)
28	(1 004.336 3)	(0.001 0)	(3 583.343 8)	(0.000 3)	(0.280 3)	(3.567 9)
29	(1 285.550 4)	(0.000 8)	(4 587.680 1)	(0.000 2)	(0.280 2)	(3.568 7)
30	(1 645.504 6)	(0.000 6)	(5 873.230 6)	(0.000 2)	(0.280 2)	(3.569 3)

复利系数表(29%)

年份 n	一次收付		等额系列			
	终值系数 $(F/P,i,n)$ $(1+i)^n$	现值系数 $(P/F,i,n)$ $\frac{1}{(1+i)^n}$	终值系数 $(F/A,i,n)$ $\frac{(1+i)^n-1}{i}$	偿债基金系数 $(A/F,i,n)$ $\frac{i}{(1+i)^n-1}$	资金回收系数 $(A/P,i,n)$ $\frac{i(1+i)^n}{(1+i)^n-1}$	现值系数 $(P/A,i,n)$ $\frac{(1+i)^n-1}{i(1+i)^n}$
1	(1.290 0)	(0.775 2)	(1.000 0)	(1.000 0)	(1.290 0)	(0.775 2)
2	(1.664 1)	(0.600 9)	(2.290 0)	(0.436 7)	(0.726 7)	(1.376 1)
3	(2.146 7)	(0.465 8)	(3.954 1)	(0.252 9)	(0.5429)	(1.842 0)
4	(2.769 2)	(0.361 1)	(6.100 8)	(0.163 9)	(0.453 9)	(2.203 1)
5	(3.572 3)	(0.279 9)	(8.870 0)	(0.112 7)	(0.402 7)	(2.483 0)
6	(4.608 3)	(0.217 0)	(12.442 3)	(0.080 4)	(0.370 4)	(2.700 0)
7	(5.944 7)	(0.168 2)	(17.050 6)	(0.058 6)	(0.348 6)	(2.868 2)
8	(7.668 6)	(0.130 4)	(22.995 3)	(0.043 5)	(0.333 5)	(2.998 6)
9	(9.892 5)	(0.101 1)	(30.663 9)	(0.032 6)	(0.322 6)	(3.099 7)
10	(12.761 4)	(0.078 4)	(40.556 4)	(0.024 7)	(0.314 7)	(3.178 1)
11	(16.462 2)	(0.060 7)	(53.317 8)	(0.018 8)	(0.308 8)	(3.238 8)
12	(21.236 2)	(0.047 1)	(69.780 0)	(0.014 3)	(0.304 3)	(3.285 9)
13	(27.394 7)	(0.036 5)	(91.016 1)	(0.011 0)	(0.301 0)	(3.322 4)
14	(35.339 1)	(0.028 3)	(118.410 8)	(0.008 4)	(0.298 4)	(3.350 7)
15	(45.587 5)	(0.021 9)	(153.750 0)	(0.006 5)	(0.296 5)	(3.372 6)
16	(58.807 9)	(0.017 0)	(199.337 4)	(0.005 0)	(0.295 0)	(3.389 6)
17	(75.862 1)	(0.013 2)	(258.145 3)	(0.003 9)	(0.293 9)	(3.402 8)
18	(97.862 2)	(0.010 2)	(334.007 4)	(0.003 0)	(0.293 0)	(3.413 0)
19	(126.242 2)	(0.007 9)	(431.869 6)	(0.002 3)	(0.292 3)	(3.421 0)
20	(162.852 4)	(0.006 1)	(558.111 8)	(0.001 8)	(0.291 8)	(3.427 1)
21	(210.079 6)	(0.004 8)	(720.964 2)	(0.001 4)	(0.291 4)	(3.431 9)
22	(271.002 7)	(0.003 7)	(931.043 8)	(0.001 1)	(0.291 1)	(3.435 6)
23	(349.593 5)	(0.002 9)	(1 202.046 5)	(0.000 8)	(0.290 8)	(3.438 4)
24	(450.975 6)	(0.002 2)	(1 551.640 0)	(0.000 6)	(0.290 6)	(3.440 6)
25	(581.758 5)	(0.001 7)	(2 002.615 6)	(0.000 5)	(0.290 5)	(3.442 3)
26	(750.468 5)	(0.001 3)	(2 584.374 1)	(0.000 4)	(0.290 4)	(3.443 7)
27	(968.104 4)	(0.001 0)	(3 334.842 6)	(0.000 3)	(0.290 3)	(3.444 7)
28	(1 248.854 6)	(0.000 8)	(4 302.947 0)	(0.000 2)	(0.290 2)	(3.445 5)
29	(1 611.022 5)	(0.000 6)	(5 551.801 6)	(0.000 2)	(0.290 2)	(3.446 1)
30	(2 078.219 0)	(0.000 5)	(7 162.824 1)	(0.000 1)	(0.290 1)	(3.446 6)

复利系数表(30%)

年份 n	一次收付		等额系列			
	终值系数 $(F/P,i,n)$ $(1+i)^n$	现值系数 $(P/F,i,n)$ $\frac{1}{(1+i)^n}$	终值系数 $(F/A,i,n)$ $\frac{(1+i)^n-1}{i}$	偿债基金系数 $(A/F,i,n)$ $\frac{i}{(1+i)^n-1}$	资金回收系数 $(A/P,i,n)$ $\frac{i(1+i)^n}{(1+i)^n-1}$	现值系数 $(P/A,i,n)$ $\frac{(1+i)^n-1}{i(1+i)^n}$
1	(1.300 0)	(0.769 2)	(1.000 0)	(1.000 0)	(1.300 0)	(0.769 2)
2	(1.690 0)	(0.591 7)	(2.300 0)	(0.434 8)	(0.734 8)	(1.360 9)
3	(2.197 0)	(0.455 2)	(3.990 0)	(0.250 6)	(0.550 6)	(1.816 1)
4	(2.856 1)	(0.350 1)	(6.187 0)	(0.161 6)	(0.461 6)	(2.166 2)
5	(3.712 9)	(0.269 3)	(9.043 1)	(0.110 6)	(0.410 6)	(2.435 6)
6	(4.826 8)	(0.207 2)	(12.756 0)	(0.078 4)	(0.378 4)	(2.642 7)
7	(6.274 9)	(0.159 4)	(17.582 8)	(0.056 9)	(0.356 9)	(2.802 1)
8	(8.157 3)	(0.122 6)	(23.857 7)	(0.041 9)	(0.341 9)	(2.924 7)
9	(10.604 5)	(0.094 3)	(32.015 0)	(0.031 2)	(0.331 2)	(3.019 0)
10	(13.785 8)	(0.072 5)	(42.619 5)	(0.023 5)	(0.323 5)	(3.091 5)
11	(17.921 6)	(0.055 8)	(56.405 3)	(0.017 7)	(0.317 7)	(3.147 3)
12	(23.298 1)	(0.042 9)	(74.327 0)	(0.013 5)	(0.313 5)	(3.190 3)
13	(30.287 5)	(0.033 0)	(97.625 0)	(0.010 2)	(0.310 2)	(3.223 3)
14	(39.373 8)	(0.025 4)	(127.912 5)	(0.007 8)	(0.307 8)	(3.248 7)
15	(51.185 9)	(0.019 5)	(167.286 3)	(0.006 0)	(0.306 0)	(3.268 2)
16	(66.541 7)	(0.015 0)	(218.472 2)	(0.004 6)	(0.304 6)	(3.283 2)
17	(86.504 2)	(0.011 6)	(285.013 9)	(0.003 5)	(0.303 5)	(3.294 8)
18	(112.455 4)	(0.008 9)	(371.518 0)	(0.002 7)	(0.302 7)	(3.303 7)
19	(146.192 0)	(0.006 8)	(483.973 4)	(0.002 1)	(0.302 1)	(3.310 5)
20	(190.049 6)	(0.005 3)	(630.165 5)	(0.001 6)	(0.301 6)	(3.315 8)
21	(247.064 5)	(0.004 0)	(820.215 1)	(0.001 2)	(0.301 2)	(3.319 8)
22	(321.183 9)	(0.003 1)	(1 067.279 6)	(0.000 9)	(0.300 9)	(3.323 0)
23	(417.539 1)	(0.002 4)	(1 388.463 5)	(0.000 7)	(0.300 7)	(3.325 4)
24	(542.800 8)	(0.001 8)	(1 806.002 6)	(0.000 6)	(0.300 6)	(3.327 2)
25	(705.641 0)	(0.001 4)	(2 348.803 3)	(0.000 4)	(0.300 4)	(3.328 6)
26	(917.333 3)	(0.001 1)	(3 054.444 3)	(0.000 3)	(0.300 3)	(3.329 7)
27	(1 192.533 3)	(0.000 8)	(3 971.777 6)	(0.000 3)	(0.300 3)	(3.330 5)
28	(1 550.293 3)	(0.000 6)	(5 164.310 9)	(0.000 2)	(0.300 2)	(3.331 2)
29	(2 015.381 3)	(0.000 5)	(6 714.604 2)	(0.000 1)	(0.300 1)	(3.331 7)
30	(2 619.9956)	(0.000 4)	(8 729.985 5)	(0.000 1)	(0.300 1)	(3.332 1)

参考文献

[1] 倪蓉,曹明东. 工程经济学 [M]. 北京:化学工业出版社,2012.
[2] 张豫,廖方勤. 建设工程经济 [M]. 广州:中山大学出版社,2012.